两分钟懂礼仪

不可不知的68个礼仪常识

吕艳芝　冯楠　赵维娜◎主编

扫一扫，获取礼仪规范视频

中国纺织出版社有限公司

内 容 提 要

本书系统地介绍了工作学习中、社会生活中经常遇到的礼仪常识与礼仪规范，能够帮助社会各界人士通过规范的礼仪行为提升自身形象，建立良好的社会关系，从而取得人际交往的成功。

本书通过大量的案例、图片与视频，以"两分钟懂礼仪"的方式，为读者详细介绍了68个实用的礼仪常识，阐述了塑造良好形象，提升礼仪素养的策略和途径。

本书可作为各机关、企事业单位工作人员、大学生以及社会各界人士的学习资料，更可为对礼仪感兴趣的以及没有系统学习过礼仪常识的人士提供帮助。

图书在版编目（CIP）数据

两分钟懂礼仪：不可不知的68个礼仪常识：视频版 / 吕艳芝，冯楠，赵维娜主编． --北京：中国纺织出版社有限公司，2022.4

ISBN 978-7-5180-9291-8

Ⅰ．①两… Ⅱ．①吕… ②冯… ③赵… Ⅲ．①礼仪—基本知识 Ⅳ．① K891.26

中国版本图书馆 CIP 数据核字（2022）第 004886 号

策划编辑：于磊岚　　　特约编辑：罗义锦
责任校对：楼旭红　　　责任印制：储志伟

中国纺织出版社有限公司出版发行
地址：北京市朝阳区百子湾东里A407号楼　邮政编码：100124
销售电话：010—67004422　传真：010—87155801
http://www.c-textilep.com
中国纺织出版社天猫旗舰店
官方微博 http://weibo.com/2119887771
北京通天印刷有限责任公司印刷　各地新华书店经销
2022年4月第1版第1次印刷
开本：710×1000　1/16　印张：16.5
字数：244千字　定价：58.00元

凡购本书，如有缺页、倒页、脱页，由本社图书营销中心调换

编委会

主　　编：吕艳芝　冯　楠　赵维娜
副主编：徐克茹　林　莉
编　者：蔡晓宇　陆薪宇　罗　辉
　　　　葛　蕾　何立苇　舒　意
　　　　高　薇　王丽欣　司继红

前言

"吕老师，我明天要请我的老板吃饭，请问有哪些需要注意的细节呢？"

"吕老师，作为职场新人，我在说话做事时应该注意什么呢？"

"吕老师，我周末打算带孩子去听音乐会，很怕在孩子面前失礼，您能指点我一下吗？"

……

这些都是我在三十余年的礼仪教育培训生涯中，经常被问到的问题。

礼仪，是指我们在进行人际交往的过程中需要遵循的礼仪规范。孟子云："敬人者，人恒敬之；爱人者，人恒爱之。"随着经济社会的不断发展，我们的社会交往日渐丰富，通过交往，可以交流思想，建立深厚友谊；可以赢得信任，获得支持与帮助；可以互通信息，共享资源，取得事业的更大成功。懂得交往礼仪，遵循交往礼仪，是我们在新时代工作、生活必备的基本素质和能力，在人际交往中发挥的作用不容小觑。

《礼记》云："人有礼则安，无礼则危。"我们致力于礼仪文化的传播，先后出版各类图书教材近二十部，吕艳芝版权课程《三阶成"师"——礼仪培训新概念》至今已经举办118期，培训礼仪培训师三万余人。一路走来，先后带领团队完成了北京2001年第21届世界大学生运动会、2005年北京第9届《财富》全球论坛、2008年北京奥运会、2009年香港第5届东亚运动会、2010年广州第16届亚运会、2011年深圳第26届世界大学生运动会、2012年山东亚沙运动会、2013年辽宁沈阳第12届全运会、2015年全国残运会和今年的全国大学生艺术展演等相关礼仪志愿者的培训。在政务礼仪培训方面，吕艳芝老师执教澳门政府官员的政务礼仪培训，连续承担了24期。在全国两会高端接待培训中，团队成员已连续16年圆满完成上级的任务。在商务礼仪方面，国有五大银行培训，中建、中铁、中烟、中石油等大型国有企业培训都有我们团队的身影。我们还承担了全国妇联中国女性形象工程的全国公益巡讲活动，并助力全国妇联、中国教育报刊社、100教育，成功举办网络公益课程。

在多年礼仪教育培训中，我们深感各行各业的人们对礼仪知识的渴求，看到了很多因礼仪匮乏而导致的人际交往障碍，甚至因礼仪缺失造成直接经济损失。同时，我们也见证了多个党政部门因注重礼仪而进一步融洽了干群关系，减少了群众投诉，提高了工作效率；见证了多家企业、医院、学校，因礼仪而发展，因礼仪而壮大。我们期待有更多的人因礼仪而受益，因礼仪而成就更优秀的自己。

习近平总书记指出："礼仪是宣示价值观、教化人民的有效方式。"2021年是"十四五"的开局之年，"社会文明程度得到新提高"是我国"十四五"时期经济社会发展的六大主要目标之一。如何在快节奏的新时代学习礼仪，这是我们团队面临的新课题。

感谢中国纺织出版社有限公司的编辑于磊岚老师。在一个初秋的下午茶之约中，我们因思想交集，观点碰撞，确定了《两分钟懂礼仪》的编写计划。

感谢主编冯楠老师、赵维娜老师承担了稿件收集，图片及视频拍摄工作。感谢副主编徐克茹老师对书稿和图片拍摄的精心指导。感谢西南石油大学林莉教授对书稿进行了润色和修订。感谢三阶成师团队蔡晓宇、陆薪宇、罗辉、葛蕾、何立苇、舒意、高薇、王丽欣、司继红老师参与写作及给予的大力支持。感谢摄影师赵伟宁先生，摄像师刘娜女士及参与视频、插图拍摄的安新磊先生。

孔子云："不学礼，无以立。"期待这本书能够解决您想学习礼仪却时间有限的问题。仪容、服饰、仪态、宴请、送礼、参观、游览、出行……每一个场合的礼仪细节都在书中。让我们在工作和生活的间隙，开启一段段高品质的礼仪之旅。

吕艳芝

2021年12月于北京

目录

第一章　礼仪就在我们身边

第一节　礼仪在家庭 / 2
第二节　礼仪在校园 / 5
第三节　礼仪在社会 / 8
第四节　礼仪在职场 / 11
第五节　礼仪在国际 / 14

第二章　仪容礼仪

第一节　洗脸与护肤 / 18
第二节　化妆步骤有讲究 / 22
第三节　脱妆了怎么办 / 27
第四节　寻找适合自己的发型 / 30
第五节　这些仪容细节很重要 / 35

第三章　服饰礼仪

第一节　TPOR 是什么 / 40
第二节　寻找适合自己的颜色 / 43
第三节　图案选择有讲究 / 45
第四节　属于男士的配饰 / 48
第五节　属于女士的配饰 / 54
第六节　男士正装要这样穿 / 57
第七节　女士正装要这样穿 / 62
第八节　男士穿礼服的讲究 / 65
第九节　女士穿礼服的讲究 / 68
第十节　穿休闲装也有讲究 / 71

第四章　仪态礼仪

第一节　你笑起来真好看 / 78
第二节　这样站会获得好感 / 83
第三节　这样走路才有精神 / 87
第四节　天下手势有多少 / 89
第五节　递物与接物的讲究 / 93

第五章　会面礼仪

第一节　称呼他人有学问 / 96
第二节　握手的规范与禁忌 / 100

第三节　行礼的七种方式 / 103
第四节　近了远了都失礼 / 107
第五节　自我介绍三要点 / 111
第六节　多人介绍看顺序 / 114
第七节　小名片大用处 / 116

第六章　餐饮礼仪

第一节　宴请宾客准备在先 / 122
第二节　点菜有学问 / 125
第三节　座次是宴请的敏感点 / 127
第四节　餐具的使用有讲究 / 133
第五节　餐巾、湿毛巾要这样使用 / 139
第六节　中西酒礼有区别 / 144
第七节　西餐的食用礼仪 / 148
第八节　自助餐怎样吃好吃饱 / 151

第七章　馈赠礼仪

第一节　怎样选择礼品 / 156
第二节　怎样送出礼品 / 159
第三节　怎样接受礼品 / 161

第八章　言谈礼仪

第一节　开启交往的常用语 / 166

第二节 赞美是最美的语言 / 169

第三节 拒绝又不伤害对方的技巧 / 172

第四节 命令式语言能不用就不用 / 174

第五节 说服他人的三种方法 / 177

第九章 电联礼仪

第一节 电话可以这样打 / 182

第二节 正确使用手机 / 184

第三节 使用微信有讲究 / 188

第四节 电子邮件的格式规范 / 192

第十章 参加文体活动的礼仪

第一节 这样参观博物馆才有收获 / 196

第二节 观赏交响乐和京剧是不同的 / 200

第三节 出席舞会的礼仪 / 203

第四节 观看不同的体育比赛有不同的讲究 / 206

第十一章 旅行礼仪

第一节 乘坐飞机的注意事项 / 210

第二节 乘坐高铁要注意的问题 / 214

第三节 搭乘地铁高效出行 / 217

第四节 乘坐公交礼仪先行 / 219

第五节 入住宾馆的礼仪 / 222

第六节　出境旅游要入乡随俗 / 226
第七节　参观游览的礼仪规范 / 230

第十二章　涉外礼仪

第一节　中西方礼仪习俗差异 / 236
第二节　涉外交往不宜谈论的事情 / 238
第三节　这样称呼外国人才对 / 240
第四节　了解并尊重穆斯林 / 243
第五节　宴请外宾有禁忌 / 246

参考文献 / 250

CHAPTER 1

第一章
礼仪就在我们身边

第一节　礼仪在家庭

如果探索礼仪的源起，最早的礼仪起源于祭祀。原始社会，人们无法从科学的角度来解释自然规律和生产中的矛盾与变化，面对自然灾害带来的种种威胁，恐慌又无能为力，便认为这些变化莫测的现象都被一个至高无上的神或者鬼指挥着、控制着，此时人们只能通过举行某种特殊的祭祀活动，来表达对天地鬼神的敬畏，以此来祈求平安顺遂。随着人类社会的发展，礼仪也体现了人们在社会生活中约定俗成的行为规范，也就是俗化为礼。

进入现代社会，有人说我们不再有品级严格的祭祀，也不再有人与人见面时作揖叩首的习惯，那么礼仪就没有意义了吗？

事实上，礼仪已经融入我们的日常生活，无论国内还是国外，国与国的邦交、人与人的交往都离不开礼仪，它已然成为整个社会文明的基础。

一、源远流长的家庭礼仪

俗话说"礼之用，和为贵"，家庭礼仪就是让"家和万事兴"的不二法宝。有人说，家人是最亲近的人，在一起相处，还需要恭恭敬敬吗？所以，当父母在呼唤子女时，有的子女忘记了《弟子规》中"父母呼，应勿缓"的教诲；当兄弟姐妹在一起相处时，有人忘记了《史记》中"兄友弟恭"的榜样；当夫妻之间缺少了相敬如宾，邻里之间忽略了和睦互助，这样的成长环境会教育出怎样的孩子呢？

宋庆龄曾说："孩子的性情与才能归根结底是受到了家庭的影响。"

1920年9月19日，在印度加尔各答西面约1000千米的丛林中，人们发现了两个狼哺育的女孩。年长的估计八岁，年幼的一岁半。她们大概都是在生后半年被狼衔去的。两人回到人类世界后，都在孤儿院里养育，分别取名为卡玛拉与阿玛拉，也被称为"狼女"。她们的言语、动作姿势、情绪反应等方面都能看出很明显的狼的生活痕迹。这两个孩子刚被找到的时候，一直"像狼一样舔食东西"，再热也不流汗，而是像狗一般地张大嘴巴喘气，借以散热降温。卡玛拉与阿玛拉不会直立走路，而是四肢着地，像松鼠般机灵地四处跑动。小阿玛拉不久便死于肾炎，姐姐卡玛拉则活到1929年才死去，但始终没有学会正确地说话。

"人之所以贵于禽兽者，以有礼也。"由此可见，成长环境、家庭教育与礼仪教化对人的影响是非常重大而深远的。

二、礼仪使长幼有序

社会在进步，时代在发展，家庭教育随着时代变迁和多元文化融入有了新的理念，当今的家庭生活更提倡民主，提倡父母做孩子的朋友。诚然，家庭关系建立在民主、自由、平等的观念之上可以让孩子有更大的发展空间，有更真实的想法和表达，但是如果孩子缺失了尊重长辈等最基本的行为规范，这样的自由就或许会成为一种宠溺，是不利于促成和谐家庭关系的。

长幼有序是晚辈与长辈建立在彼此尊重基础上的一种亲情。当父母用"父榜母教"影响着儿女；当子女用"妈妈，我帮您揉一揉肩吧"表达着孝道；当婆媳之间用彼此尊重消除了隔阂……这一切的一切，带给我们每个人的是一种幸福感。这种幸福是建立在长幼有序的基础上的家庭幸福（图1-1）。

◎图1-1

三、礼仪使夫妻和睦

提及夫妻相处之道，大家可能会立刻想到"相敬如宾""举案齐眉"的故事。是的，婚前那些美好的承诺都是要靠婚后的礼仪行为来兑现的。面对繁琐的日常生活，夫妻间更是要以礼相待。比如，出门前体贴的道别，回家后温暖的问候，艰难中的相互扶持和困境时的相互鼓励，都是保持夫妻和睦的相处之道。

　　婚姻中的两个人出生在各自的家庭，成长环境完全不同，如果遇到问题能常常换位思考，多理解对方，用相互体谅与鼓励代替牢骚与埋怨，这是不是如同处在沙漠中的人，突然拥有了甘甜的泉水和清凉的微风呢？

　　在相濡以沫的碎片中，我们是不是早已忽略了彼此身上的美好？那些婚前熠熠生辉的星星点点在柴米油盐中是否已经黯淡了颜色？如果我们做到常常赞美对方，多多发现对方的长处并且予以充分的肯定，让对方在彼此，尤其是在外人面前有充分的自尊和自信，那么或许我们又可以回到最初相识的那个起点，以美好来吸引彼此，以光芒来照亮神圣的殿堂。

　　尽管如此，夫妻之间的语言交流也要有所顾忌。当生活中有了碰撞，难免在吵架时口不择言，这时要做到心中有数，什么样的话该说，什么样的话绝不出口。比如，过于挑剔对方的话不要讲。如果对方哪里做得不够好，那么我们通常要换个方法表达，否则就变成了一种藐视和嫌弃。设想一下，当一方辛苦做了一桌子菜，另一方却在挑剔口味，那么满桌的辛苦和付出，就会从和谐的关系中溜走，长此以往，势必会打消一方的积极性而影响夫妻的关系。再比如，贬低对方的话不要讲，不要让自己一句无心的抱怨伤害对方的自尊心。两个人走在一起是一种缘分，双方都要尽最大可能去珍惜彼此的缘分，遇事多些包容与理解，多些宽容与体谅，一定会让生活重新闪闪发光。

　　总之，注重礼仪的家庭氛围是每一个家庭成员共同打造出来的，每一个家庭成员都要为和谐家庭生活做出自己的贡献。

　　"修身齐家治国平天下"，在家中学习的礼仪规范也可终身受用。比如能够亲爱自己的父母，就不会讨厌别人的父母；能够尊重自己父母的人也不会怠慢别人的父母，古语有云："老吾老以及人之老。"当我们把侍奉父母的这份尊重运用到工作当中，那么对待领导、前辈的敬重是与其无二致的。同样，对兄长的友好恭敬可以运用到与单位的同事相处中。对子女的慈爱与教导有方，又可以运用到与单位下属、晚辈的相处中……一家之礼可以通过家庭成员传播至自己家庭以外的地方与场所，甚至是社会的每个角落，那么家庭的温暖与和睦也会影响着社会与民族的安定与和谐。

第二节　礼仪在校园

校园是我们每个人学习成长的重要场所。我们用最美好的年华在校园里汲取知识，用最炽热的青春在校园里感悟成长。在这个过程中，我们修养品行、尊敬师长、友爱同学，为建立良好的校园氛围贡献着自己的力量。

一、礼仪助力成长

众所周知，教育来自三个方面，即家庭、学校和社会。学校是人生成长中的关键一环，人的知识来源，人生观、价值观的建立，都离不开学校的教育。

伟大的教育先师孔子曾告诉我们"博学于文，约之以礼"。在学生个人成长的过程中，储备文化知识的同时，还要养成良好的行为习惯，遵守基本的礼仪规范，这不仅有利于维护自身的形象，改善自己的人际关系，还有助于提升自己的修养，提高自己的情商。

当几个同学在校园里并肩而行，迎面走来了一位老师，这时作为学生应该怎样做呢？有的学生会纠结自己并不认得这位老师，所以擦身而过。而有的学生则会时刻牢记尊师重道的美好品德，在距离老师两米左右时站定，面带微笑地看着老师，说一声"老师好"，随后向老师欠身致意。而老师面对学生的问候，也停下了脚步，欠身回礼："你好！"至此，校园的每一个角落仿佛开满了礼仪的花朵，花香浸染着身边的每一个学生。其他学生也纷纷停下了脚步，驻足于老师的面前，一并鞠躬问候。这便是榜样的力量，一名学生的尊师行为，成为他人的榜样；一群人的尊师行为，成为校园里一道鲜亮的彩虹。礼仪之花独开变并蒂，繁华了校园，芬芳了你我。

良好的礼仪习惯促成了良好校风的形成，良好校风又孕育出了良好的学习氛围，在这样的校园中学习、成长，怎一个"幸福"了得！

二、校园礼仪的 N 个内容

（1）尊敬师长。在学生面对校园的各种人际关系中，师生关系是人人都要予以重视的一种基本关系，也是最重要的一种关系。老师是学生在获取知识时的引路人，在工作中所付出的辛苦值得全社会的人去尊重。作为学生，更应当以尊重老师为第一品德。

在校园遇到师长时，应主动驻足，礼貌问好，主动礼让，师长先行；称呼老师要用"您"，正确使用尊称，如"刘老师""王主任"等，即"姓氏+职务"；进入老师办公室的时候，应先敲门，经老师允许后方可进入，离开办公室时要与老师说再见；尊重老师的个人习惯，不针对老师的外貌和衣着品头论足。

曾子是孔子的学生，有一天，孔子问了曾子一个问题，曾子赶紧从座席上起身，走到席子外面，恭恭敬敬地回答孔子的提问，这就是"曾子避席"的典故。面对老师的提问，学生要恭敬地从座位上起身，恭敬地站立后，再回答老师的提问。

（2）友爱同学。同学之间也应礼貌交往，和同学交谈时要经常使用"请""谢谢"或"麻烦你"等礼貌用语；可以直呼同学姓名，但不可用"喂""哎"等过于随意的词语称呼同学，更不要给同学起侮辱性的绰号；不嘲笑同学的生理缺陷，不背后议论同学，对于生活和学习上有困难的同学应主动施以援手，给予温暖的帮助；向同学借用学习用品时，应先征得对方同意，使用后及时归还并真诚道谢。

（3）课堂礼仪。课间要提前做好上课准备，将学习用具摆放整齐；预备铃响后马上回到座位，坐姿端正，静候老师来上课；如果上课迟到，要在门口轻轻敲门，和老师讲明原因，征得老师同意后，方可回到座位上；上课过程中，应坐姿端正，两臂自然放于桌面或者腿上，抬头挺胸，目视前方，双腿放松，自然并拢；课堂注意力集中，不随意离开座位；上课认真思考，积极举手发言，言辞规范得体，声音洪亮；若课堂中有突发状况，应举手和老师沟通；下课铃声响起，要向老师致谢敬礼后方可离开教室；课间的走廊中，一定要礼让他人，这样做既礼貌，又安全；课后认真完成作业；考试不抄袭。

（4）校内公共场所礼仪。遵守学校作息时间，不无故迟到、早退。因病或事，不能按时上下学时，应及时向老师说明情况；在校内通行应主动列队右侧通行，不跑跳打闹，不大声喧哗，做到轻声慢行；在校期间不携带和使用智能手机；在食堂就餐时主动排队、礼让，勤俭节约，不浪费粮食，就餐结束主动清理饭盘和桌面，不在餐厅以外的区域吃零食（图1-2）；在体育馆运动或上课时，要严格按照体育老师的指示行动，保持体育馆内环境卫生，爱护体育器材和用品；进出图书馆也须轻声慢行，爱护图书报刊，轻拿轻放，不污损图书，看完将书回归原位，禁止将零食和水带入图书馆；课间使用卫生间时注意礼让，避免拥挤，用过的废纸应扔进纸篓，随手冲水，便后洗手。

◎图1-2

（5）仪式和集会的礼仪。学校里常见的仪式和集会活动有升旗仪式、课间操、开学典礼等，参加各类活动要严肃认真，做到服装统一，听从口令，列队迅速，不追跑打闹，不扎堆闲聊。

三、养成习惯受益一生

南开学校旧址东楼入口处的镜子上刻有"容止格言"，每当新学期开学，新生们都要背诵上面的内容。

面必净，发必理，衣必整，纽必结；
头容正，肩容平，胸容宽，背容直。
气象：勿傲、勿暴、勿怠；
颜色：宜和、宜静、宜庄。

南开系列学校创办者张伯苓本人非常注重仪表，他订立的四十字镜箴，又称"容止格言"，镌刻在学校重要通道处的大镜子上。他希望所有南开学子从最基本的日常生活起居做起，注意整洁的仪容仪表、涵养气质，焕发精神，将"容止格言"逐渐内化为自觉的言行举止。

◎礼仪在校园

镜箴不仅对南开学子影响深远，而且美名也传播国外。哈佛大学校长伊利奥博士来南开参观，见学生仪态与其他学校不同，于是询问原因。张伯苓引他至镜旁，详加解释镜上箴词，于是了然，回美国后还提及。1916年，周恩来总理在南开校报上发表一则通讯："我校事务室前所悬之大镜及上列格言，原为资警励全校师生之用。前次美人白崔克博士来校参观时，睹之甚以为善。今格瑞里先生致函校长索斯，并请将格言译作英文，同行寄去以为纪念。"

如今"容止格言"依然挂在南开宿舍楼、教学楼、实验室等多个建筑的大厅处，继续彰显南开独特的文化底蕴、历史传承和价值取向，"容止格言"已然成为南开学生受益终身的宝贵精神财富。

第三节 礼仪在社会

礼仪是一个人立足社会、成就事业、获得美好人生的基础。在人类迈进 21 世纪的今天，礼仪已经成为衡量一个国家发展或民族进步进程的重要标尺。今天我们要做社会的文明人，就必须学习讲究礼仪。

一、为国家文明增砖添瓦

唐初经学家孔颖达在《春秋左传正义》中说道："有礼仪之大，故称夏；有服章之美，谓之华。"中国自古就被称为"衣冠上国、礼仪之邦"。如今，传承与弘扬中华优秀传统文化，传播礼仪文化，对社会发展与民族复兴起着举足轻重的作用，它不仅关乎个人修养、团队文化，更关乎国家形象、大国外交。

习总书记曾多次携夫人彭丽媛女士出国访问。当飞机舱门打开，习总书记和彭丽媛女士伫立在机舱门口，二人的服饰色彩款式极为搭配，只见他们面带微笑，向人们挥手致意，让人感受到大国风采。虽然第一夫人并非公职，但在某种意义上，彭丽媛女士优雅的气质、慈善的爱心、丰富的外事经验等征服了世界，为我国外交事业做出了突出贡献。历史无数次证明，一个国家有个受人尊敬、喜爱的第一夫人，对这个国家形象的提升有着不可或缺的作用。

除此之外，2008年北京奥运会颁奖的礼仪人员和场内外的志愿者们也早已将大国风范的缩影传之四海，可见我们的国家形象与每一个人的礼仪修养息息相关。在全球化趋势不可阻挡的今天，每个中国公民都应以大方得体、不卑不亢的姿态出现在工作、生活的每一个场景，力争在社会主义新时代为国家文明增砖添瓦。

二、出门就要大方得体

《论语·颜渊篇》记载："仲弓问仁，子曰：'出门如见大宾。'"

孔子的弟子冉雍问孔子关于"仁"的问题，孔子告诉他，要想做到内心有仁德，首先要做到出门办事像要接待贵宾一样。既然是接待贵宾，那么都有什么样的要求呢？

孔子在《大戴礼·劝学》中有言："见人不可不饰，不饰无貌，无貌不敬，不敬无礼，无礼不立。"出门办事首先内心要有接待贵宾的态度，要重视自己的外在形象，要对自己的服饰、容貌稍作整理。

和张爱玲并称"四大才女"的潘柳黛曾在《记张爱玲》里写道：

一次，我和朋友苏青到赫德路的公寓去看张爱玲，见张爱玲穿着一件柠檬色的晚礼服，浑身香气袭人，手镯项链，满头珠翠，使人一望而知她是在盛装打扮中。我和苏青不禁为之一怔，问她是不是要上街？她说："不是上街，是等朋友到家里来吃茶。"当时苏青与我的衣饰都很随便，相形之下，觉得很窘，怕她有什么重要客人要来，以为我们在场，也许不太方便，便交换了一下眼色，非常识相地说："既然你有朋友要来，我们就走了，改日再来也是一样。"谁知张爱玲却慢条斯理地道："我的朋友已经来了，就是你们两人呀！"这时我们才知道原来她的盛装正是款待我们的，弄得我们两人感到更窘，好像一点礼貌也不懂的野人一样。

张爱玲对自己的外在要求是非常严谨的，精致、得体而适当的打扮是对别人的尊重，这样的形象可以很好地体现她的品德和教养。所以，我们在出门前需要做好"正容体、齐颜色、顺辞令"，以举止得体、仪容端庄、言辞恭顺的形象去开启社交之门吧。

三、遵守规则才有秩序

礼仪包括两个部分，一个是礼的文化内涵，一个是仪的完备仪式。内心对他人或事的尊重，要通过一定的仪式表现出来，也就是我们常说的"礼发于心，仪表于外"。升旗仪式、开学典礼、就职仪式、新员工介绍等等都属于仪式，它对于人心的凝聚、规矩的形成、事业的推进以及秩序的稳定都有不可小觑的作用。

俗话说：没有规矩不成方圆。孔子三十五岁时，鲁国发生了"八佾舞于庭"事件，鲁昭公被迫流亡国外。堂堂一国之君怎么会流亡呢？我们来看一下这个事情的始末。古代的祭祖仪式上要有祭祀的舞蹈，也就是佾舞。佾，行列的意思。一佾8人，八佾就是64人。《周礼》规定，只有周天子才可以用八佾的舞蹈，诸侯为六佾，以此类推，卿大夫为四佾，士用二佾。昭公二十五年，当时身为大夫的季氏根本不把国君放在眼里，所以鲁昭公在祭祖，季氏不仅不参加，还把鲁昭公的乐舞队调到他家里，和自己本身的四佾，凑成了八佾。季氏这幕"八佾舞于庭"的丑剧，让孔子非常气愤，说："八佾舞于庭，是可忍也，孰不可忍也。"这件事在当时是非常严重的僭越行为。

《论语·为政》有云："道之以德，齐之以礼，有耻且格。"教导我们，只有时常用道德规范和礼仪行为去约束自己，才是一个知廉耻、有规矩的人，社会秩序才能得以维护，而试图破坏规则的人则会被认为是没有廉耻、没有规矩的人，无论身在何处，都不会为人所尊重。

四、该相助时即刻伸手

社会生活中的每个人都要恪守规则，其最核心的原则，是内心对他人的尊重。所谓"礼者，敬人也"。美国心理学家马斯洛的需求层次理论让我们看到，当低层次的物质需求得到满足后，人会追求高层次的精神需求。其中"尊重"就是高层次的需求。

尊重他人表现在很多方面，其中之一就是当他人需要帮助时，我们要立即伸出援助之手。

◎礼仪在社会

南朝梁天监年间，有位五经博士叫严植之，学识渊博，品格高尚。有一天，他在江边看见有个人躺在地上，衣服破烂，面目浮肿。询问之后得知此人姓黄，是荆州人，因家贫外出帮工。近来身患重病，被急于赶路的船主抛在岸上。严植之于是将此人接回家中，为他治病。一年之后，姓黄的病人康复了。为了感谢严植之，他双膝跪地，恳切地表示，愿留在严植之府中终身充当奴仆，以报答救命大恩。严植之谢绝了，并取出钱和干粮，让他回自己的家乡。

面对自甘降低人格的答谢，严植之果断谢绝，他充分保留了对方作为人的尊严和其平等生活的权利。所以，在面对需要帮助的人时，除了要竭尽所能地去帮助对方，还要看这种帮助是不是有损对方的尊严。因此，帮助应建立在互相尊重的基础上，征得对方的同意后，才在该相助时即刻伸手。

第四节　礼仪在职场

我们知道，尊重是礼仪的核心原则。除了在社会生活中要尊重他人的人格、习惯、习俗等，在职场上还要真诚且表里如一地去遵守公共道德，遵守约定、守时守信，尊重他人付出的劳动、创造的价值，在与人交往时能够自觉地按照礼仪规范行事，这是一个人情商的外化，也是修养的体现。

作家梁晓声曾经有这样的经历：一次在法国，梁晓声和两位作家一同坐车赶往郊区。一路上风雨飘落。在他们前面有一辆旅行车，车轮在前方碾起的尘土不时地扑向他们的车窗，加上点点雨水，车玻璃被弄得很脏。此时梁晓声问司机是否可以超车，司机回答说："在这样的路上超车是很不礼貌的。"正说着，前面的车靠边停下，一位先生走过来对司机说了什么后，示意梁晓声一行人的车先过。梁晓声问司机："刚才他跟您说了什么？"司机转述说："一路上我们的车始终在前面，这不公平。车上还有我的两个女儿，我不能让她们感觉这是理所当然的。"后来，梁晓声从这个经历中总结出了他对"文化"的理解："根植于内心的修养，无须提醒的自觉，以约束为前提的自由，为别人着想的善良。"

一、安身立命的重要场合

职场礼仪可以有效地展现一个人的素养、风度及魅力。了解、掌握并能够恰当地应用职场礼仪有助于树立我们的职业形象，减少沟通的障碍，提高工作效率，使我们在工作中能够事半功倍。

一家公司的公关部想要招聘一位职员，许多人参加了角逐。经过笔试、初面，最后只剩下5个人。公司通知他们，聘用哪个人还得由高层会议讨论后才能决定，于是5个人回家安心地等待结果。

几天后，其中一位女生收到了公司邮件，内容是："经研究商讨，您落聘了，但是我们欣赏您的学识。此次因为名额有限，实是割爱之举。日后若再次招聘，必会优先考虑您。另外，为感谢您的信任，随寄去本公司产品优惠券一份。祝您开心。"

她因为落聘，十分伤心，但又为该公司的诚意所感动，于是给那家公司回复了一封简短而真挚的感谢信。两个星期后，她居然接到那家公司的电话，说经过讨论，她已被正式录用为该公司职员。

后来她才明白，邮件是最后的一道考题。公司给其他4个人也发了同样的电子邮件，也送了优惠券，但是郑重回复感谢信的只有她一个。她能胜出，不是因为回复了对方的邮件，而是因为这样展示出来的礼仪修养为自己在职场赢得了胜利。

端庄稳重、孜孜向学、忠诚守信、谨慎交友、知错必改，自古及今，都是职场人的立身之本。所谓："君子不重则不威，学则不固，主忠信，毋有不如己者，过则无惮改。"（《论语·学而篇》）孔子说："一个君子，如果仪态不庄重，就没有威严，通过学习才会达礼而不闭塞，为人要恪守忠诚信实，不要和与自己道不同的人深交，有了过错，就不要怕改正。"

二、与同事友好合作

（1）同事之间应恭敬有礼，相互尊重才能共同进步。

（2）在工作中应相互帮助，不要互相拆台，应将同事的困难看作自己的困难，做到主动询问、尽力帮忙。

（3）同事间公平竞争，不做损人利己的事情，更不能做任何有损公司形象与利益的事情。

（4）当配合失误时，应实事求是。由于自身原因造成的工作失误须主动道歉，征得对方谅解；对方失误应给予帮助，共同解决问题。

俗话说：单丝不成线，独木不成林。一个人要想做出一番成就，被公司和社会认可，单单依靠个人学识能力是远远不够的，必须要有好的人缘，凭借大家的扶助才会有更好的发展。

三国时代的刘备，天时不如曹操，地利不如孙权，刘备就是凭借自己的为人处世，笼络了一批英雄豪杰追随，硬是从夹缝里打出了一片天地，与曹魏和孙吴三分天下。

《论语·颜渊篇》云："君子敬而无失，与人恭而有礼，四海之内，皆兄弟也。"

职场中也是同样的道理，如果我们对待工作尽职尽责，对待同事谦恭有礼，就会得到同事们的倾力相助，这样在职场中打拼也会容易得多。

三、与领导保持一致

领导是管理者，在职位分工上与我们不同。要想团队形成合力，减少组织内耗，体现我们的执行力，在与领导相处时要时刻保持与领导一致的思维和立场，这既是尊重原则的体现，也是一个人大局观的体现。

（1）要维护领导形象。如果领导在做报告、在主持会议，或者在接待事务中有所失误，作为下属，不要立即打断领导，更不可以随意补充、更正领导的言行，可以私下做补充或者更正，从而维护领导的形象。

（2）要站在领导角度调整工作节奏。比如在公务接待中，我们安排接待流程应该兼顾主宾双方领导的时间表，适当照顾客方。

（3）不要替领导做决定。当面临多重选择的时候，要将主动选择权以合适的方式交到领导的手上。我们要做的就是为领导提供参考，并尊重他做出的决定。

四、与下属把握分寸

作为领导，除了具有自己的人格魅力、良好的形象、丰富的知识、优秀的口才、平易近人的作风等，与下属相处时也应该讲究礼仪。领导的聪明才智、远见卓识必须通过下属的积极配合、努力工作才能显示出来。善待下属会使他们产生归属感、荣誉感，调动他们的积极性、主动性，更有利于工作的顺利完成。

朱熹在《论语集注》中引用了程颐弟子吕大临的话："使臣不患其不忠，患礼之不至。"做领导的不要总是担心下属是不是忠于自己，自己首先要反省一下对下属是不是做到了以礼相待，给下属分配工作、布置任务，要以平等和尊重的态度去行使领导的权利。

下属具有独立的人格，尊重他们的人格，这是领导最基本的修养和对下属最基本的礼仪。在工作中领导要做到赏罚分明，对工作出色的下属应给予适当的表扬，对于不当之处也要及时指出，这也是对下属负责的表现。对于下属工作中的失礼、失误尽量宽容对待，并尽力帮助其改正错误，不能一味打击处罚，更不能记恨在心，挟私报复。

此外，领导需根据下属的特长安排工作，做到用人所长、用人不疑、人尽其才。对他们提出的意见应予以重视，并积极采纳合理建议。这样不仅能提高自己的威信，同时也可以营造一个良好的工作氛围。

第五节　礼仪在国际

一、地球村的含义

从前的日色变得慢，车、马、邮件都慢……

——木心《从前慢》

地球村一词最早出现于马歇尔·麦克卢汉1964年的著作《理解媒介：论人的延伸》一书中。古时，人们以书信为媒介产生人与人之间的交流与连接。时至今日，随着科技的进步、通讯技术的发达，我们借助电子通讯设备和互联网进行更加方便、快捷的联系，新技术的产生和应用大大缩短了地球上洲与洲之间、国与国之间、城市与乡村之间，以及人与人之间的距离。高山，不再是情感的阻隔；大海，也不再是地域的鸿沟。

今天，地球的另一端不再是遥不可及，乘坐飞机只需半日便可抵达。又或是我们想要联系一位身在千里之外的朋友，只需打开网络，便能立刻与地球任何一个角落的朋友通过视频通话进行联络。各类语言的交融，各类货币的流通，各类文化的融合……地球似乎真的变小了，大家彼此之间的连接就像在一个村子里一样便利，于是我们就称地球为"地球村"了。在地球上，无论肤色、种族，每一个人都是这个村落的一分子。

"地球村"的概念随着世界经济一体化的进程而逐渐形成，随着人类社会的发展和进步，文明礼仪需要生活在地球村的我们传承与弘扬。

二、地球村与礼仪

在日益"村落化"的生活中，我们每个人都或多或少地去接触与自己原生文化相异的文化形态，在多种多样的文化和生活中，有没有一种行之有效的方法可以成为我们"放之四海而皆准"的交流工具呢？

《论语》中有这样一句话："子谓伯鱼曰：'女为《周南》《召南》矣乎？人而不为《周南》《召南》，其犹正墙面而立也与！'"在《诗经》中，《周南》《召南》是两个地区的民歌。孔子在对儿子孔鲤的教导中提到，如果不去学习《周南》《召南》，不了解其中的民风民俗，就好像面对着墙壁而立，是寸步难行的。推而广之，当我们与不同文化背景的"村民"进行社会交流与交往时，如果不了解其他地方的社会发展与民风民俗，就会像"面墙而立"那样，成为孤陋寡闻、见识浅薄、行为粗鄙的人，在社会交往中就有可能寸步难行。

这就要求我们在当今日益"村落化"的世界交流中知己知彼、彼此尊重、平等共生、以礼待人、以礼交往。

梁实秋先生在《秋室杂文·谈礼》中说："礼是一套法则，可能有官方制定的成分在内，亦可能有时代沿袭的成分在内，在基本精神上还是约定俗成的性质，行之既久，便成为大家公认的一套规则。"礼仪是人们在社会生活中基于本土传统、习俗、宗教等因素的影响而约定俗成的、被大众认可并接受的、可以共同执行和操作的一系列的行为准则。这一系列的行为准则就成了我们行走在地球村的"通行证"。

三、融入地球村

如今世界上有215个国家和地区，在人与人的交往中，我们只有内心始终秉持着对他人的尊重，理解并遵守当地约定俗成的生活方式、沟通方法，才会在地球村收获更多的朋友，获得更多的认同。

比如，在新西兰生活的毛利人，他们有一种独特的见面问候礼仪——碰鼻礼，这在毛利人的礼仪中相当于握手礼。行礼时，相见的两人必须鼻尖对鼻尖连碰两三次或者更多次数，碰鼻的次数与时间长短往往标志着礼遇规格的高低：相碰次数越多，时间越长，说明礼遇越高；反之则礼遇就低。碰鼻礼是新西兰原住民毛利人至今仍保存并使用的一种远古流传下来的独特见面问候方式。所以，如果我们来到新西兰做客，当毛利人的鼻尖向我们移动过来时，我们也应热情地迎上去，用同样的方式向对方表示友好。

虽然日本与我国在文化上有千丝万缕的联系，但日本也有与我们大相径庭的文化差异。拿吃面为例，在中餐礼仪中，吃面时尽量不能发出声音。而在日本，吃面时则要将吸面条的声音放出，因为声音越大表示食客对面条越满意，表示自己在用餐过程中非常愉悦。所以如果我们在日本食用面条时，也要用这样的方法来表达自己的用餐感受，表达对主妇或者店主的尊重与感谢。

即使是在我国，不同地区与民族也有不同的习惯。以维吾尔族为例，见面时虽然也以握手表示友好，但是与一般情况不同的是，男女之间不握手，而是男士点头致意，女士轻抚胸口，点头回礼。女士之间也可以用贴面礼来表示问候。所以，在不同民族与地区之间，我们需要准确掌握其风俗习惯，才不至于贻笑大方。

现如今，各类文化之间的交流越来越频繁，各国之间的联系越来越紧密，地球村里的"村民"也在不断了解、不断融合，希望我们以尊重他人作为地球村的通行证，不断适应地球村的生活。让我和你，心连心，共住地球村。

CHAPTER 2

第二章
仪容礼仪

第一节 洗脸与护肤

皮肤状态的好坏，直接关系着一个人的仪容。几乎每个人在婴儿时期都拥有完美的皮肤，可是随着年龄的增长，有的人看起来比实际年龄要年轻，而有的人则看上去要比实际年龄大好几岁，这是由于皮肤受到外界不同影响而产生的不同结果。皮肤若长期得不到保养或是保养方法不得当，就会提早衰老，做好日常的洗脸与护肤工作对于皮肤的保养是非常必要的。

一、认识自己的皮肤

在正确洗脸以及护肤之前，我们需要了解自己的皮肤。皮肤是人体面积最大的器官，我们的皮肤按皮脂腺的分泌状况，一般可以分为五种类型，分别是：干性皮肤、中性皮肤、油性皮肤、混合型皮肤以及敏感型皮肤。各类皮肤具有各自不同的特点，保养的方法也不一样。首先我们需要判断自己属于什么类型的肤质。

（1）干性皮肤：这种类型的皮肤比较干燥，缺乏弹性，最显著的特征是常常感觉皮肤有紧绷感。优点是面部皮肤没什么毛孔，但同时会比较粗糙，暗沉，没有光泽，易起皮、长斑，皮肤容易松弛，产生皱纹和老化现象，眼角及嘴角部位尤为严重。

（2）中性皮肤：中性肌肤是最健康的皮肤状态，应该是我们向往的肤质，这种皮肤油脂和水分分泌比较恰当，水油平衡比较好。中性皮肤看起来细腻且富有弹性，肤色红润，很少有黑头、痘痘。中性皮肤不会出现紧绷和油腻的感觉，也不太会因外界刺激而出现敏感现象。

（3）油性皮肤：油性皮肤的皮脂分泌旺盛，面部油光明显，毛孔粗大，易长粉刺、暗疮以及黑头，多数人皮肤暗黄，上妆后很容易脱妆。油性皮肤的优点是弹性较佳，不容易起皱纹，对外界刺激不敏感。

（4）混合型皮肤：同时具有油性和干性皮肤的特征，即面孔 T 区部位易出油，毛孔粗大，并时有暗疮、粉刺发生，其余部分则比较干燥，有紧绷感。

（5）敏感型皮肤：敏感型皮肤的皮脂膜比较薄，油脂分泌较少，皮肤自身保护能力较弱，皮肤易受外界刺激引起皮肤过敏，出现红、肿、痒、刺痛以及脱皮、脱水现象。

二、如何正确洗脸

清洁的皮肤是护肤的基础，洗脸是清洁的必需步骤。正确洗脸，可以清除脸上沾染的粉尘、细菌和皮肤分泌出来的多余油脂以及多余的角质层。错误的洗脸方法会导致毛孔粗大、黑头和痘痘等皮肤问题。那么正确的洗脸方法是什么？洗脸是用热水好还是冷水好？为了能把脸洗干净是不是

◎ 图2-1

一定要用洗脸仪或其他工具？洗完脸之后要立刻擦干吗？现在，就让我们一起来看看这些问题的答案（图2-1）。

若是我们今天化了妆，洗脸之前一定要先卸妆，然后才进入洗脸的程序。正确洗脸包括四个步骤：第一步，用温水浸润脸部，过冷或过热的水都会刺激面部肌肤，正确的做法是使用温水，即接近人体正常体温的温水，这样既能保证毛孔打开，又不会过度清洁掉皮肤上的油脂。第二步，挤出适量洗面奶，上脸前先在掌心揉搓起泡，大量的泡沫能够很好地吸附在表面的污垢上，起到分解污垢的最佳清洁效果。注意不要将洗面奶直接在面部搓揉，会对皮肤造成损伤。第三步，泡沫上脸后，以由下向上的方式打圈轻轻按摩，清洁的重点在出油较多的T区，干燥的部位应轻轻带过，比如脸颊或者额头，同一部位不要超过20秒，然后用温水清洗干净。近两年市面上非常流行洗脸仪，很多人趋之若鹜，其实洗脸工具不一定有用，要因人而异。使用洗脸工具确实会将脸洗得特别干净，但是频繁使用，久而久之会伤害皮肤屏障，尤其是干性皮肤，会更加干燥。另外，有的洗脸工具容易滋生细菌，若仪器保管不当，反而对皮肤不好。第四步，清洁完之后应立即把脸擦干，建议用一次性洗脸巾吸干面部多余的水分。如果不及时吸干水分，水分蒸发时会带走热量，引起血管收缩，皮肤得

◎ 如何正确洗脸

到的供养就会变少,皮肤也会变得更干燥。

三、选对护肤品

选择护肤品要根据肤质、年龄以及季节三个因素来考虑。

首先,我们来看不同肤质类型如何挑选护肤品。中性皮肤应选用性质温和、滋润型的护肤品。干性皮肤注意使用高保湿、活性的修护霜和营养霜。注意补充肌肤的水分与营养成分,选择呈弱酸性的氨基酸洗面奶,带保湿的化妆水。油性皮肤应选用清洁能力强、含有控油成分的洗面奶,使用清爽型、能抑制油脂分泌、收敛作用较强的护肤品,更要注意适度的保湿。混合型皮肤要分区护理,T区油性肤质者应选择油性皮肤适用的护肤品,两颊中性则选择中性皮肤适用的护肤品,偏干就选用干性皮肤适用的护肤品。敏感型皮肤在选择护肤品时,应先进行适应性试验,在无反应的情况下方可使用。切忌使用劣质化妆品或同时使用不同品牌的化妆品,注意不要频繁更换化妆品。含过多香料及过酸、过碱的护肤品是不能使用的,需要选择适用于敏感型皮肤的化妆品。

其次,随着年龄的增长,皮肤所需要的养分也不同。在青春期,内分泌、油脂分泌旺盛,应该选用一些清爽的、含有控油成分的乳液或乳霜。18—25岁保养的重点就是补水。25—30岁这个年龄阶段的保养很重要,要让皮肤总是保持在水润健康的状态,应选用高水分的乳液或面霜。30岁以后皮肤衰老的速度加快,仅仅补水是不够的,还要适当补充一些营养,应选含有胶原蛋白等皮肤必需的营养成分的营养霜或乳液,也可以定期敷营养面膜。40岁以后保养重点就是补充营养,应该在重视补水的前提下选用高营养的面霜。

再次,选择护肤品时也要考虑季节及气候因素。夏季天气炎热,油脂分泌旺盛,紫外线较强。保养的重点是清洁、控油以及防晒。秋冬季节,空气干燥寒冷,皮肤的水分容易流失,油脂分泌也相对减少了,所以我们在补水的同时也要为皮肤补充适当的营养。

四、护肤的流程

我们日常使用的护肤品种类繁多,尤其是女性朋友,爽肤水、柔肤水、乳液、面霜、眼霜、精华素等等,不一而足。五花八门的护肤品究竟哪个先用,哪个后用呢?想要得到好的效果,要注意使用的顺序。

第一步：爽肤水或柔肤水。干性皮肤和中性皮肤可以选择柔肤水，其他类型的皮肤可以选择爽肤水。使用爽肤水的过程也是二次清洁的过程，它能起到收缩毛孔的作用，还有助于后续的护肤品能够更深入地渗透肌肤，为肌肤补充营养。涂抹爽肤水时首先将爽肤水倒在化妆棉上，然后用化妆棉顺着肌肤纹理由内向外擦拭，这样可以防止因为过分拉扯而导致脸部细纹的出现，额头、鼻子等油脂分泌较多的部位可以适当延长擦拭时间。也可以使用喷雾器，将水均匀喷于面部，然后用手直接拍打，使面部皮肤充分吸收水分。

第二步：肌底液。近几年，肌底液开始盛行，但它并不是必要的护肤品，主要针对皮肤不好，或是在面部肌肤很难吸收护肤品时使用。肌底液相当于护肤前的一个"开胃菜"，能帮助肌肤打好基础，促进后续护肤品的有效吸收，调整肌肤达到理想的状态。使用时将肌底液倒出适宜的量，然后轻轻点拍到脸部肌肤，轻轻按摩直至完全吸收。

第三步：精华液。精华液中含有较珍贵的成分，如胶原蛋白、角鲨烷、神经酰胺、血清等，具有抗衰老、防皱、保湿、美白、祛斑等作用。涂抹精华时先将双手搓擦，当手心与手指都有温热感之后，用滴管取出精华或挤出精华均匀地抹于面部，注意避开眼周肌肤，用手掌按照由下到上、由外至内的方式轻柔按压，最后用指腹轻轻敲弹脸部的肌肤，以确保精华成分完全被吸收。

第四步：眼霜。眼部的肌肤非常脆弱，因此涂抹眼霜时要格外注意。眼霜正确的涂抹方式是用无名指蘸取绿豆粒大小的眼霜，点涂于眼周，再将眼霜按眼周肌肉走向轻轻按摩，这样可以将眼部的细纹拉平，让眼霜渗入其中。可以用无名指从内眼角开始，顺着上眼皮、眼尾、下眼皮做圈状按摩，最后再用两手的无名指，像弹钢琴一样轻轻地点拍，特别是眼袋部分，这样有助于血液循环，缓解黑眼圈。

第五步：乳液或面霜。乳液或面霜是护肤保养的主要步骤，应根据自己的肤质选择合适的乳液或面霜。面霜比乳液更厚重，营养成分也更多，秋冬季节一般要使用面霜，尤其是干性皮肤；而在炎热的夏季，油性皮肤选择乳液即可。涂抹乳液要用指腹，从脸的中央部位向外轻轻地按摩推开，直至被皮肤完全吸收。使用面霜时，取适量面霜置于掌心，两手掌合拢轻轻揉搓，将面霜均匀地分开于两掌心中，先按压两颊、颧骨处，再按下巴和额头，同样按照由下至上，由内而外，将面霜慢慢地轻按压

◎ 护肤的流程

进肌肤。

以上就是护肤的整个流程，可根据自己的皮肤状态增加或减少某个流程。值得一提的是，若是早上洗脸后的护肤，最后需要加上涂抹防晒霜的步骤。

好的皮肤不是一朝一夕养成的，需要我们在日常洗脸及护肤的细节中去呵护。当然，最根本的是保证充足的睡眠、健康的饮食、积极的运动以及乐观的心态。

第二节　化妆步骤有讲究

人类化妆的历史可以追溯到原始社会。古代的人类在人体面部、两臂、前胸和后背画出图案以显示身份地位，在狩猎和驱魔等仪式上会在面部或身上涂各种颜色。在人类历史上，人们赋予化妆特殊的意义，如治病、驱魔，还被当作区分阶级的标志。在现代社会生活中，化妆已经成为修整仪容的一个重要组成部分。化妆可以让人看起来更漂亮、更精神，也有女性把化妆当作改善心情的一种手段，但化妆更是自尊和尊人的一种表现，我们需要掌握一定的化妆技巧，懂得化妆的步骤，才能起到美化的效果。

为了表达对交往对象的重视以及对场合的尊重，在工作中应当化生活简易妆，若出席一些较为隆重的场合或参加社交活动，如新闻发布会、宴会等，应当化日妆。接下来介绍这两种妆容的具体化妆步骤。

一、化妆前的准备

（1）洁面。化妆前须用适合自己皮肤类型的洁面乳，采用正确的手法彻底清洁面部皮肤，油脂分泌较多的鼻翼两侧及额头等处更要仔细清洗。清洁的皮肤是化妆的基础。

（2）护肤。适量涂抹能保持皮肤滋润的护肤品，含化妆水（爽肤水）、其他营养霜等。如果时间允许的话可以在妆前贴一片补水面膜，但是不能太频繁，视皮肤状态一周一到三次。做好补水护肤工作可以使皮肤更好地吸收粉底，使妆容更加自然服帖，且不会起皮或搓泥。

（3）防晒。适量涂抹适合自己肤质的防晒霜或隔离霜。紫外线对肌肤的伤害是极大的，容易造成黑色素沉着，加速肌肤的老化。因此，应把防晒作为护肤的重要一步。

二、生活简易妆的步骤

1. 粉底

打粉底的目的并非刻意增白，而是为了均匀肤色。因此要选择与自己肤色接近的颜色，要注意脸与脖子、脸与发际线的衔接，避免出现"面具脸"。在自然光下找出一种接近自己肤色的、较薄的、液状的粉底，或是干湿两用粉底。用手指轻轻推匀，让粉底与皮肤贴合，用量尽可能少，这样才有轻盈的效果。轻薄的气垫霜及BB霜也是生活简易妆不错的选择（图2-2）。

2. 定妆

打完粉底后用粉扑蘸取适量干粉定妆（图2-3），干粉可以吸收掉粉底中多余的油分，让底妆看起来更加清爽、通透、有质感，同时可以让妆容更持久。但是粉不要擦得过厚，皮肤黑的人尤其要注意。

◎ 图2-2 　　　　　　　　　　　　◎ 图2-3

3. 描眉

眉毛是五官的点睛之笔，精致的眉型能让人看起来更加精神。生活简易妆一般用眉刷来修饰眉毛，用眉刷从眉头至眉尾顺着眉毛生长方向刷，按照原有的眉形轻轻描画，不必刻意修饰，眉毛的颜色可以与发色协调一致或者略浅于发色（图2-4）。

4. 腮红

上腮红可以使面颊更加红润，显示健康与活力。若皮肤红润，可以省略此步骤。生活简易妆的腮红设计可以选择涂抹在微笑时颧骨旁边凹下去的部分就是最佳位置。用大号粉刷轻扫腮红，颜色清淡，呈现自然红晕，不要有边缘线。腮红的颜色选用温暖的橘色、柔纱色、玫红色比较合适。

5. 口红

先涂抹润唇膏滋润双唇，再按嘴唇轮廓涂抹口红，注意口红颜色不要太红太艳（图2-5）。

◎生活简易妆的步骤

◎图2-4 　　　　　　　　　　◎图2-5

三、日妆的步骤

1. 粉底

首先使用适合自己皮肤色号的粉底液在手背上晕开，点在脸部，用海绵或美妆蛋顺着皮肤纹理慢慢晕开；再用比底粉稍白一点的提亮粉底涂在鼻梁、眉弓骨、下眼睑和下巴处，目的是让脸部立体感更强，突出轮廓。在打粉底时要注意：一是选用的粉底最好与自身肤色相接近，反差过大看起来容易失真；二是要借助海绵或美妆蛋，要做到取用适量、涂抹均匀；三是注意脖颈部位，不能使面部与颈部"泾渭分明"。

◎日妆的步骤

2. 定妆

选择散粉、蜜粉或粉饼，蘸取少量，抖掉多余散粉，用按压的方式均匀轻柔地进行定妆，使肤质看起来细腻通透。

3. 描眉

职业女性在描眉时，有四点需要注意：一是先要进行修眉，用专用的眉夹或眉刀修剪出眉毛的轮廓，再用眉剪修除杂乱无序的眉毛；二是描画出整个眉形轮廓，注意兼顾自身的性别、年龄与脸型；三是注意用棕褐色或烟灰色眉笔（或眉粉）逐根进行细描，忌讳一画而过；四是描眉之后应整体修形，使眉形具有立体之感，且和谐、流畅。描眉时，注意上虚下实，两头淡而自然，中间浓而不紧密，眉头不高于眉尾。

4. 眼线

眼线可以让我们的眼睛生动而有神。画上眼线时眼睛往下看，用手指上提眼睛外侧眼睑，将眼线笔紧贴睫毛的根部描画上眼线，内眼角较细，外眼角较粗，并向外延伸。下笔要均匀、流畅，眼尾的描画过渡应自然，不能将眼线拉得过长。下眼线可省略，如果需描画也必须浅淡，一般从外眼角的 1/3 或 1/2 部位开始向眼尾描画。

5. 眼影

眼影可以强化面部的立体感，并且使女性的双眼显得更为明亮传神。但是绝对不要出现大面积的烟熏渲染，即使是想让眼睛看起来更大更有神，也要尽可能地缩小眼影面积，避免过于鲜艳的色彩和闪烁的质地，大地色系是不错的选择。施眼影的方法很多，但要注意越往上颜色越淡，并逐渐消失。因此涂的时候可以先在眼睑部位打上一层浅色的眼影，然后缩小面积涂上一层略深一点的眼影，最后在贴近睫毛根部的位置涂上更深一点的眼影。

6. 刷睫毛

刷睫毛膏之前，用睫毛夹分别在睫毛的根、中、末梢部位夹翘睫毛，使睫毛以自然的弧度向上弯曲。刷上睫毛时眼睛向下看，刷下睫毛时眼睛应向上看。以 Z 字形从睫毛根部向上涂刷，可以反复刷几遍，让睫毛看起来浓密。注意，睫毛不能粘连，不能出现"苍蝇腿"现象。

7. 腮红

腮红应淡，颜色与眼影、唇膏相协调。对于脸型偏长的女生，可以采用横扫的手法，可以起到缩短脸型的视觉效果。对于脸型偏大偏宽的女性，可以采用由外向内的纵向手法，可以起到收缩脸部的效果。

8. 口红

涂口红之前要先涂上一层润唇膏，起到护唇防裂的作用，避免起皮，更好上妆。涂口红时有三个步骤：一要描好唇线。先以唇线笔描好唇线，确定好理想的唇形，描唇形时，嘴唇应自然放松张开，先描上唇，后描下唇。应从左右两侧分别沿着唇部的轮廓线向中间画。上唇嘴角要描细，下唇嘴角则要略粗。二要涂好口红。以唇线笔描好唇形后，才能涂口红。避免选用鲜艳古怪的颜色。涂口红时，最好用唇刷蘸取口红，从两侧涂向中间，并要均匀而又不超出画定的唇形。三要仔细检查。涂毕口红后，要用纸巾吸去多余的口红，并细心检查一下牙齿上有无口红的痕迹。

四、化妆的注意事项

我们化妆需要与自身的性别、容貌、肤色、身材、体型、个性、气质等相适宜、相协调。仪容修饰程度及修饰技巧，均应把握分寸，不能盲目追求时尚，忌讳花里胡哨、轻浮怪诞。重点应做到四个协调：

（1）妆面的协调。不能片面追求某一局部的奇特变化，不可把脸当作调色盘，不能给人以突兀的感觉，用绘画的术语来说，就是要有中间色调。各部位之间色彩的搭配要协调，浓淡要相宜，整体应和谐一致。

（2）身份的协调。化妆时要考虑到自身年龄、职业特点和岗位身份等因素来选择化妆品以及化妆技巧，一些社会上流行的化妆方式，诸如金粉妆、日晒妆、印花妆及烟熏妆等，均不太适宜工作时采用。

（3）全身的协调。化妆时还必须注意妆容与肤色、发型、服装、饰物的协调，力求取得完美的整体效果。

（4）场合的协调。化妆需要"应景"，不同的环境、不同的场合往往有不同的社交气氛，这就需要与其相协调、相适应。只有当化妆与环境相统一，人与环境才能相容，才能相得益彰，个人的良好形象才能最充分地体现出来。如职业女性在工作岗位上应当化淡妆，目的在于不过分地突出职业女性的性别特征，从而降低自己的专业度。如果一位职业女性在工作场合妆感过于浓艳，容易给人留下轻浮的感觉。浓妆只有在晚上的社交场合才可以用。另外，像在吊唁、丧礼场合也不宜抹口红。

化妆是为了美化自己，是为了表达对他人的重视，而不是单纯的涂脂抹粉，更不是把自己打扮得花枝招展，一定要考虑自己的身份以及所处的环境。

遵循化妆的步骤，才能锦上添花。但是化妆的步骤并非一成不变，有时根据个人特点及工作环境可酌情舍弃或变动某些内容。

化妆也是一个熟能生巧的过程，我们只要反复练习就能达到化妆的最高境界——自然。

第三节　脱妆了怎么办

化妆，是我们每天的必修课。脱妆，也是我们每天面临的问题。

一天下午，刘先生到一家企业洽谈业务，接待他的是一位年轻时髦的前台工作人员。这位工作人员服务工作做得很好，可是仔细一看，发现她满脸泛油光，局部浮粉严重，显得十分邋遢。上茶时，刘先生又突然看到她涂的指甲油斑驳残缺，给刘先生留下了不好的印象。会谈结束后，刘先生经过前台，看到这位工作人员正对着前台后面的反光玻璃墙面修饰妆容，丝毫没有发现客人要离开。自此以后，刘先生再也没有去过那家企业，他认为前台接待人员的素质正是企业管理水平的浓缩，从这个接待人员的身上他看出了太多失礼的细节，这样的公司管理水平堪忧。

不管化妆品多么好用，化妆技术多么精湛，在忙碌的工作、善变的天气、心情的起伏中，精心打造的妆容还是难免出现尴尬的脱妆。残妆示人不但会破坏自己的整体形象，也会给人留下不拘小节的印象。因此女性朋友要养成经常自查妆容的好习惯，发现脱妆后应及时补妆。

补妆是指在面部妆容已质变的部位补画化妆品。面部的妆容一般只能保持一定的时间，时间长了就会发生质变。我们注重自身形象，并处处维护，这是无可厚非的，但这并不意味着可以随时随地为自己修饰妆容，我们还必须了解何时需要补妆，以及补妆的技巧和禁忌。

一、何时补妆

对于职场女性来说，随着时间的推移，早上完美的妆容会氧化、暗沉、脱妆。什么时候需要补妆呢？一般用餐过后、午休过后都需要进行补妆。

◎ 图2-6

若参加重要活动，出场之前的补妆也可以让自己更加自信从容（图2-6）。

补妆的频率与自身的皮肤特点相关。油性皮肤更容易脱妆和花妆。因此油性皮肤的女性补妆的频率更快一点，一般每2个小时补一次妆比较合适，若是在干燥的空调环境中，每3—4小时补一次妆即可。混合型皮肤的T字区一般会脱妆和花妆严重，脸颊区不易脱妆，因此可以根据T字区的出油情况进行补妆，通常每3—4小时补一次妆即可。干性皮肤常常会因为肌肤干燥，易浮粉、不服帖，从而导致脱妆，通常情况下每天补妆1—2次即可，下午三点左右是肌肤最容易缺水的时段，因此补妆时可以先进行补水。

二、补妆技巧

补妆是维持精致妆容的重要环节，也是职场女性必备的技能。补妆不是单纯地往脸上添加化妆品，也需要掌握一定的步骤和技巧，我们可以根据自身皮肤特点，以及具体情况选择适宜的补妆内容与补妆技巧。

1.底妆

油性皮肤的女士脱妆的表现通常都是满脸油光，因此应首先用面纸或干净的海绵按压脸部，吸收脸上多余的油脂和浮粉，把已经斑驳的底妆先推匀或完全卸除，再用底妆产品轻轻按压脸庞来进行补妆。最后在脱妆比较严重的T区以及眼周等部位使用控油蜜粉进行轻压定妆。若补妆前不吸油，一味地用粉饼往脸上压，粉霜跟油脂混在一块，这样容易产生结块现象，会让我们的底妆厚重。

混合型皮肤的女士在T区以及毛孔相对粗大的位置脱妆会比较严重，而两边脸颊一般不太容易脱妆，因此，补妆时也应该分区处理。修补底妆时，可以先用加了保湿喷雾的化妆棉轻轻按压脸部，清理一下底妆，然后用干湿两用粉底补妆，最后在T区轻拍蜜粉控油定妆。

干性皮肤的女士脱妆后，脸上会有粉底液不服帖，浮粉、卡粉等现象，有时还会伴随着脱皮、细纹的出现。在肌肤极为干燥的区域，如眼角、嘴角出现皱纹时，可以用指尖蘸取适量保湿乳液盖在皱纹明显部位轻拍，滋润皮肤，然后用含有保湿成分的粉底液补妆，可以先用面部保湿喷雾浸湿化妆海绵，再用化妆海绵来蘸取粉底以轻按的方式涂在需要补妆的部位，这样可以让底妆更加的服帖自然，之后再按压上一层锁水保湿的蜜粉即可。补妆后还可以用定妆喷雾轻轻喷洒在脸上，这样可以让我们的妆容更加清透自然。

另外，像说话、用餐等不但会令口红脱落，也会令原先涂有粉底的嘴角脱妆，所以在补唇妆前，要先为唇周补上粉底。

2. 眉妆

眉妆只需先用浅色眉笔重新勾画眉毛的轮廓，然后轻轻填充颜色，再用眉刷刷匀即可。

3. 眼妆

有些女士的眼妆容易晕染，眼线及睫毛膏一旦花妆就会成"熊猫眼"。当出现这种情况时，先用小棉棒蘸取一点护肤乳液清理脱落的睫毛膏、眼线液等污垢，因眼周皮肤比较脆弱，所以动作一定要轻柔，不然容易搓伤眼周肌肤。然后用小棉棒蘸取适量粉底补妆，再用蜜粉定妆之后，重新画上眼线，涂上睫毛膏即可。

4. 腮妆

发现腮红变淡或脱落，按照正常扫腮红的方式直接上妆。

5. 唇妆

先用纸巾或湿巾擦掉残留的颜色，然后涂上润唇膏滋润嘴唇，再用纸巾抿掉多余油脂，重新涂抹口红。

三、补妆的禁忌

女士需要养成经常自查并及时补妆的好习惯，但是也要注意补妆的禁忌。

在办公室、餐桌上、公共交通工具上等公众场合当众补妆是有失礼貌的。自我修饰属于个人隐私，当众补妆是没有修养的表现，既不尊重自己，也妨碍他人，其性质好比当众换衣服。补妆应当跟化妆一样遵循修饰避人的原则，若当着领导、长辈的面补妆是失敬于人的；当着同性的面补妆，会被认为是在炫耀或轻视对方；当着晚辈的面补妆更是有失身份，自毁风度；在工作场合补妆，会被认为工作能力欠缺、对工作热情不够；若当着不熟悉的异性补妆，会被认为在有意引起异性的注意。因此，补妆要到化妆间或洗手间，实在没有条件，也应当尽量避人。

同时，我们还要注意不要非议她人妆容，不随意借用她人化妆品，不要询问他人的化妆品是什么品牌、什么价格等,更不要炫耀自己。同时还要注意,根据自己的皮肤状态以及实际情况进行补妆,频频补妆不但会影响工作效率,还会给他人留下不安心工作的印象。当众梳理头发、频繁照镜子也是不合适的。

女士化妆是对自己形象的重视,也是对他人的尊重,补妆是化妆的一部分,是化妆的延续。补妆的重要性及难度都不亚于化妆,因此,女性在日常生活工作中,不但要掌握补妆技巧,更要注意补妆禁忌,保持自己形象的整体性,这样才能给人长久的好印象。

第四节　寻找适合自己的发型

我们知道,一个人最引人注意的地方,往往首先是他对自己头发进行的修饰。由此可见,发型对于个人形象的塑造相当重要。头发的造型是仪容美的重要组成部分,恰当的发型会使人容光焕发、风度翩翩。发型的设计只有与我们的气质、脸型、体型相协调,才能达到和谐美的效果。接下来,我们谈谈如何根据脸型和体型来寻找适合自己的发型。

一、如何判断自己的脸型

脸型是指人的面部轮廓。要判断自己属于什么样的脸型,首先我们要弄清楚四个数值,即额头宽度、颧骨宽度、下颌宽度以及脸的长度。我们可以将自己所有的头发撩起,露出全部的发际线,然后,正面朝向镜子里的自己,或者用相机或手机拍一张正面头像照,传到电脑上,再用画图工具描画出脸部轮廓,然后测量这四个数值。

额头宽度是指额头两侧发际线位置的距离;颧骨宽度是指左右颧骨最高点之间的距离,也是我们两颊的最宽点;下颌宽度是指两边颌骨的距离;脸长是指从上额发际线到下巴尖的垂直长度。清楚了这几个数值之后,我们就可以对照着这四个数值的大小关系来判断自己的脸型。

1. 长形脸型

若脸型比较瘦长,额头、颧骨、下颌的宽度基本相同,且长度明显大于宽度,则为长形脸。

2. 菱形脸型

菱形脸的特点是额头宽度与下颌宽度均小于颧骨宽度。

3. 瓜子脸型

瓜子脸的特点是额头宽度与颧骨宽度基本一致，且宽度略大于下颌宽度，脸宽约是脸长的三分之二。

4. 方形脸型

方形脸的特点是额头、颧骨以及下颌的宽度基本相同，四四方方的感觉。

5. 圆形脸型

圆形脸的特点是脸的宽度和长度基本一致，比较圆润丰满，骨骼不明显，无明显棱角感。

6. 三角脸型

三角形脸也称梨形脸，这种脸型的特点是额头相对较窄，脸的最宽处在下颌部分，呈现出上面小、下面大的正三角形。

7. 心形脸型

心形脸的特点是额头最宽，下颌最窄，且下巴较尖。

二、根据脸型选择发型

脸型是天生的，不同的脸型各具特色，我们可以通过发型来修饰脸型，以达到扬长避短的效果。

1. 适宜于长形脸的发型

长形脸的人显得理性、沉稳且充满智慧，但容易显得老气、古板，给人孤傲的印象。所以选择发型时，应尽量缓和脸型带给他人的负面感受。可以选择适宜的刘海，将部分额头遮住，同时要让顶部的头发尽量压实，这样能从视觉上缩减脸部长度，平衡曲线。女士可以选择用蓬松卷曲的头发来增加脸部的宽度，男士要避免两侧头发短于刘海，不然会让脸型显得更长，可以将侧发作加厚的处理，平衡视觉上的美感。

2. 适宜菱形脸的发型

菱形脸容易给人不够温柔的清高之感，缺乏亲和力，但如果修饰得当则能表现出自己独特的骨感和时尚的一面，给人留下深刻的印象。因此在选择发型时，可适当弱化过于突出的棱角感，增加柔和感。可以利用发量以及刘海或运用头发层次来修饰颧骨宽度，增加上部发量来平衡中间宽、上下窄的结构。同时，在耳朵后面保留一些头发来弱化骨骼轮廓。女士可以选择波浪卷发来增加温柔感。不建议头发剪得过短，应避免选择服帖、顺直的发型。

3. 适宜瓜子脸的发型

瓜子脸是女性比较向往的脸型。瓜子脸给人以清秀、端正、典雅之感，是现代审美眼光中女性的最佳脸型，基本上可以选择各种发型。

4. 适宜方形脸的发型

方形脸也称"国字脸"，脸部线条过于刚直，所以容易给人带来生硬的感觉，使女士缺乏娇美的风韵，因此可以选择波浪式的发型，柔软浪漫的卷发可以中和脸部的生硬感，使脸部线条看上去更加柔和。对男士来说，方形脸是最理想的脸型，颌骨和下巴能带来完美的比例和清晰的整体轮廓，因此方形脸的男士看起来更有阳刚之气。利落的短发、偏分的发型、渐变长度的侧发等都能带来发型的层次感。

5. 适宜圆形脸的发型

圆形脸有点像婴儿一样，所以也称"娃娃脸"，显得比较活泼、可爱，很有亲和力，但也容易给人幼稚、不够稳重的感觉。圆形脸的下巴没有明显的线条和角度，可以在发型的设计中增加一些棱角。头发的长度最好要超过下巴，这样有助于拉长脸部的视觉长度，掩饰脸颊的宽圆感。可以采用不对称的发型，以削弱"圆"的感觉，注意要避免选择过厚、过长的刘海，这会让我们的脸型看起来更加短，缺失平衡。

6. 适宜三角形脸的发型

三角形脸的特征上面窄下面宽，能给人亲切温和、不拘小节的感觉，同时也显得脸比较宽，而且缺少柔美感，所以选择发型时应平衡上下宽度。可以用波浪形卷发增加上半部分的分量感，也可用头发掩饰较为丰满的下半部分脸。避免头发过短、发量稀薄，也要避免头发与额头过于贴服，同时不宜将额发往上梳，以免暴露额头窄小的缺陷。

7. 适宜心形脸的发型

心形脸又称"倒三角形脸"，与三角脸型相反，是上面宽下面窄的脸型，易散发出妩媚、柔弱的气质，但也容易给人留下柔弱、刻薄的印象。可以选择掩饰上半部分、增宽下半部分的发型，如超短发或短卷发都比较适合。

三、如何根据自己的体型选择发型

在日常生活中，人们常常运用服饰来显示体型美，或者是弥补体型的缺陷，而忽视了发型与身材的比例关系。比如，一位坐在镜子前的女士，漂亮时尚的发型配上姣美的容貌，显得明艳动人，而当她站起来时，我们会遗憾地发现，这位女士的头发由于蓬松而使头部轮廓扩大，使得她矮小的身材与过大的头部极不和谐。这便是发型的修饰不符合身材比例而导致的尴尬。因此在选择发型时，应该从人的整体比例出发，选择与体型协调的发式，以不同的发型边线轮廓来修饰身材的不足，以达到和谐美的最佳效果。

1. 矮小体型发型的选择

身材矮小的人，选择发型时应着重于如何从视觉上拉长身高，为避免显得身材更加矮小，不适合留长发，因为长发会破坏身体比例的协调。也不适合把头发弄得很蓬松。总体上来说，这种身型的女性更适合短发的造型，或者根据身材的胖瘦、职业特点及个人气质，选择适合自己的中长发型，并且要在发型的秀气、精致上下工夫，避免头发粗犷、蓬松，否则会使头部与整个身体的比例失调，容易造成头大身小的感觉。

2. 高瘦体型发型的选择

高瘦身材是比较理想的身材，但容易给人以干瘦、缺乏丰满感的印象。因此在选择发型时，要尽量弥补这些不足。此类身材的人适合留长发，不适合扎高马尾、盘发或发髻，也不宜将头发剪得太短、太薄，这样会显得人更加单薄。一般来说，让头发留至下巴与锁骨之间的长度是较为理想的，同时尽量使头发显得厚实、有分量。

3. 矮胖体型发型的选择

身材矮胖的人在发型的选择上要让整体发势向上，尽可能让头发向上发展，露出脖颈从而增加身体的视觉高度，以弥补自身的缺点。可以选择有层次的短发，避免选择大波浪或长直发，这样会造成压抑的感觉。发型最好简洁且与头型相吻合，两鬓的头发要服帖，头发要避免过于蓬松或过宽。矮胖者一般看起来健康结实，因此可以选择运动式的发型来营造一种有生气的健康之美。

4. 高大体型发型的选择

高大的体型能给人一种力量感，但对于女性来说少了一些苗条纤细的美感。为适当减弱这种高大感，这种体型的女士在发型的选择上，应以大方、简洁为好，减少大而粗壮的印象。身材高大的人一般不适合留短发，因为这样会显得更加高挑，应根据身材的胖瘦、职业特点以及个人气质等，选择适合自己的长发或中长发，如直长发、大波浪卷发、中短发均可酌情选择，总的原则是简洁、明快、线条流畅，切忌发型花样繁复。

5. 溜肩身型发型的选择

溜肩型身材指的是人体的肩部与颈部的角度较大，严重者会显得脖子很长，头部很大，发型设计时想要弥补这一身型的不足，应在肩颈部周围形成丰盈的发量，不宜留短发。

6. 其他体型发型的选择

选择发型还要考虑颈部、头型等特点。

颈部长的人在发型方面有更多的选择，可以轻松驾驭稍长的、波浪大的发型，但在选择短发发型时要注意将后侧的头发稍微留长一点，避免颈部过于单调，还可以通过佩戴锁骨链、丝巾等饰品或是选择立领的服装使视线向中心收缩，压缩颈部，这样看起来会更符合身体比例，能弥补颈部的空旷感。颈部短的人不太适合长发发型，尤其不适合齐肩的发型，会显得脖子更短。可使发型稍向上隆起，用舒卷或大波浪弥补，要把两侧头发向后梳，把后面的头发梳得完整一些，让颈部暴露出来，使颈部显得更加修长。

头型较大的人不适合烫发，蓬松的头发会显得头更大，尽量让头发服帖，最好剪成中长或长的直发，也可以剪出层次。刘海不宜梳得太高，最好能遮盖住一部分前额，使头部显得小巧一些。头型较小的人，头发最好能蓬松一些，比如烫成蓬松的大花，这样可使头型看起来更大一些，但头发不宜留得过长。

人无完人，每个人对于自己的身型、长相或多或少都存在遗憾，选择适合自己的发型可以适当弥补这种遗憾。我们要认识自己、接纳自己，在形象设计时保持清醒的头脑。记住，很多时候自己喜欢的并不一定适合自己，对于那些令我们着迷却不适合自己的发型绝不可盲从，要在喜欢和合适之间做出选择。

第五节　这些仪容细节很重要

仪容修饰涵盖了很多细节，这些细节也是不容小觑的。我们在重视面部修饰和发型选择的同时，手部的卫生与保养、指甲的清洁与修饰、口腔卫生与牙齿修护、体毛与体味等，都是不可忽略的仪容礼仪细节。

一、手部的卫生与保养

古希腊哲学家赫拉克利特曾说："手是人类外在的另一个头脑。"手，也被称为人的"第二面孔"。因此，手部跟脸部一样需要清洁和保养。由于人们无论是在日常生活、工作还是学习中都要用到手，手是与外界接触最多、最不卫生的部位。我们生活中用手接触的有害病菌或物质比呼吸吸入的可能性更大。如果养成勤洗手的良好生活习惯，可以有效降低感染病毒的可能性。尤其是新型冠状病毒感染的肺炎疫情在全球的持续蔓延，使勤洗手已经成为全球的共识。专家提倡我们要像医务工作人员一样，用七步洗手法来清洁自己的双手，以减少传染病的传播。

在注意手部清洁卫生的同时，也要注意手部的滋养与呵护，定期去除手部的角质，保持手部的干净与柔润。若双手接触洗洁剂、皂液等碱性清洁剂后，可用食用醋水或柠檬水涂抹于手部，以去除肌肤表面残留的碱性物质，并及时涂抹护手霜。最好戴上手套，避免清洁剂的皂碱伤害。冬季还要注意手部的保暖及防冻，避免长冻疮，引起手部皮肤病变，影响手部美观。

二、指甲的清洁与修饰

职场人士不能留长指甲，指甲的长度标准是，以掌心向内将手举起，让指尖与我们的视线保持水平，看不到指甲时的长度为宜。应保持指甲清洁，指甲缝中不能留有污垢。

越来越多的女士会有美甲的习惯，涂指甲油不但可以让指甲具有光泽，还能让我们的手部看起来更具美感。但是职场女士在美甲时也有需要讲究的礼仪细节。

前阵子正在找工作的阿英接到了一家心仪企业的面试通知，为了在面试中能够脱颖而出，阿英将自己从头到脚武装了一番，新发型、新眼镜和一身新套裙，此外，她还专门去美甲店做了一个时下最新潮的指甲，看起来漂亮极了。然而，适得其反，当她从文件夹里拿出简历时，鲜艳的指甲便马上被面试官注意到。面试官的脸色顿时暗了下来，没多久，面试就结束了，面试结果不言而喻。

美甲能够凸显女士的精致，但是，过度美甲会降低自己的专业度，给人留下过于妩媚、夸张的印象。在工作场合，指甲油的颜色最好选择无色或肉粉色，避免使用过于鲜艳的指甲油。指甲油若出现局部剥落，应及时清理。

三、口腔卫生与牙齿修护

口腔异味会令自己和交往对象都感到尴尬，也会影响到人与人之间的沟通与交流。

口腔异味通常是由食物或因病所致。因此，我们要保持口气的清新，及时清除残留在口腔里的食物残渣，勤刷牙、漱口。避免因牙菌斑造成龋齿和牙周病等口腔疾病。

刷牙是去除牙菌斑和口垢最常用的有效方法，也是个人常规的自我口腔清洁措施。每天至少要做到早晚各刷牙一次，同时要坚持餐后漱口，工作时间要避免食用气味浓烈的食物如韭菜、大蒜等。特别要强调的是，晚间的睡前刷牙要认真对待，不能马虎了事，因为人在睡眠中，唾液分泌将减少，口腔的自我清洁作用会减弱，如有食物残渣残留，口内的微生物更易滋生繁殖。因此，睡前认真刷牙对于保持较长时间的口腔清洁有着重要的意义。同时，要注意正确的刷牙方法，我们推荐巴氏刷牙法，刷牙时间一般以三分钟为宜，若时间太短则不足以清除菌斑。

虽然80%的口腔异味是蛀牙、舌苔等造成的，但仍有15%—20%是因身体状况不佳导致，像长期便秘者容易有口臭，消化系统疾病患者也会导致口腔异味，糖尿病患常出现烂苹果味或酮味的口气。依靠漱口水、口气芳香剂只能短暂解决问题，治标不治本，效果甚微。应当及时就医诊治，先搞清楚口臭的原因，再对症下药。

刷牙和漱口都不能去掉牙齿上的牙石，而牙石是造成牙龈炎的主要原因。生活中，只有请医生通过洗牙的方法帮助我们去除牙石，同时，洗牙可有效去除牙菌斑，所以洗牙是必要的，但也不能过于频繁。洗牙之前，一定要请医生做专业检查，了解牙齿的健康状况进而选择适宜的牙齿清洗方式。很多爱美人士为了使自己的牙齿看起来整齐洁白，会选择做一些牙齿矫正或牙齿美白的项目，无论是什么项目都要结合自身实际情况，选择正规医院，切莫乱投医。

四、体毛与体味

体毛多是一种生理现象，可能是由于遗传因素，也可能是雄性激素分泌过多或者是体质等原因引起。我们身上的体毛若修饰不当，也会有碍观瞻，如鼻毛、耳毛太长伸出体外，应当及时修剪。长有腋毛的女士切忌穿无袖或过于宽大且衣袖较短的服装，避免腋毛外露的尴尬。有些女士认为自己手臂和腿部的体毛过于明显影响美观，可以到正规医院或是美容机构进行激光脱毛疗法来处理身上影响美观的毛发。

多余的体毛会给我们带来困扰，体味处理不当也同样如此。每个人都有自己的体味，这种味道会因个人的体质、饮食习惯等不同而各不相同。不良的体味会在很大程度上影响着他人对我们的第一印象。为了避免与人交往时出现此类尴尬，我们要做到勤洗澡、勤换衣物。同时，规范、恰当地使用香水，也是体现一个人良好修养与品位的有效方法。若使用不当，反而会弄巧成拙。使用香水时，一般要提前半小时涂抹，在办公场合建议选择气味淡雅的香水，避免使用劣质香水。若是身体患有异味明显的疾病，无须自卑，应积极面对，主动求医，现在的医学技术手段发达，如狐臭等问题均可以通过手术来祛除或缓解。

随着年龄的增长，很多老年朋友在保持形象这一方面有所懈怠。老年人除了正常情况下生理上的老化，还有一种很明显的特点就是多了一种"老人味"，这是因为一些老年人由于机体的原因，易产生某种体味。作为晚辈，应多关注和辅助老人洗澡、换衣，对于行动不便的老人，更应多加照料，帮助老人整理个人卫生，维护老人尊严。

爱美之心，人皆有之。尽管说"人不可貌相"，但是形象确实会直接影响到他人对我们的态度，一个不修边幅的人常常会让我们感到缺乏教养。因此，为了拥有一个健康、得体的形象，我们一起从注意仪容细节开始吧！

CHAPTER 3

第三章
服饰礼仪

第一节 TPOR是什么

在很早的时候，人们穿衣服的目的很简单，就是为了遮羞、保暖。而随着社会的不断进步，穿衣服时可能更多会考虑如何让自己更美。我们常常说"人靠衣装，佛靠金装"，因为我们知道人的穿着打扮非常重要。在神奇的"73855定律"中，占比最高的55%中就包括了我们的服饰。莎士比亚曾说：一个人穿着打扮就是他教养、品位、地位最真实的写照。因此，我们干什么就应该穿得像干什么的样子。

一、着装都要遵守TPOR

选择正确的着装，不仅能起到遮羞保暖的作用，还可以修饰我们的体型、容貌，外化我们的内在气质等。从初生的婴儿到出入校园的学生，再到步入社会的工作者，甚至居家养老的老年人，穿衣着装都要遵守TPOR原则。TPOR是英文的时间、地点、场合、角色四个单词的首字母的缩写。把握好这个原则，就能让我们的服饰变得适应身份角色，和谐而美丽。

二、T是看时间穿衣服

T是Time（时间），也就是我们穿衣服要应时。白天和晚上是有变化的。白天，一早出门，我们可能会看见环卫工人们着工作装已将道路清扫干净；坐公交或搭乘地铁时，我们会发现公交师傅或地铁站工作人员也都穿着工作服；到单位上班时我们发现大家的穿着通常比较正式。白天大部分是工作时间，人们会穿得端庄大方。到了晚上，如果参加宴会，需要选择一套礼服。我们的服装随着白天、晚上的时间变化而发生着变化。

一年春、夏、秋、冬四季，随着气候、温度的变化，着装也开始发生变化，尤其是在四季分明的城市。如果生活在北京，冬天要去海南出差，当飞机落地后，我们自然会卸掉身上厚厚的羽绒服，换成T恤衫。当我们大夏天在街上看到有人裹着厚厚的棉袄时，可能心里会冒出一句："看着都热啊！"冬季，选择服装时要考虑保暖；夏季，在选择服装时要考虑凉爽透气；而春秋我们就选择厚薄适宜的服装。所以我们的服装会随着四季发生变化。

三、P 是看地点穿衣服

P 是 Place（地点），我们在不同的地点穿衣服也需要有所讲究。如果参加会议，需要穿正式的套装或整套民族服装；如果和朋友逛街、健身，需要换一身休闲、运动的服装；如果回家带着宝宝遛弯，需要换一套舒服轻松的服装。比如在运动健儿们挥汗如雨的运动场上穿着西服套装，在公司、单位穿着性感的超短裙，甚至在吊唁的时候穿得大红大紫，通常都会引来异样的眼光，同时也会让自己的形象大打折扣。

在严肃的职场穿休闲装，会给人留下吊儿郎当、不严谨、不尊重人的感觉；在运动场上穿西装，会给人留下作秀、哗众取宠的感觉；在户外登山时穿隆重的礼服高跟鞋，会给人留下矫揉造作之感。

因此，当我们选择服饰时，需要充分考虑所在地点。

四、O 是看场合穿衣服

O 是 Occasion（场合），要求我们在选择服饰时要和场合的氛围相协调，否则，同样会引起大家的质疑和反感，从而影响到与人继续交往的质量，甚至还会直接被人拒绝。如果我们忽略了场合着装的要求，或许会被对方认为是一种不尊重、不懂规矩。

有一次在宴会上，一位女士虽然拿着邀请函，却被服务生拦在门外。女士十分不悦，服务生礼貌地请她打开邀请函，才发现上面明确了服装要求，需要穿礼服，而这位女士因没有仔细看邀请函，穿着 T 恤衫、牛仔裤和马丁靴就来了，顿时觉得十分尴尬。

在我们的生活中，常见的场合通常有三种：公务场合、社交场合、休闲场合。公务场合，多指上班、谈判、公关等场合，需要我们选择较为正式的服装。社交场合，多指聚会、宴会、舞会等场合，需要我们选择与之匹配的个性或时尚的服装。休闲场合，多指居家、逛街、健身等场合，需要我们选择舒适休闲的服装。

根据场合选对服装，氛围和谐了，才会产生美感。

五、R是看身份穿衣服

R是Role（角色），谈到角色我们都会想到小说或者戏剧中的人物或者演员扮演的剧中人物。而现实生活中，我们白天在公司有一个重要的谈判，晚上回家带娃，我们会发现时间不同、地点不同、场合不同，我们的身份不同，扮演的角色也就不同。因此角色的原则就是要求我们要根据自己承担的不同角色，来选择符合自己身份的服饰。

比如这个周末我们要去参加一位同学的婚礼，如果在这种场合我们比新郎新娘穿得还隆重，那肯定会引来大家的猜疑，也会很失礼。

比如我们要参加一场演讲比赛，如果在比赛时我们穿着演出服上台，肯定也会不合时宜。

我们在新闻上常常看到国家领导人外交出访或者参加庆典活动，会穿着西服套装或新中装；而当我们看到国家领导人走下基层体察民情时，通常会选择夹克衫，这样会让百姓觉得更亲近。

在《穿普拉达的女王》这部影片中，人物安迪面试时的着装引来嘲笑，显示出了初入职场的青涩以及内在美与外在美的不协调。到后来她为了饭碗，改变形象的华丽变身，充分说明了按照角色着装的重要性。同样，对于大多数的职场新人来说，不能因为自己有文凭，毕业于某某高校，甚至发表过几篇论文，就认为应聘时可以不顾形象，这样往往会与一份好的工作失之交臂。

在一场公务员的面试中，考官问了一位穿着大红色小礼服的考生一个问题："你工作后怎么选择服装？"没想到考生的回答竟是："我就这么穿啊，我觉得我穿这条红裙子很漂亮，我最不喜欢穿工作服了，显得老气又死板。"当时几位面试官的表情立马变得有些尴尬。大家觉得最后的面试结果会怎样呢？她即便是通过了面试，真正走上工作岗位，不遵守着装的规范，无论客户、同事还是领导，都会对她的角色意识产生怀疑吧。

TPOR的着装规则是我们在选择服饰时应该考虑的基本原则，对于每个人来说，不仅仅需要遵守着装的规则，还想自己穿得更漂亮，会想要增加更多的美感，这就要求我们考虑自己的肤色、体型、风格等。我们常常会说，有的人全身上下都是名牌，但是看起来却不太好看，有的人没有穿什么名牌，看起来却很得体。所以，我们还要善于发现适合自己的服饰颜色、图案、款式、面料等。

第二节　寻找适合自己的颜色

色彩是一门艺术，它让我们的生活变得五彩斑斓。不同的颜色会带给人不同的心理感受，在我们给对方的印象中，颜色也是非常关键的一个因素。

当我们回忆起某位老友时，可能常说，她总喜欢穿红色的衣服。当我们远远地看到很多人时，一定是衣服颜色最亮眼的那位先吸引了我们的眼球。当我们穿上一件新衣时，经常有这样的夸赞："我觉得你这件衣服的颜色真好看！"还有一种表达是："这颜色的衣服穿在你身上，真漂亮！"我们会发现，一个是在夸赞衣服本身，另一个是在夸赞人。夸赞衣服时，我们的重点在衣服上；夸赞人时，我们的重点在人身上。而一件衣服不论是穿还是看，最先入眼的一定是它的颜色，所以我们首先要寻到适合自己的颜色，才能更好地去选择搭配。

在色彩中，有三原色：红色、蓝色、黄色。由这三个色彩可以调配出其他所有颜色，所以称为"三原色"。当仔细观察这些颜色时，似乎还会发现色彩是有温度的。比如蓝色，容易让我们联想到天空、大海，给人以凉爽的感觉，所以通常把颜色中带有蓝色调较多的颜色称为冷色；黄色，容易让我们想到太阳、火焰，给人以发热的感觉，所以通常把颜色中带有黄色调的颜色称为暖色。

如果给自己测色，首先看看自己是冷色调还是暖色调。我们自己的皮肤本身就是有颜色的，即便我们都是黄种人，有的可能皮肤偏白，有的也会偏红。包括我们的自然发色，有的偏黄，有的偏黑。我们的瞳孔颜色也是如此。所以，同一种颜色用在不同的人身上，呈现的效果截然不同。我们在选择颜色的时候不能仅凭自己的喜好，还得看看是否适合自己。

色彩理论有很多，我们在这里分享比较常见的四季色彩理论。在生活中，我们将常用的颜色按基调分类，恰好各类颜色的特征与大自然一年四季春、夏、秋、冬的色彩吻合，分为春季型、夏季型、秋季型和冬季型。其中，春季型和秋季型属于暖色调，夏季型和冬季型属于冷色调。

1. 春季型

说到春季，大家脑子里的画面应该是阳光明媚，色彩灿烂，到处充满了活力，色彩都是明亮、鲜艳的。

春季型的人，肤色应该是细腻而透明的浅象牙色。眼睛明亮有神，像一颗发光的玻璃球，眼珠为浅棕黄色。发色应是柔和的棕黄色、栗色，发质柔软。大家可以判断一下自己是否属于春季型的人。

春季型人适合的颜色有：清凉的黄绿色、杏色、亮金色、浅棕色等。

春季型人在服饰选择上，应以暖色系中的明亮色调为主。但需要提醒大家的是，春季型人选择的颜色不能太旧、太暗，如果颜色过深、过重就会与他们本来的肤色、发色产生不和谐，让自己显得黯淡无光。

2. 夏季型

夏天，出现在我们脑子里的画面应该是绿树成荫，在阳光的照耀下，水面波光粼粼，周围的景色都显得有些梦幻感。

夏季型人皮肤细腻白净，或是带蓝色调的褐色皮肤。他们目光柔和，眼珠是黑色或深棕色，头发的颜色为黑色、棕色、深棕色等，发质柔软。通常，夏季型人给人以柔和优雅的印象。所以，在选择服饰颜色时可以选择以蓝色为底调的柔和、淡雅的颜色。典型色彩有：淡蓝色、蓝灰色、薰衣草紫色以及各种粉红色。在色彩搭配上避免反差太大的颜色。需要注意的是颜色一定要柔和、淡雅，颜色过深会破坏柔美、恬静的感觉。

3. 秋季型

秋天来了，树叶变黄，到处一片丰收的景象，让世界的颜色增加了厚重、浓郁感。

秋季型人皮肤颜色较深，多为深象牙色。目光沉稳、淡定，眼珠呈深棕色。他们的头发也是深棕色、巧克力色。

秋季型人是四季色中成熟、华丽的代表，适合的典型色彩有：橙色、金色、褐色、深棕色等。秋季型人选择服饰的基调是暖色调中的沉稳色。浓郁而华丽的颜色最容易衬托出秋季型人的高贵气质。所以，颜色越浑厚，他们的皮肤看起来越好。需要注意的是，秋季型人穿黑色会显得皮肤发黄，但用深棕色就比较好看。

4. 冬季型

冬天，白雪覆盖大地时，我们可以看到树干的黑色，对比十分明显，就连夜晚的天空都显得特别的黑。而每到冬天，在中国的传统节日中，过年的氛围也被大红大绿的颜色衬托着。

冬季型人的皮肤是小麦色或者土褐色，看不到红晕。眼神显得锋利，眼珠呈黑色，眼球与眼白的黑白色很分明。他们的头发乌黑发亮，还十分浓密。

冬季型人是冷色调里的重型人，用色要深、要纯正。在各国国旗上使用的颜色，都比较适合冬季型人选择。典型的色彩有：银灰色、纯黑色、纯白色、深紫红、藏青色等。在选择色彩搭配的时候，一定要对比突出，才能惊艳、脱俗。需要注意的是一定要颜色鲜明、光泽度高才可以很好地凸显冬季型人的气质。

有一次，一个项目的庆典活动，现场邀请了嘉宾上台剪彩，因是庆典活动，主背景都是大红色，而受邀的一位嘉宾也为了喜庆，给自己挑选了一套红色的套装，到了现场后发现与背景色撞了，赶紧让助理另外送了一套其他颜色的西服套裙来。

这位嘉宾是睿智的，我们可以试想她不换装的画面，人和背景融成一体，整个人基本只能看到一张脸，气场会变弱，而且还会与现场环境不和谐。

我们可以根据春、夏、秋、冬四个类型对自己有个初步的判断，这样有助于挑选更适合自己的服饰。选择服饰的颜色也要受到地点、场合的制约。比如，我们在参加一些高规格的活动时，主办方的邀请函中可能会有提示，通常我们要遵循深色比浅色正式的原则，选择适宜的服装。

寻找到适合自己的颜色，让我们的生活因色彩更加绚丽多姿！

第三节　图案选择有讲究

图案，在服装要素中也十分重要。素色的服装正式度高于有图案的。同时，要了解图案在服装要素中的作用。当我们与客户谈判时，如果服装的图案是极具个性的骷髅头，对方会是什么感受呢？商务人士如果穿一袭豹纹图案的服装，又会是什么效果？

图案的得体运用会让衣服变得有灵魂，产生奇特的效果。有很多年轻人，喜欢选择蓝白相间的粗横条，有海军服的感觉，精神、清爽。但我们也会发现一个有趣的现象，有的人穿上身特别好看，有的人穿上身感觉穿了别人的服装。体型清瘦的人穿上身后，显得很丰满；体型微胖的人穿了后，看起来就更臃肿了。一是因为蓝白相间的横条会让我们的视觉产生错觉，二是因为不是每个人都适合这样的图案，其跟每个人的风格还有关系。

我们常常会感觉到有的服装颜色、款式、面料自己都很满意，可是穿起来总有哪儿不好看，然后发现，要是没有这个图案是不是会好一些。有时候会觉得某件衣服太素了，要是有个图案就好了。一位年轻的女孩子，穿了一件普通的白T恤，很多人都不断地看她的衣服，白T恤是普通的，但衣服上有个图案是特别的、独一无二的，这个图案就是她自己的画像。以前我看到过有一位学生，在自己的一件穿旧的浅色衬衣上，衣领尖的位置、袖口的位置，绣了小花造型的图案，顿时这件衣服显得没那么旧，而且还很别致。

平常在选择适合自己的服装时，图案也是需要考虑的一部分，图案的大小、造型、寓意都会影响一件衣服的效果。

一、图案的大小

同样的格纹连衣裙，但是格纹的大小有区别，将两条裙子分别穿在身上，你会发现有一条肯定要好看一些。如果我们五官精致、小巧，应该选择哪一条格纹连衣裙呢？格纹偏大的那条会显得有些累赘拖沓之感，相反，小格纹上身就会显得有精神。

图案面积大，看起来大气，视觉冲击力强，让人印象深刻。如果身材高大，五官比例也大气，轮廓清晰的人就适合选择这样的图案。一个五官比较柔和，比例较小，身材体型也较小的人，则适合选择小面积的图案，或者图案较小的服装。因此，我们在选择服装的图案时，应根据自己的体型、五官大小比例来选择图案大小。

二、图案的造型

服装图案的造型多种多样，时尚的、卡通的、传统的等等。如果回想古代宫廷剧中人物的服装，不难发现，他们服装的图案十分精美，且大多具有阶级、等级属性。而现在的图案大多打破了阶级、等级的束缚，呈现出现代、时尚的元素，更具有装饰性。传统的图案还讲究对称美，在现代的图案设计中也打破了这一理念，呈现出图案交叠、错落甚至故意缺失一部分等多种设计风格。

我们在选择图案的造型时，需要考虑场合的因素和服装本来的风格。通常正式的服装没有图案；较为正式的衣服，图案不会太夸张，多为小型花纹或者暗纹（图3-1）；而社交场合的服装，在图案上可以有一定的特色和风格，比如时尚的、传统的、民族风格的、几何的、抽象的等等，选择相对较广；休闲场合的服装主要以舒服为主，相应地图案应是柔和、自然的，比如小型重复的花纹、软性的花纹、小斜纹、卡通有趣的图案等。

◎ 图3-1

三、图案的寓意

图案的寓意在选择服装时不能忽略，尤其是中国传统服饰上的图案，在古代要是选错了，会有掉脑袋的风险。我们更喜欢有美好寓意的图案，比如龙凤呈祥，这个图案在现代的婚礼中见得最多，龙和凤都是人们心中的祥兽瑞鸟，象征美好的爱情，也象征天下太平、五谷丰登。又如松鹤延年的图案，既象征着延年益寿，又有品德高尚之意。被称为岁寒三友的松竹梅图案，也常被用在我们的服饰中，寓意做人要有品德，品德要高尚。还有兰花、海棠花、牡丹花类的花纹图案也常受人们喜爱，兰花高洁、清雅，被誉为花中君子（图3-2）；牡丹花是富贵之花，象征富贵等等。将芙蓉花、桂花、万年青三种花卉放在一起，又有富贵万年之说，寓意永远荣华幸福。当然还有很多极具个性化的图案。在选择时一定要明白图案的寓意，谨慎选择图案。

服装图案的大小、造型、寓意都应该与服装风格本身和谐，我们在选择时还要考虑到这件服装能够出入的场所。

◎ 图3-2

在一次和外商的洽谈中，小李的服装让他丢了项目。小李的着装打扮一直被同事夸赞有个性。商务谈判那天，他穿了一件西服，从正面看上去没有什么问题，在洽谈的间歇，大家休息时，小李起身离开会议桌准备去茶水间，这时忽然听到小声的议论。原来，小李的西装背后有一个较大的米奇头像，还是亮片造型的，闪闪发光。他们有些质疑小李的工作能力，觉得有些不太稳重。小李因衣服上的一个图案，损害了自己的形象。后来外商提出换人，他们认为一个人的着装是内心状态的延伸。最后公司拿下了这个项目，但小李跟这个项目已经没有关系了。

我们再来看另外一个正面的案例。

有一位种兰花的妹妹，她种植的兰花要参展，需要她自己带着兰花上台给大家解说。她当时为自己挑选了一件绣有兰花图案的旗袍，在台上亮相时，一下就吸引了台下观众的眼球，掌声一阵接一阵。后来大家发现，整个展览会期间，她家的展区人气都非常旺。

生活美学与图案密不可分。图案教育家陈之佛先生曾提出："图案是构想图。它不仅是平面的，也是立体的。"是啊，在服装上也是如此，图案不仅呈现在服装上，更是在表达我们在不同场合的思想感情，将我们对场合、对他人的态度通过图案的选择立体地呈现出来。让我们重视服装图案，正确表达自己吧。

第四节　属于男士的配饰

随着经济社会的发展，配饰不再是女士的专利，在男士服装中也普遍应用，尤其是在正式场合，配饰可以提升我们的品位，增加自己的焦点度和权威感。

一、领带

领带在男士的配饰中必不可少。关于领带的起源通常会想起一个人：

法国的路易十四。

　　法国国王路易十四在召见大臣们上朝，他突然走到一位大臣面前，打量着这位大臣问道："你今天看起来怎么和其他大臣不太一样呢？"听到国王这样的问话，这位大臣吓得直哆嗦，话也说不出来。片刻之后，这位大臣忽然反应了过来，准备抬起手解下系在脖子上的丝带，这时却被国王伸手拦住了。国王继续问道："我问你今天看起来怎么和其他大臣不太一样。"大臣吞吞吐吐地说："早上出门时，外边很冷，就系了这条丝带，本想进门之后解下来的……"路易十四示意大臣不用再说了。然后，转身回到了自己的座位前，跟大臣们说道："今后，只要上朝，大家都要像这位大臣这样做。"这就是领带的来历。

　　领带延续至今，成为正装中必不可少的配饰之一。领带有箭头型、平头型、翼状型等，箭头型是我们搭配正装时所必备的。领带的面料以100%的优质真丝面料为首选，这样的面料有光泽，且轻、柔，打出来的领带结会更好看。我们在挑选领带时，要注意领带的面料是否有瑕疵，然后试一下这个领带扭曲后是否容易很快还原，如果长时间不复原说明弹性不好还易起皱。
　　领带的宽窄不仅要和西装翻领的宽窄相匹配，还要和自己的体型相协调（图3-3）。领带的花色也需要根据不同的场合进行选择，不规则图案以及卡通、花卉等图案都不适合用于正式场合。
　　领带的长度以我们站立时，领带的尖端正好落在腰带扣的上缘最为美观，在皮带扣上下缘之间也是可以的（图3-4）。领带还要与衬衣领子相搭配，窄的衬衫领通常不能搭配宽领带。

◎ 图3-3

◎ 图3-4

领带的打法有几十种，我们需要熟练掌握搭配正装的几种打法，常用的有温莎结（图3-5）、半温莎结（图3-6）。如果我们需要松开领带，应将其取下来收捡好。不要松开领带还挂在脖子上，甚至将领带塞进衬衫的上衣兜里。

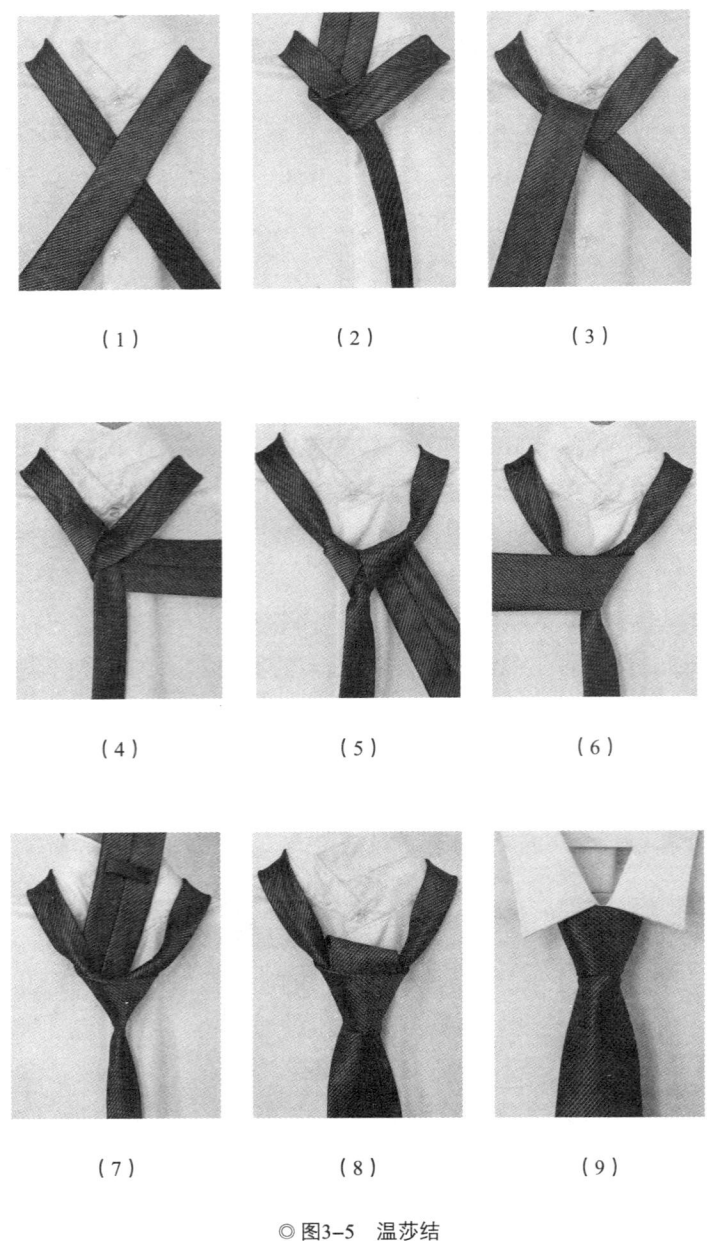

（1） （2） （3）

（4） （5） （6）

（7） （8） （9）

◎ 图3-5 温莎结

第三章　服饰礼仪

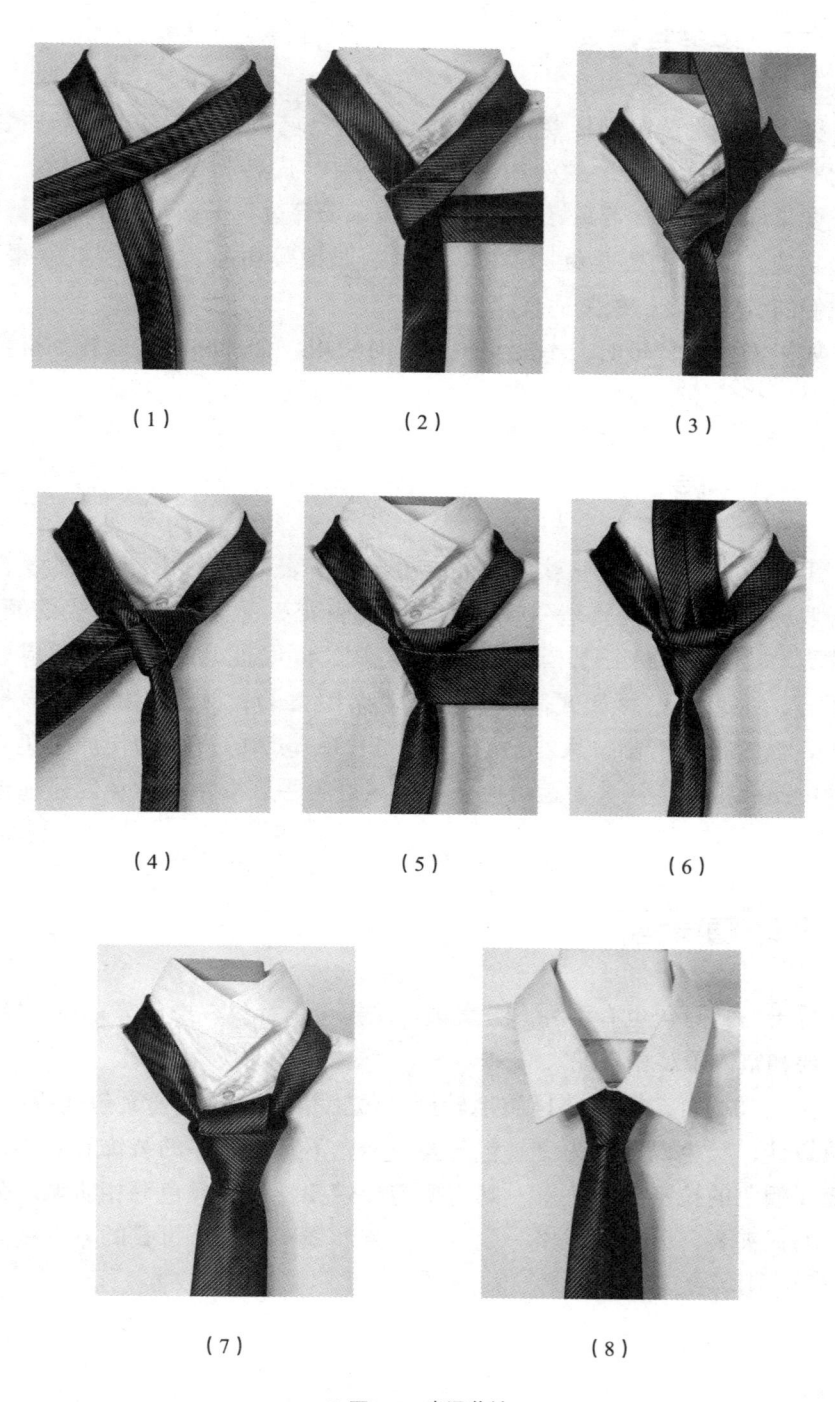

（1）　　　　　　（2）　　　　　　（3）

（4）　　　　　　（5）　　　　　　（6）

（7）　　　　　　（8）

◎ 图3-6　半温莎结

二、腰带与背带

男士的腰带选择同样要符合整体着装的要求。在正式场合，与西装相配的腰带应是金属质地的板式带扣，颜色要与皮鞋和公文包的颜色一致，而且要素面无花。腰带系好后，腰带头应该要穿过裤子前片的第一个裤襻，长短适宜。腰带上要避免挂手机、钥匙、眼镜等物品。腰带要扎系得当，与我们的腰位贴合，松紧适宜。

如果需要用背带时，不能与腰带同时使用，背带的图案选择要符合穿衣风格，并与领带协调。

三、手表

手表是大多数男士喜欢的饰品，男士的手表不仅是用来计时的，也是一种身份的象征，尤其是一些名表，更代表着尊贵与典雅。手表的颜色、款式要和个人风格匹配，与其他饰品协调，同时注意与场合相适应。正式场合，手表要选择款式简约、没有复杂图案的，颜色要稳重，表身平薄，表盘的指针清晰，大小适宜，以36—38毫米的直径为佳。黑色、棕色的皮质表带最为经典。运动时，我们最好将手表取下，避免因碰撞造成损坏。

四、随身包

男士的随身包也有多种，公文包、手提包、背包、挎包等。在选择时，同样要和整体服装相搭配。

在正式场合，需要选择质地较好、做工精致的硬质公文包或手提包，皮质最佳，颜色以黑色为宜。包包要简洁，不宜有过多的装饰和点缀，如有金属颜色的拉链或扣头等，则需要与腰带扣、手表颜色等相协调。公文包内的钱夹要与公文包风格一致，以长方形钱夹为宜，折叠的方形钱夹多适用于休闲场合。

五、鞋子

鞋子的款式虽然多样化，但是在正式场合，每一位男士都需要有一双适宜的皮鞋和西装搭配。

在正式场合，以黑色系带的制式皮鞋为佳。系带的鞋子比没有系带的皮鞋更为正式。穿皮鞋时一定要保持鞋面清洁光亮。还要注意鞋跟是否完整、整洁。当我们穿着一身挺括的西装，却搭配了一双铺满灰尘的皮鞋，容易给人留下不讲究细节的印象。

如果穿着运动鞋、休闲鞋或是旅游鞋，我们要注意与服装搭配，同样需要保持干净。

六、其他饰品

男士的饰品还有很多，比如：

（1）袖扣。袖扣是男士法式衬衫的必备品（图3-7）。可以根据服装风格和场合要求，选择不同档次、不同风格的袖扣作为装饰品。注意颜色要与其他佩饰颜色协调。袖扣的质地有金属、珐琅材质，较为优雅，如果镶嵌有宝石或钻石会更加的华贵。

（2）胸针。男士也可以选择胸针作为装饰品，但需注意以款式简单大方为佳，颜色需稳重。

◎ 图3-7

（3）围巾。通常在冬季的室外使用，正式场合可以选择黑色、灰色、咖啡色与大衣相搭配。进入室内，一定要把它取下来。

（4）眼镜。在矫正视力的同时，镜框的颜色、款式还可以起到装饰的作用。正式场合，镜框的颜色以金属色、黑色、棕色为宜，镜片要透明。如果戴墨镜，在室内应将其取下。如果室外戴着墨镜时需要与他人交流，也应该摘下墨镜，有目光的交流。

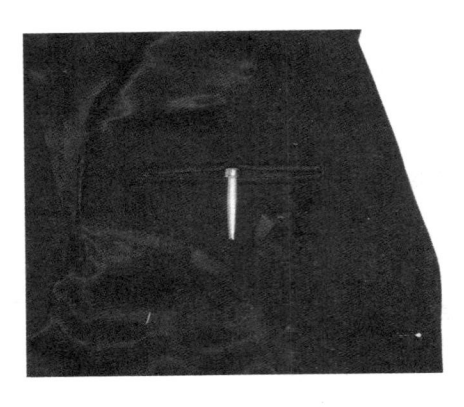

◎ 图3-8

（5）笔。如果我们是商务人士，可以养成随身带笔的好习惯，以优质钢笔为佳，放在西装内侧的上衣兜里（图3-8）。

选择适宜的配饰，能起到画龙点睛的作用，同时还可以提升男士的气质。连配饰都精致的男士，品位一定不会太差。

第五节　属于女士的配饰

女士都有各式各样的配饰，或多或少，其目的是让自己更美观。因此，选择适宜的配饰，懂得一些搭配技巧，可以起到画龙点睛的作用。

一、首饰

女士的首饰种类繁多，在选择时要分场合佩戴。正式场合，我们要选择量感较小，品质较高的饰品（图3-9）。工作场合选择饰品要以不妨碍工作为原则，夸张、闪亮、叮当作响的饰品，都不宜出现在工作场合。社交场合，可以凸显个性，首饰的选择自由度比较大，但也不能把自己打扮成一棵热闹的圣诞树。

在选择首饰的时候需要考虑色彩整体协调。如果项链是银白色，耳饰也应该是银白色。当耳朵上挂个大金环时，脖子上不论佩戴多么名贵的钻石，始终感觉不协调。配饰的佩戴需要恰到好处，如果左手一枚三克拉钻戒，右手一枚红宝石戒指，脖子上还挂了一块大玉佩，怎样都凸显不出珠宝玉器的名贵，反倒增添了些许俗

◎ 图3-9

气，给人留下炫富、暴发户的印象。

首饰还要搭配我们的服装风格。穿职业套装时，大方、简约、精致是首选，搭配晚礼服时则要选择一些华丽高贵的饰品，而休闲装的首饰搭配相对比较随性。

首饰的选择还要考虑我们的体型，尽量做到扬长避短。比如手腕较粗的人，尽量避免戴手链；脖子粗短的人，要避免锁骨链等粗短的项链。

二、随身包

女士的服装通常口袋较少，尤其是时装、职业装等，而女士出门带的东西还不少，因此随身包非常有必要。我们在选择包包时，注意品质要好。在选择颜色款式时，要与服装搭配，正式场合以托特包款式为佳（图3-10）。如果穿礼服则需要选择手包（图3-11）。

◎ 图3-10

◎ 图3-11

三、胸花

胸花是非常好的女士装饰品，通常佩戴在左侧的胸襟处。

战争年代，士兵们在战场上立功之后，需要将得到的勋章佩戴在右胸。可是有一名士兵多次立功后发现自己的右侧胸襟竟然没有位置可以佩戴这枚勋章了,于是就顺手将它戴在了左侧胸襟。在不久后的一次战斗中,非常幸运的是佩戴在左侧胸襟的这枚勋章竟帮他挡住了敌人的子弹,保住了这位士兵的性命。之后,人们便认为勋章佩戴在左侧胸襟有吉祥之意。

胸花的最佳佩戴位置在距离上衣肩线10厘米左右(图3-12),这样可以提升气场,改善身材比例;也可以佩戴在衣领处或衬衣的领口处等等,根据自己的喜好选择,与服装相匹配即可。

胸花的大小要与个人的量感相和谐,量感大显得大气、权威,量感小显得精致、柔和。身材高大、五官清晰的女士建议不要选择量感小的胸花。胸花的颜色、材质也需要与服装的面料、气候、场合相协调、相呼应。

胸花造型多样。在春季,可以戴上一枚蝴蝶造型的胸花;在夏季,可以戴上一枚蜻蜓造型的胸花;在秋季,可以戴上一枚枫叶造型的胸花;在冬季,可以戴上一枚雪花造型的胸花。

◎图3-12

四、丝巾和围巾

丝巾,轻薄,便于携带,渐渐成为女士必不可少的饰品。在职场,可以通过丝巾的色彩、造型打破正装的呆板;出门旅游,可以带上各色各样的丝巾拍照;冬季可以准备一条围巾保暖等等。

丝巾、围巾的花色选择要与肤色、服装的颜色以及我们出席的场合搭配,丝巾的打法更是千百种,我们可以掌握几个易于操作的丝巾结,便于应对各种需要。

五、手表

女士手表的选择大体和男士一致,在表盘的选择上量感要与自己的量感相匹配。要注意符合着装原则。正装搭配的手表以黑色真皮表带最为正式,表面简洁大方,指针清晰。

六、鞋子

鞋子的颜色、质地、款式等都要与服装相匹配。

在正式场合应该选择黑色浅口船鞋，鞋面为牛皮或羊皮，素面无花，鞋跟高度3—5厘米，保证鞋跟的完好无损。不穿响底鞋。

在社交场合，可以选择高跟鞋，但需要考虑自己穿上以后能否正常行走。

夏天如果穿着露脚趾的鞋时，注意不要穿袜子。

七、袜子

女士在正式场合只能穿肤色连裤袜。不能有图案，色彩鲜艳、条纹、网格都会降低正式度。

建议女士在穿丝袜时，最好带一双在包里备用。破损的丝袜不能再穿，会让我们的整体形象大打折扣。

八、眼镜

眼镜主要是镜框的选择，在颜色上一定要与肤色协调，材质也要考虑，款式要对脸型有修饰作用。一副眼镜要和服装以及其他配饰和谐，不能显得突兀。当然，现在为了美观，可以选择隐形眼镜，还可以通过隐形眼镜改变瞳孔的颜色。在正式场合，不能佩戴有色眼镜或变色眼镜，彩色隐形眼镜也不适合正式场合。

饰品，让女士显得更加精致。让我们用饰品点缀生活，为整体装扮锦上添花。

第六节 男士正装要这样穿

中国杂交水稻之父袁隆平总爱穿着休闲装，长期埋首稻田进行科学研究。而在2019年9月29日早上，他却换了一身笔挺的西装。从田间地头的随意装扮到西装革履的严谨，一定是有特别的事情发生。原来，他要去参加习总书记亲自颁发荣誉奖章的颁奖大会。袁老因为对这次活动的重视，也是对其他参与活动的人员的尊重，改变了自己的穿衣风格。

同样，我们在工作中，一定也有特别重要的场合，比如出席重要的会议、商务会谈、重要的典礼仪式等。在这些特殊时刻，为了传递正式、严谨、权威、专业、重视、负责、稳重、信赖、认真等信息，正装一定是最佳的服饰选择。我们将从以下五个方面分享男士正装的礼仪细节。

一、颜色

当衣服穿在别人身上时，最先进入我们视野的一定是服装的色彩。男士正装的色彩有明确的要求。男士正装应为深蓝色、深灰色的套装。之所以选择深蓝色或者深灰色这类单一、深沉的颜色，是因为这样的颜色更显得严谨、权威、专业。

有一次，一家公司的董事长与销售总监一起到另一家公司拜访。销售总监当天挑了一套深灰色的西服套装，而公司的董事长穿了一身浅灰色的西服套装。当他们到达对方的公司时，接待人员把二位的身份搞反了，等后来清楚了他们的身份后，接待人员尴尬地跟其他同事倾诉说："我看那位总监穿得那么讲究又那么正式，以为肯定是领导，谁知道……"

我们清楚了正装的颜色，而搭配正装的衬衫颜色也是有讲究的，主要以白色、浅蓝色、米色或浅灰色为主，其中白色最为正式。

搭配正装的领带，色彩要与西服颜色协调，一般为单色或者是小型、连续几何花纹（图3-13）。还需要注意上衣、裤子、领带以及皮鞋的主要颜色在三色之内为佳。

◎ 图3-13

二、款式

正装的款式一定是西服套装，男士正装的款式为两件套或三件套的西服套装。

男士的西服有不同的版型，可以根据自己的身材、喜好进行选择。我们来了解一下常见的几种西装版型：英式西装，基本轮廓呈倒梯形，领子比较狭长，后背分骑马衩和中间衩。美式西装，也被称为肩部自然式西装，基本廓形是O型，外观上方方正正，宽松舒适，肩部不加衬垫，其领型为宽度适中的V型，腰部宽大，后摆中间开衩，多为单排扣，较欧式西装稍短一些。欧版西装，基本轮廓是倒梯形，肩宽、收腰、修身。日式西装的基本轮廓是H型，没有宽肩，也没有收腰，直线条，衣后不开衩。

西服上衣的领型有平驳领、戗驳领和青果领等多种，正装领型以平驳领为佳（图3-14）。

◎ 图3-14

男士正装衬衫必须是有领的，可以是方领、短领和长领（图3-15）。一件合身的正装衬衫的领围，应该是正好能放入一到两个手指为宜。

（1）　　　　　　（2）　　　　　　（3）

◎ 图3-15

衬衫的衣领要比西服的衣领高出 1—2 厘米。衬衣袖口常见的有筒式和法式两种：筒式袖口由一粒或两粒扣子扣上；法式袖口用袖链或袖扣连接。穿上以后，自然垂臂时法式衬衫袖子要露出西服袖口 1—2 厘米左右（图 3-16）；抬手时筒式衬衫袖口应露出西装袖口外 1—2 厘米（图 3-17），袖口纽扣不露出。

（1）　　　　　　　　　　（2）

◎ 图3-16

◎ 图3-17

三、面料

在男士正装规范中，对衬衫和外套的面料也是有要求的。衬衫要求是棉质面料，正装的面料以100%羊毛面料为最佳，羊毛含量很高的混纺面料次之。另外，与正装搭配的领带，要求为100%的真丝面料。

有些朋友可能还喜欢表面光泽感较强的面料，但那样的面料更适合用于礼服。

四、图案

男士正装应选择无图案或是不明显的暗、细条纹图案。

五、配饰

配饰是主体服装之外的配件，在之前章节提到过配饰在服装中起到的作用是画龙点睛，而不应该喧宾夺主。

男士正装可搭配的饰品有：胸袋巾、手表、公文包。胸袋巾要选用真丝、棉、麻、蕾丝的面料，可以选择适宜的形状，既为西装锦上添花，又显得穿衣者讲究细节。选择搭配正装的手表，直径36—38毫米为佳，黑色或棕色的皮质表带最为经典。牛皮、羊皮的黑色手提式公务包最为正式。

如果需要戴眼镜，框架为金属色、镜片透明无色为佳。

着正装必须要系腰带，并选择风格简洁的板型腰带扣，腰带扣上不带明显的品牌标志，腰带的宽度一般为2.5—3.5厘米，不能太宽也不能太窄，腰带的长度以系好后富余2—3寸为标准，颜色可选黑色或深棕色。

正装必须要搭配黑色系带制式皮鞋（图3-18），与黑色、深

◎图3-18

蓝色或深灰色西裤同色系的深色袜子。袜子的面料为纯棉或毛棉混纺，袜筒稍高，坐下时，小腿皮肤不可露出。

男士着单排扣正装时，坐下前要解开纽扣，起身时要系上纽扣。单排两颗扣的西装，要扣上面的那颗扣子，单排三颗扣的西装，要扣上面两颗扣子或者扣中间一颗扣子。如果是双排扣，无论起身还是坐下都应系好扣子。

天气寒凉时，西装正装外可以着风衣、呢子大衣，不能穿着休闲款大衣。穿大衣时还可以搭配深色手套及羊毛围巾起到保暖的效果。但要注意，风衣、大衣属于户外服装，进入室内需要脱去。

第七节　女士正装要这样穿

女士正装给人以正式、权威、专业、严谨且优雅的感觉。当看到一位女士穿着西装，拎着款式简洁的托特包时，看上去干练、端庄，我们会认为这位女士很能干，是职场精英。其实外表形象就是无声的语言，告诉着他人我们是干什么的。所以在正式场合，女士需要了解正装的穿搭细节。下面同样从五个方面和大家进行分享。

一、颜色

打开衣橱时，大部分女士的衣橱颜色都会比较丰富，而打开男士衣橱时，发现颜色会相对单一。在正式场合，女士正装的颜色也有严格的要求，并非按照个人的喜好进行选择。虽然现在商场中的女士西装有各色各样的颜色，但是提到正装，大家一定是选择黑色、深蓝色、深灰色。上一节内容中提到，黑色不是男士正装的颜色，但在女士正装中，却是以深蓝色、深灰色、黑色为佳，这些颜色都比较深沉、稳重。因为着正装突出的不是女性的柔美而是庄重之感，因此在颜色的选择上大家需要注意。

◎女士正装

二、款式

女士正装的款式为单排扣或双排扣的西装套裙。在正式场合中，西服套裙比西服套裤更正式，所以西服套裙是女士正装的款式选择。在穿着时，关于西装的纽扣同样有要求，只是相对于男士西装纽扣的要求简单很多，女士正装的纽扣无论是单排扣还是双排扣，无论是站着还是坐着都要求全部系上（图 3-19）。

同时对于女士正装的合身度也有标准和要求。现在很多西装为了美观，为了更能展示出女士的身体曲线美，会刻意将服装的线条感做得比较明显，比如，收腰的地方、肩部的地方等都会特别突出。正装的裙腰与上衣腰部之间以半拳的宽松度为宜。当穿着正装，抬起手臂时，西装的上衣长度不能露出裙腰；在双臂下垂时，衣长以不超过后臀线为基准。关于袖子的长度，正装必须是长袖，袖子长度的标准应该是盖过手腕骨，但不能超过自己的大拇指根部，当袖子长度在这个区域之内时，衣长是适宜的。适宜的女士正装才能穿出优雅感。

◎ 图3-19

女士正装的领型可以是戗驳领、平驳领和青果领（图 3-20），以平驳领最为正式。上衣肩宽不超过臂的外围，肩部简洁，没有装饰。

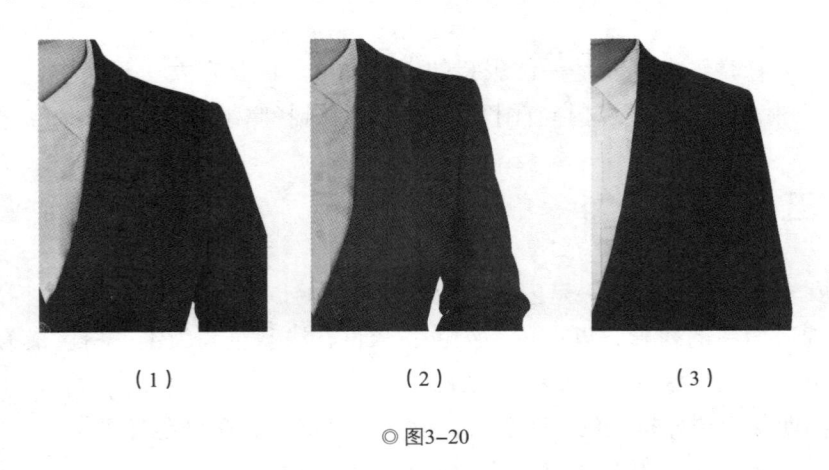

（1）　　　　（2）　　　　（3）

◎ 图3-20

西服套裙，对裙子的长度也是有要求的，裙长最短不超过膝盖以上五厘米，最长不超过膝盖以下五厘米，在标准范围内，裙子越长越有稳重感，裙子越短越显年轻。

三、面料

衣服的面料会影响服装的款式造型，影响穿着的效果。女士正装面料和男士正装面料一样，以100%羊毛面料为佳，羊毛混纺面料次之（图3-21）。

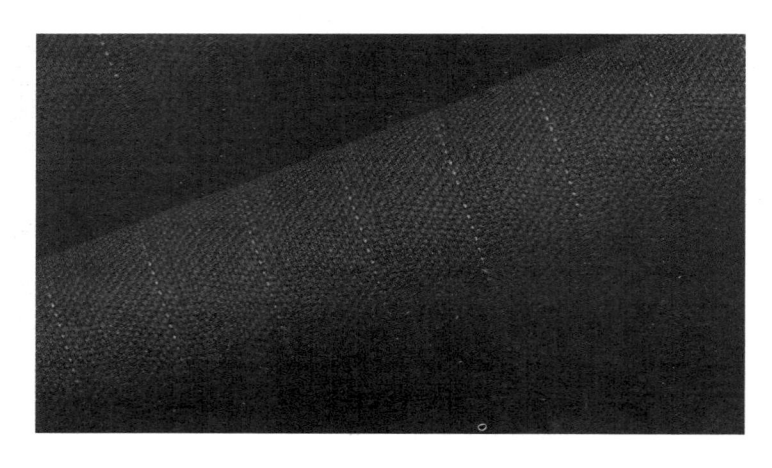

◎ 图3-21

四、图案

图案有时候也可以是一件服装的点睛之笔。但是在女士正装中，应该选择无图案的，如果要选择有图案的，也仅可选择暗细条纹的图案。

五、配件

女士正装的配件之一是内搭。在选择的时候以男士的正装款式为标准，首选棉质面料的衬衫，以白色、灰色、米色、浅蓝色调为主，白色最为正式，单色、无图案、机织面料更为正式。

与西服套裙相搭配的还有丝袜。女士正装必须搭配肤色连裤袜，单色、弹力好、无花纹，并且不允许露出袜口。脚下搭配黑色浅口船鞋，无带、无装饰，鞋跟 3—5 厘米，可选择羊皮或牛皮等非漆皮的材质（图 3-22）。

除了这些必要的配件之外，为了美观，通常还可以选择一些饰品进行搭配。搭配正装的首饰总体要求：量感要小巧，数量不宜超过三件，同质、同色、同款，造型简洁大方，避免奢华、摇曳、发出响声或妨碍工作的首饰。在耳饰的选择上可以是精巧的耳钉或耳包，以银白色为佳，避免出现彩色饰品。

◎ 图3-22

在选择手表时要注意造型简洁，皮质表带最为经典，可参考男士手表的选择标准。

每位女士应该都有自己喜欢的各色各样的皮包，但在搭配正装时，很多款式和颜色要慎重，要选择简约大气、质地好的托特包，没有过多装饰，选择皮质，以黑色为佳，皮包大小最好以能放下 A4 纸大小的资料夹为宜。

如果需要戴眼镜，在搭配正装时，眼镜的颜色要和皮肤的颜色相协调，镜框大小适宜，眼镜材质以金属材质为首选。很多时候女士为了美观，会选择佩戴隐形眼镜，但需要注意的是，在正式场合不能佩戴彩色的隐形眼镜。

天气寒凉时，为了保暖，正装外需要着风衣、大衣，但款式选择上要注意不宜穿着休闲款大衣。穿着大衣时可以搭配深色长靴、深色手套及羊毛披肩，但风衣、大衣和靴子为户外服装，进入室内时，需要脱去风衣、大衣、靴子，并将这些脱下的衣物归放在适宜的位置，避免随意搁放。

以上从正装的颜色、款式、面料、图案、配件五个方面告诉了大家女士正装该怎样穿，你学会了吗？

第八节　男士穿礼服的讲究

礼服是在重要的仪式场合或者晚宴等隆重的社交场合所穿着的庄重的服装。西方传统的男士礼服可分为日间礼服和晚间礼服两大类，日间礼服有晨礼服和日间准礼服两种，晚间礼服有燕尾服和半正式晚礼服两种。男士的中式礼服以中山装为代表。下面从五个方面分享男士穿礼服时需要注意的礼仪。

一、颜色

日间礼服的上衣是黑色（或银灰色），裤子是黑底灰色条纹。燕尾服的上衣和裤子均为黑色，搭配白色礼服背心，打白色领结。半正式晚礼服的上衣和裤子均为黑色，打黑领结。中山装的颜色以深灰色为主。

二、款式

晨礼服是日间大礼服，上衣款式为黑色长外套，后面是圆摆。配灰色背心、黑底灰条纹礼服裤，是白天穿的大礼服。日间准礼服是男士白天穿的小礼服，由晨礼服简化而来，上衣后面没有圆摆，裤子为黑底灰色条纹。

男士晚上穿的最为隆重的大礼服是燕尾服，上衣后面的长摆呈燕尾状，故名"燕尾服"。燕尾服搭配白色背心，白色翼领衬衫，以及白色的领结，下身穿黑色礼服裤子。

半正式晚礼服又称"塔士多礼服"，是晚上穿的小礼服，由燕尾服简化而来，上衣后摆不带燕尾，搭配礼服背心。不穿背心的时候使用礼服腰封。

现在通常会在西方国家级的庆典仪式、婚礼、隆重的宴会、授勋仪式、大型交响音乐会、古典交际舞比赛等场合见到燕尾服。而半正式晚礼服是现代国际上最常见到的晚间礼服。

在一般的商务场合和社交场合，黑色西装被称为"日夜通用简便礼服"，用于商务酒会、新年晚会等场合。燕尾服、半正式晚礼服以及黑色西服套装，其隆重程度是依次下降的。

中山装的款式为立翻领、四个贴袋（袋盖上有纽扣），前门襟有五粒纽扣，袖口有三粒纽扣（图3-23）。

◎ 图3-23

三、面料

男士礼服通常采用羊毛面料。西方男士礼服的领子是丝光绸缎面料，礼服裤子的两侧各有一条和领子相同面料的丝光缎面绸带。腰封的面料要与领结的面料相同。

四、图案

西式男士礼服的裤子上会出现条纹图案，领带上会有斜纹图案。男士礼服和女士礼服区别比较大，男士礼服所使用的图案是固定的，用在什么地方也是规定好了的，而女士礼服在款式、颜色、图案等方面都可以有多种多样的变化。关于女士礼服的着装礼仪，将在下一节当中继续探讨。

中山装上面没有图案。

五、配饰

西式男士礼服的配饰包括领带、领结、胸袋巾、袖扣、鞋袜等。

日间礼服搭配领带，晚间礼服搭配领结。礼服的领结有白领结和黑领结两种。如果穿燕尾服，与之搭配的是白领结；如果穿小礼服，则应搭配黑领结。

胸袋巾能起到很好的点缀作用。胸袋巾的材质可选择丝、麻、棉、蕾丝等，白色的胸袋巾最为正式。

礼服衬衫的袖扣或袖链上可以镶嵌宝石、钻石等，为礼服增加优雅华美之感。

按照西方传统礼仪，搭配礼服的鞋应是有蝴蝶结的样式，而且还需要穿黑色的丝质袜子。不过随着时代的发展，现在已经逐渐简化。现代西式男士礼服通常搭配漆皮亮光礼服皮鞋或牛津鞋，不能搭配带搭扣的鞋子或其他休闲鞋。

穿中山装时应搭配深灰色或黑色的袜子、黑色牛津鞋，不要穿白袜子或浅色袜子，更不能穿彩色袜子或花袜子。

男士穿礼服时，应选择黑色纯棉或毛棉混纺袜子。避免选择透气性差、舒适度差的袜子。还需注意袜筒的长度和袜子本身的弹性，脚踝处不能有皱褶，坐下时小腿的皮肤不能外露（图3-24）。

◎ 图3-24

总之，男士应当选择与场合相协调的礼服，并遵守着装礼仪规范，这样才能塑造彬彬有礼、风度翩翩的形象。

第九节　女士穿礼服的讲究

提及女士礼服，常常会想起人生当中很多重要的仪式场景。女士最怀念的或许是自己的结婚礼服——可能是白色的西式婚纱，也可能是大红色的中式礼服。在特定的场合，有着特定身份的我们，在礼服的衬托下，成了全场最靓丽的人。除了婚礼这样的仪式场合以外，在参加隆重的宴会或者新年晚会时，也都会穿着礼服。在电影节的颁奖晚会上，众多明星会穿着各式各样的礼服走红毯，她们身穿的礼服常常会成为大家茶余饭后的话题。那么，女士如何将礼服穿得既美观又得体呢？让我们看看女士穿着礼服时有哪些讲究吧。

一、颜色

女士礼服的颜色选择范围很广，黑色、白色颇受大家欢迎，饱和度高的鲜艳颜色也能让女士成为大家瞩目的焦点。需要注意的是，如果在喜庆的场合选择黑色等素净颜色的礼服,就应当搭配华丽的首饰来增添喜庆之感。相反,如果参加肃穆的仪式(如参加葬礼),在穿素净颜色礼服(如黑色礼服)的同时,也不能佩戴华丽的首饰。

二、款式

女士穿着礼服时,需要根据场合来选择不同的款式。女士礼服可以分为大礼服和小礼服两大类,隆重的场合(如参加隆重的晚宴、盛大的晚会等场合)应当穿大礼服,公司小型酒会、普通社交聚会等可以穿小礼服。

大礼服的款式一般为长裙,长度通常在脚踝以下,场合越隆重,礼服裙摆越长(图3-25)。西方传统晚礼服款式以露肩长裙为主,佩戴靓丽奢华的首饰。东方人的身材特点与西方人有所不同,在穿西式大礼服的时候要注意选择适合自己身材的款式,可以适度露肤,着装效果应追求端庄、典雅、大气。穿高开衩、长及脚踝的中式礼服旗袍时,应注意开衩不要高于大腿中部,落座时整理好旗袍下摆,保持端庄仪态,避免穿出轻浮之感。

小礼服的长度一般在膝盖上下,露肤度比社交装略高,但是通常不会有露肩、露胸、露背等过于隆重的款式(图3-26)。女士平时参加女性沙龙活动、出席亲朋好友的婚礼或小型酒会、小型社交聚会时,都可以穿小礼服。

◎ 图3-25

◎ 图3-26

三、面料

礼服的面料可以选择具有垂坠感的面料，比如质地柔软轻盈、手感光滑的真丝面料。真丝面料是一种高档的礼服面料。除此之外，还可以选择丝绒面料以及各种各样的新型化纤面料，让礼服显得华丽、时尚又不失女人味。雪纺面料轻薄、柔软、飘逸，有着良好的垂坠感和舒适的肌肤接触感，也是适合制作礼服的面料。礼服面料的辅料也多种多样，钉珠、亮片、刺绣工艺等都能够让礼服显得奢华、高贵、与众不同。

四、图案

礼服可以无图案，也可以有各种各样与礼服设计思路相符合的图案。不同的礼服图案会有不同的寓意。曾有一位获得诺贝尔奖的研究神经生理学的科学家，在颁奖晚会上穿着的礼服远看有放射状线条图案，近看时就会发现，这个图案是仿照神经元细胞的形状设计出来的，那些放射状的结构正是神经元细胞的树突，这样的礼服图案确实富有创意。

根据场合以及自身风格不同，可以选择不同的礼服图案。通常大图案会较为醒目，能让穿着者成为全场的焦点，但有时候无图案的大面积单色也会有较强的视觉冲击力。

五、配饰

女士礼服所搭配的饰品，应当与礼服的款式、颜色、面料、图案相协调。例如，穿大礼服时，可搭配大量感的、闪亮度高的首饰；穿小礼服时，可搭配量感适中的、与礼服颜色相协调的、精致的首饰。礼服上有醒目图案时，饰品就要素气一些；礼服上没有图案的，首饰的造型就可以夸张而独特。

礼服配饰的种类有很多，比如帽子、耳环、项链、手套、随身包、鞋子等等。

在室内时一般不戴帽子，但如果是和礼服配套的装饰帽，在室内时无须摘掉。与礼服配套的手套，与地位高的人握手时要摘下手套，与其他人握手时可以不摘手套；吃饭前以及跳交谊舞之前要摘下手套。

女士在穿礼服时，可以选择露脚趾或露后跟、有华丽感的细高跟鞋。

搭配礼服的包一般都是有华丽感的小手包。

女士礼服在款式、颜色、面料、图案、配饰这五个方面都具有特定的礼仪要求，大家可以按照自己的喜好，选择与场合相协调的礼服，展示自己美丽优雅的形象。

第十节　穿休闲装也有讲究

休闲装主要是以简单轻松的设计为主，传递个性，追求自在天性和洒脱性格的一种服饰风格。在生活中也是我们比较喜欢的一种风格款式。休闲装根据场合和功能也有不同的分类，常分为都市休闲、居家休闲和运动休闲，在这几个不同的休闲场合选择的休闲装是不同的。我们同样从以下五个方面来分享穿休闲装的讲究。

一、颜色

都市休闲服饰的色彩是相对比较柔和的，穿上之后，让看到的人感觉放松，就像我们给宝宝买衣服时，去到服装店里，看到童装的颜色大多是浅浅淡淡的。这些服装的颜色中都加了不同比重的白。我们发现，在都市休闲装的颜色中加有黑、白、米、灰色调的颜色，都会很符合都市休闲风。

同样，居家休闲装的颜色也是相对比较柔和的，看上去一定让眼睛很舒服，让人感觉也十分放松，而且有一种温馨的感觉。

运动休闲装与都市休闲和居家休闲的颜色都有所不同，后两类都是偏柔和为主，而运动装多以醒目、亮丽的色彩为主。比如运动装中的户外休闲装，色彩大多是高饱和度的艳丽色彩，要选择与地面颜色对比较大的色彩，因为穿上这些颜色的运动装之后不仅要呈现出活力和朝气，如果在户外遇到危险时，救援人员也方便在第一时间发现我们。

二、款式

休闲装的款式没有明确的要求，根据不同的功能，选择的款式多种多样。可以是裙装、裤装、牛仔服、棒球衫、运动套装等等，可根据自己的喜好进行选择搭配，从而突出个人的风格。休闲装穿上虽是一种很放松的状态，款式以宽大舒适为主，但也有需要注意的地方，比如在居家休闲时，我们在卧室里穿的睡衣是不能穿到卧室以外的地方的，在客厅穿的居家服也是不可以穿出家门的。

在休闲装的搭配上，要注意每一件单品风格的一致性，避免出现用古典风格装饰的外套搭配现代风格的下装或鞋的情况。

三、面料

休闲装最常见的有棉质T恤、亚麻衬衫、针织羊绒（毛）衫等，这些服装的面料都有其各自的特点，柔软、舒适、透气性好、亲肤、耐脏、方便洗晒、易打理等等，都突出了休闲装的特色。

需要提醒大家的是，我们最好选择利于排汗、速干的面料制成的运动装；而户外休闲的服装，不但要合身，而且最好选择防雨、防风、防晒、排汗的面料。

四、图案

休闲服的图案同样多种多样，并且没有什么限定，可根据自己的喜好进行选择。我们选择的图案通常表达自己内心想要传递出的生活态度。比如，可以是夸张的绣花，表达自己热爱生活、热爱自然；可以是动物纹，表达自己张扬的个性；甚至是有意思的文字都行，大胆、丰富；还可以是一些人像、鸟兽、数字等符号。可以根据休闲场合的交往对象挑选适合表达自我个性的图案。但注意不要哗众取宠，更不要不顾他人感受，随意选择一些不当的禁忌图案。

五、配饰

休闲装的配饰选择更加宽泛，基本上所有的配饰都可以使用，各种各样的配饰对服装的整体美有着重要的作用，用得好，能够起到画龙点睛的作用，用得不好，则会"一饰不慎，满盘皆输"。

在休闲服中用得最多的配饰有帽子、墨镜、丝巾、随身包、鞋子等。在这些配饰中，女士使用最多的应该是丝巾了，丝巾装饰功能强，深受众多女性朋友的喜爱。现在分享三种丝巾的基础系法。

第一款是平结。第一步，先将丝巾如图折成一个长条状（图3-27）；第二步，将折口向下搭在脖颈上；第三步，先在脖颈处打一个单结（图3-28），完成之后，开始操作最后一步，再打一个结（图3-29），同时，用一只手的食指和中指固定前面的丝巾，完成一个双结。整理一下，这个平结就打好了。平结是很多丝巾结的基础造型，我们可以将它练得熟悉一些，在此基础上进行其他丝巾结的创作。

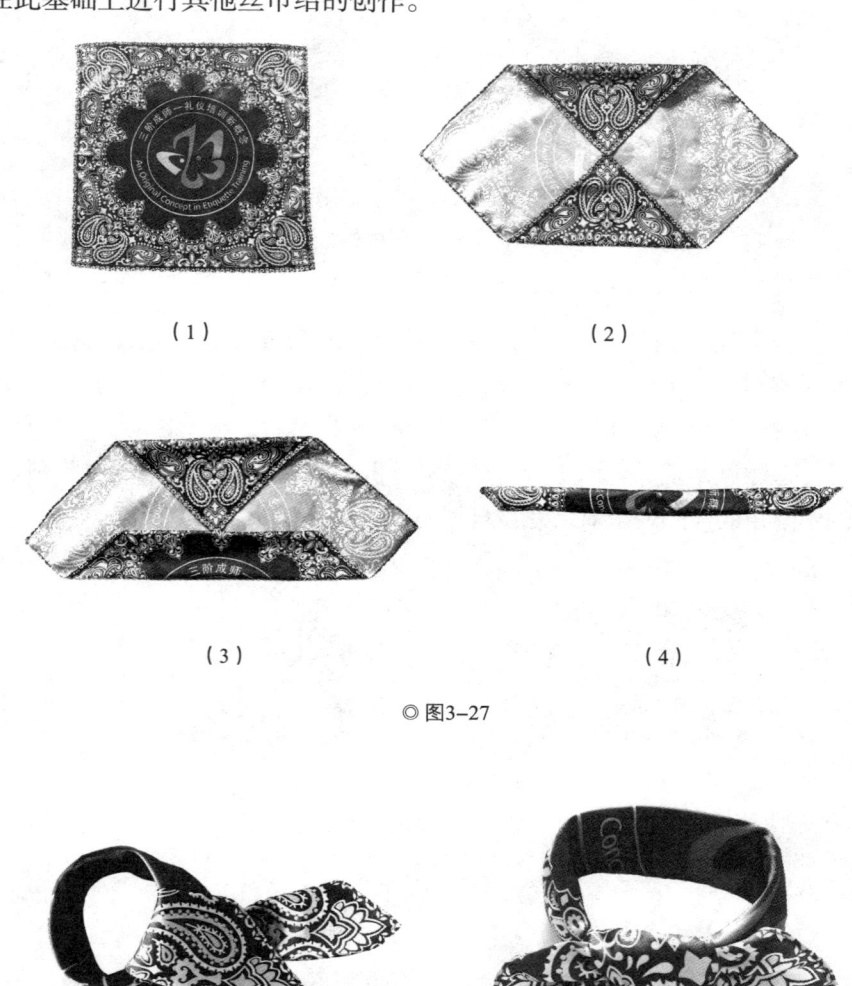

（1） （2）

（3） （4）

◎ 图3-27

◎ 图3-28　　　　　　　　◎ 图3-29

第二款是钻石结。在打钻石结时，需要像刚刚打平结前那样，先把丝巾折叠为长条形。第一步，对折；第二步，系一个单结（图3-30）；第三步，将打好的结放置在脖颈的前方，像一个钻石项链一般，然后再将剩余丝巾拉到脖颈后方打一个平结（图3-31），系好，整理一下便可以了。

◎ 图3-30 　　　　　　　　　　◎ 图3-31

第三款是牡丹结。打牡丹结通常使用的是方巾。第一步，将方巾对折的两个角系一个双结（图3-32）；第二步，将另外两个角从刚刚打好的这个双结下面交叉穿过（图3-33）；第三步，轻轻拉动这两个交叉穿过的丝巾角（图3-34），待丝巾中间大概形成一个花苞大小的形状之后，停止拉动，一朵漂亮的牡丹花造型就出现了（图3-35）；最后，我们可以将牡丹花放置在脖颈处，剩余的两个角同样用一个双结系在自己的颈上（图3-36）。

◎ 图3-32 　　　　　　　　　　◎ 图3-33

◎ 图3-34 　　　　　　　　　　◎ 图3-35

◎ 图3-36

　　丝巾的打法还有很多很多，大家可根据丝巾的大小、面料以及自己的喜好自由发挥，展现自己的风格。

CHAPTER 4

第四章
仪态礼仪

两分钟懂礼仪：不可不知的68个礼仪常识

第一节　你笑起来真好看

这个世界，只是太阳有温度吗？当然不是。

一、我笑，便面如春花

一早，孩子在醒来时，若看到的第一眼是妈妈的笑脸，孩子也会笑起来，因为，妈妈的笑脸融化了孩子的心。

在办公室中，当听到同事面带微笑的问候时，无论我们的心情多么糟糕，也会因这张笑脸而获得力量。

在旅途中，看到旅伴和导游友好的微笑，即使身处陌生的环境，也会觉得像回家一般温暖。

……

三毛说："我笑，便面如春花。定是能感动人的，任他是谁。"

十二次微笑

飞机起飞前，一位乘客请求空姐给他倒一杯水吃药。空姐很有礼貌地说："先生，为了您的安全，请稍等片刻，等飞机进入平稳飞行后，我会立刻把水给您送过来。好吗？"

15分钟后，飞机早已进入了平稳飞行状态。突然，乘客服务铃急促地响了起来，空姐猛然意识到：糟了，由于太忙，忘记给那位乘客倒水了！空姐连忙来到客舱，小心翼翼地把水送到那位乘客跟前，面带微笑地说："先生，实在是对不起，由于我的疏忽，延误了您的吃药时间，我感到非常抱歉。"

这位乘客抬起左手，指着手表说道："怎么回事？有你这样服务的吗？你看看，都过了多久了？"空姐手里端着水，心里感到很委屈。但是，无论她怎么解释，这位挑别的乘客都不肯原谅她的疏忽。

接下来的飞行途中，为了补偿自己的过失，空姐每次去客舱给乘客服务时，都会特意走到那位乘客面前，面带

◎你笑起来真好看

微笑地询问他是否需要水，或者别的什么帮助。然而，那位乘客余怒未消，摆出一副不合作的样子，并不理会空姐。

临到目的地前，那位乘客要求空姐把留言本给他送过去。很显然，他要投诉这名空姐。此时，空姐心里虽然很委屈，但是仍然不失职业道德，显得非常有礼貌，而且面带微笑地说道："先生，请允许我再次向您表示真诚的歉意，无论您提出什么意见，我都将欣然接受您的批评！"那位乘客脸色一紧，嘴巴准备说什么，可是却没有开口。他接过留言本，在上面写了起来。

飞机安全降落。所有的乘客陆续离开后，空姐打开留言本，惊奇地发现，那位乘客在本子上写下的并不是投诉信，而是一封热情洋溢的表扬信。

是什么使得这位挑剔的乘客最终放弃了投诉呢？在信中，空姐读到这样一句话："在整个过程中，你表现出的真诚的歉意，特别是你的十二次微笑，深深打动了我，使我最终决定将投诉信写成表扬信。你的服务质量很高。下次如果有机会，我还将乘坐你们的这趟航班！"

微笑是一个人最好的通行证，一个微笑会胜过千言万语，当您给对方一个微笑时，对方也往往会以微笑报之。

二、笑起来并不难

雨果说：有一种东西，比我们的面貌更像我们，那便是我们的表情；还有另外一种东西，比表情更像我们，那便是我们的微笑。

据说，人类的笑容有千万种，其中最为美好的笑，当属微笑。

微笑也是在生活和工作中最常用的表情。我们常常听到一个词叫作"表情管理"。不少的明星也都会提到自己在作表情管理。我们自己在照镜子时，往往会做出各种表情来认识和审视自己，这时候，就可以进行微笑表情管理。

简单来说，只要做到三点，就能呈现出一个完美的微笑：

（1）露出 6—8 颗上齿，嘴角上扬，使脸颊肌肉有提拉的力量感（图 4-1）。

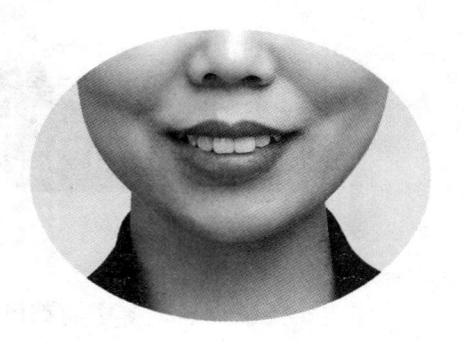

◎图4-1

（2）笑容的自然与真诚来自双眼，眼睛要透射出美好、愉快的光芒（图4-2）。

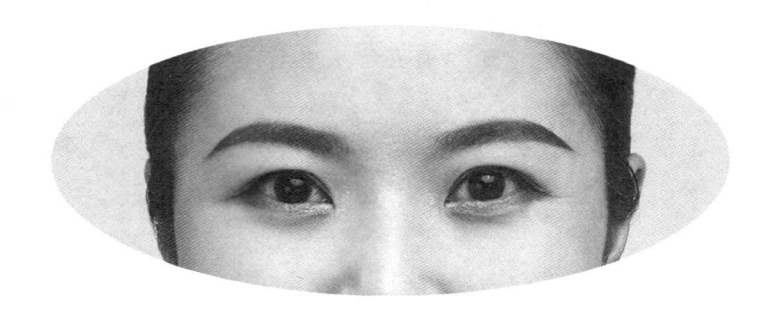

◎图4-2

达·芬奇的名画《蒙娜丽莎》，以其经典、永恒的微笑令无数人为之倾倒，通过画作中蒙娜丽莎的眼睛，我们甚至能体会到她微笑背后的一些复杂情绪，以及难以言表的内心世界，这也向我们再次诠释了"眼睛是心灵的窗户"这句名言的深刻意义。因此，微笑时的眼神一定要温暖、有神并充满快乐与真诚，因为只有这样的微笑才会像"春天的花儿"和"夏天的阳光"。

（3）真诚的微笑源自阳光一般的心态（图4-3）。

◎图4-3

像电影《乱世佳人》中的郝思嘉那样，将"明天将是新的一天"铭记在心，以积极、阳光的心态面对生活与工作中的一切，无论是坎坷、挫折还是日常生活中大大小小的困难，只要有这样的心态，我们就一定会笑口常开，用微笑去面对一切，就会增加生活回馈于我们的微笑。

微笑不仅是自身情感的表达，更是影响我们与他人交往氛围的一种沟通方式。微笑可以带给他人自信、阳光、鼓励、宽慰、愉悦的感受，也起着催化与传播快乐的作用。

三、因笑容而红遍世界的颁奖姑娘们

2008年的第29届北京奥运会，相信大家的印象还很深。

当赛场上的运动员获得优异成绩时，他们以笑容表达着欣慰和快乐，现场观众也会露出灿烂的笑容并以掌声祝贺。

其实，在奥运赛事进行中，最会笑的是那些颁奖志愿者。

说到奥运颁奖志愿者，本书的主编、三阶成师项目的创始人吕艳芝老师是最有发言权的。下面的内容来自奥运颁奖典礼起草人及培训师吕艳芝老师的《奥运颁奖培训回顾》。

◎ 图4-4

1. 奥运颁奖志愿者是哪些人

奥运颁奖志愿者是来自各大专院校一年级的姑娘们，也有少数人来自中职学校，她们中的多数人是独生子女（图4-4）。

身高、体重是否符合要求？尤其是面部表情要达标。在经历了一轮又一轮的选拔后，姑娘们在喜悦中成了颁奖团队中的一员。

2. 奥运颁奖志愿者训练的重点是什么

相信这个问题大家是有答案的，那就是微笑。

奥运颁奖人员微笑的标准是：

（1）选择露出牙齿的笑容（上齿6—8颗）。

（2）也可以选择不露出牙齿的笑容，每一位都要展现出个人最美的笑容。

（3）颁奖进行中，颁奖人员要做到自出场起至完成颁奖及退场中，要保持微笑。

训练中，因为姑娘们很少有穿高跟鞋的经历，又由于训练强度很大，在培训的第一天，她们的双脚就起了水泡。但是，浑身酸痛，尤其是脚上的水泡并没有影响她们进行训练，因为，她们的内心十分清楚，在颁奖服务中，自己代表的是中国。

3.她们是赛场上一道亮丽的风景

奥运比赛进行中，除了获奖人员、颁奖嘉宾，颁奖姑娘们是出镜率最高的。她们随着镜头出现在我们面前，也出现在世界各国观众面前。

她们的精神状态，尤其是她们的笑容在向世界宣布：中国的确有资格举办奥运会，并能够办好奥运会。

在各国记者的报道中，奥运颁奖人员是赛场上一道亮丽的风景线的描述成为了姑娘们的形象标签。

其实，这些我们也能做得到，您说呢？

如果说奥运颁奖姑娘们灿烂的笑容来自情怀和责任，那么，作为我们自己，要像这首歌唱的那样面对生命中的一切："你笑起来真好看，像春天的花一样，把所有的烦恼，所有的忧愁通通都吹散……"

这支歌的核心是"你笑起来真好看"。

让我们在每天走出家门前，面带微笑凝视镜子中的自己，并暗示：爱笑的人运气总是不会太差。

让我们在遇到挫折及困难时，哪怕是勉强自己，也要让自己笑起来。因为，心理学家告诉我们，这种外在的行为会内化为一种力量。

从这一刻起，让我们一起微笑吧！

第二节　这样站会获得好感

礼仪的核心是尊重，中华传统文化中有很多延续至今的日常行为准则，都是我们尊重他人的表达。比如关于站，《论语·乡党》中就有"立不中门""立不中道"的规定，即不在出入之门和往来之道的正中央站立，否则会妨碍他人通行。《礼记》中提到"离立不参"，两人并立，第三个人就不要再参与其中，否则会给人打探两人谈话内容之嫌；另外，民间一向有"父坐子立"的传统，指的是父子与宾客在场，身为子女一般要侍立在旁，陪伴父亲接待宾客。现代社会，站姿依然有规范需要遵守，让我们来了解一下怎样站更容易获得他人的好感。

一、站姿有标准

孟子曾有"不立乎岩墙之下"的说法，意为不要站立在危墙之下，以免发生意外。同样，在今天我们也不要在广告牌、悬崖边等危险、陡峭的地方长时间站立、逗留，要时刻保有珍视生命的意识，选择恰当的站立位置。

除了站位的选择，通过自己的站姿还可以表达出尊重他人的态度。规范的站姿应给人以大方、磊落之感。生活中，站姿有以下六个方面的基础标准：

（1）头正。要让自己的面部朝向对方，下颌微收，眼睛平视前方，颈部保持挺拔。

（2）肩平。双肩向后展开，注意不要耸肩，以自然打开为宜。

（3）两臂自然下垂。双手中指自然放于裤缝或裙缝处，手指自然弯曲。

（4）收腹。收紧腹部，要将腹部肌肉用力收紧，同时保持呼吸顺畅。

（5）立腰。可以通过测量身高时的感觉，来完成立腰的动作。

（6）提臀。双腿夹紧，臀部肌肉收紧，并向上方有意识地用力提起。

◎ 规范的站姿

规范的站姿可以给人一种挺拔、精神的印象。想要养成符合标准的站姿习惯，需要我们时常训练才能实现。可以在生活中选择背墙而立的方法进行练习。

二、男士站姿变化

提起男士站立，我们常会联想到"立正"的姿态。事实上，这种站立的姿态在国庆阅兵盛典视频中大家经常看到。整装待发的仪仗队军人，以挺拔稳健的身姿站立，眼神中透露出果敢与坚韧的勇气。所以，男士的站姿一定要有阳刚之气。

1. 手位变化

男士站姿时的标准手位，可以选择双臂、双手自然下垂的侧放式手位（图 4-5），也可选择前搭式手位（图 4-6）。

◎ 图4-5 　　　　　　◎ 图4-6

男士的前搭式手位是将一只手握虚拳，另一只手五指并拢后搭放于握虚拳的手背处，以左掌放于右拳来举例的话，要求搭放后，左手的小指处于右手的指根处，不可抓握手腕，双手自然垂放于腹前。

2. 脚位变化

男士站立时，可采用双脚分开，分开的距离不要超过双肩，此为平行脚位站姿。

男士还可以选择V形脚位站姿，是指脚后跟并拢，双脚脚尖打开一个拳头的距离，约30度（图4-7）。V形脚位站姿更显谦恭，是我们很多时候都可以选择的常用站姿。

◎ 图4-7

三、女士站姿变化

自古形容女子的站姿常会用"亭亭玉立""盈盈伫立"这样美好的词汇，可见女士站姿既要"亭亭"又要不失"盈盈"。

1. 手位变化

女士站立时，也可选择双臂、双手自然垂放于身体两侧的侧放式手位（图4-8）。更显端庄与谦恭的手位是前搭式手位，要求女士将双手的四指并拢，双手虎口相交，右手在外，左手在内，将右手食指放于左手指的指根处，并将拇指放于手心，自然垂下叠放于腹前（图4-9）。也可以在一些隆重而正式的场合选择仪式手位，要求女士在前搭手位的基础上，将双手上提，并将两拇指的交叉点置于肚脐处（图4-10）。

◎图4-8　　　　　　　◎图4-9　　　　　　　◎图4-10

2. 脚位变化

女士平行脚位站姿，是在双腿直立的基础上，将双脚内侧以及膝盖并拢，这是标准的女士平行脚位站姿（图4-11）。

需要长时间站立时，还可以选择稳定性更好的V形脚位站姿。其标准是女士将脚后跟并拢，双脚脚尖打开至自己一个拳头的距离，约30度。规范的女士站姿更容易使我们站得美观、大方，帮助我们塑造得体、自信的良好形象（图4-12）。

把握了规范的站姿标准，我们还需要杜绝一些错误的站姿。错误的站姿不但影响体态的美观和身体的健康，还会在人际交往中造成消极的影响。因此，在站立时要注意杜绝出现以下几种站姿：

（1）指手画脚。站立而不定，与人交流指手画脚，这会给人一种极其随意与不稳重的印象。

（2）背对或侧对他人。将身体的侧面或背面朝向他人站立，会让对方感觉自己不被重视或是遭到冷落，会给对方带来一种无意沟通的印象。

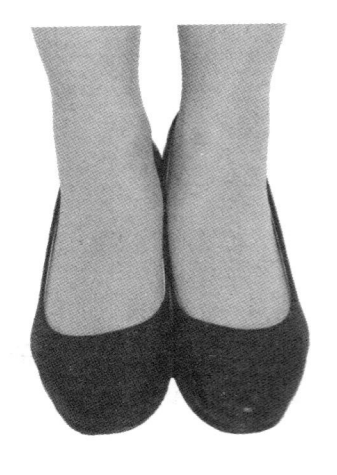

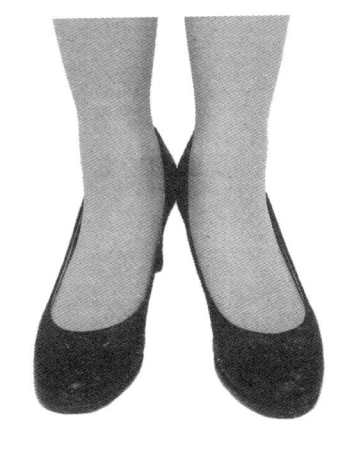

◎ 图4-11　　　　　　　　　◎ 图4-12

（3）脚位不恰当。在站立时，更应避免不当的脚位。有人习惯性抖动脚尖，或者将一只脚随意踩踏在其他物体上，实在有失雅观。如果规范站姿的脚位产生疲劳，可以小范围内调整身体重心来缓解疲劳，切勿大幅调整。

（4）弯腰驼背。如果从小不注意站姿挺拔，长期含胸驼背，不仅会影响成年后的外在形象，长此以往也会对身体的骨骼等产生一定的损害，甚至引起脊柱侧弯、驼背等，应及早纠正或杜绝。

（5）肩部歪斜。不规范的站姿极易导致高低肩，表现为双肩不一样高。因此，在练习站姿时，还可以面对镜子，有意纠正双肩的高度，以养成优美、规范的站姿习惯。

（6）随意倚靠。随便倚靠它物站立也是应杜绝的不良站姿。避免将身体倚靠在墙上，或是交谈时将身体倚靠在桌子、椅子等物体上，这会给人留下懒惰、涣散的印象，都是不可取的站姿。

好习惯的养成是需要坚持和毅力的。与人交往时，无论男士还是女士，良好规范的站姿更容易给他人留下好印象。既然如此，让我们一起头正、肩平、垂臂、收腹、立腰、提臀，注意手位和脚位，在每一次站立时都用这一标准严格要求自己吧。

第三节　这样走路才有精神

心理学家通过实验发现，一个人不同的走路姿态，不仅会透露年龄、性格、习惯，更会透露出不同的情绪与心理状态。良好的走姿对形象塑造、与人交流沟通等都非常重要，在行走时要做到轻快、自然，在不同的场合还需要走出美感与自信，走出规范与尊重，走出礼貌与修养。

一、走出美感与自信

2019年10月1日，在天安门广场举行了建国70周年大阅兵。阅兵场上，人民军队庄严整齐的队伍、坚毅挺拔的身姿和铿锵有力的步伐，无不向世界昭示着中华民族的自信与强大。

不仅是人民军队，在生活和工作中，良好的走姿还可以增强自信，给人以信赖感。医护人员充满朝气的走姿会对患者产生积极的感染力，教育工作者优雅稳重的走姿会为学生树立身正为范的榜样，商务人士轻松敏健的走姿能够展现其良好的精神风貌和职业素养……

二、走出规范与尊重

古代女子头上插的"步摇"，除了随身姿摇曳产生美感外，另一个功能便是提醒其走路时不要大摇大摆，应步态端庄、步度适中、步速均匀。其中，步度的大小要根据身高、着装与场合的不同有所调整。在我们的生活与工作中也是一样，比如高铁、航空等行业的女服务人员通常身着一步裙，无形中也约束其行姿的步度不宜过大。

规范的走姿显出女士的优雅、得体，显出男士的潇洒、阳刚。

在走路时走出规范，有以下几点需要掌握：

（1）走路时的步高：自然抬起，脚不擦地，但不过分抬高。

（2）走路时的步度：前脚的脚后跟和后脚的脚尖之间恰是一个脚长的距离。

（3）走路时的步速：速度适宜，一般保持在每分钟110步左右为宜；速度太慢，显得没精打采；速度太快，显得慌慌张张。

（4）走路时的步位：女士在日常走路时的标准步位是两脚掌内侧形成一条直线，而男士走路时的标准步位是两条平行线。

（5）走路时的摆臂：手臂摆动时以肩为轴，手掌放松，前后自然摆动，向前摆臂的度数为30度，向后摆臂的度数为15度。

（6）走路时的稳定性：稳定性是指身体、肩部均向前平移，而不可左右、上下摇摆不定。

如果单从走路这一举止来判断，能否看出一个人对他人的尊重呢？答案是肯定的。比如《弟子规》中有"路遇长，疾趋揖"，说的是遇到长辈要快步走上前去，向长辈问好。孔子的儿子孔鲤在与陈亢讲述父亲对他的"过庭训"时也提到"尝独立，鲤趋而过庭"，意思是孔鲤看见父亲在庭院中站立，作为晚辈就要快步走过，以示尊敬。即使是《触龙说赵太后》中触龙的"徐趋"，也是因年纪大了无法疾趋而要向赵太后说明理由。

在当今社会，无论面对长辈与领导，还是我们的客户与服务对象，都要保持"疾趋"的意识，加上规范的走姿，做到由内及外、表里如一、真正地尊重他人。

三、走出礼貌与修养

行姿除了可以展现美感与自信、规范与尊重外，还可以彰显一个人的礼貌与修养。

比如，在人行道、校园、办公区域等公共场所，应遵循靠右侧行走的原则，这样才不会出现两个人相对而行时因相互避让而左右闪躲的尴尬场面。如果不得以逆向而行，则要距离对方2米左右，放慢速度，礼让他人。

《论语》中说："乡人饮酒，杖者出，斯出矣。"告诉我们在与老人同行时，要让长者先行。在走路时，面对长辈、领导、女士等情况时应让尊者先行，让尊者走在自己的右侧或者内侧，我们要把安全和方便留给他们。

走路时，体现一个人的礼貌修养还要做到不横冲直撞。如果有急事，可以快速走，但是不能突然起跑，以免造成周围人群的恐慌，也不能慌张奔跑而冲撞他人。

多人同行时要特别注意的是不能多人并行，更不能在公共场合嬉笑打闹、干扰他人，这样有失礼貌与修养。在一些校规或企业的管理制度中，常会看到这样的要求："两人成行，三人成列。"这里的"列"即为纵路前行。

还有一点需要注意的是，当两个人并行交谈时，如果我们需要超过这二人，绝不可从两人之间穿行，可以从他们的体侧超越，以不打断他人交谈、不打扰他人为准。反之，如果我们需要并行交流，走在狭窄的通道处，最好不要在其中长时间驻足交谈，这也会给其他需通行的人带来不便和困扰。

走姿足以体现一个人的心理状态、文化程度、修养品行甚至是社会地位。如果一个人在走路时，脚尖内收、步态拘谨，会呈现一种拘谨、缩手缩脚或者缺乏自信的印象；如果一个人在走路时，脚尖外扩、步态散漫，很可能给人一种做事不拘小节或者不太严谨、认真的印象；若是没精打采、弯腰驼背、脚跟不离地，留给他人的印象通常是悲观、没有主见；走路时垂头斜肩、摇头晃脑，或许他人会觉得这就是个游手好闲、不务正业的人。我们要常常练习走姿，避免让不规范的走姿影响人际交往，甚至影响工作和生活。

第四节　天下手势有多少

在有声语言出现前，原始的人类使用无声语言传递信息。而现在，在使用有声语言的同时，我们的表情、动作、手势等无声语言也在传递着信息。作为听者，我们也同样会在"听其言"时"观其行"，即便是一个细微的动作、一个简单的手势，也总能在人与人的交流中产生此时无声胜有声的效果。

一、天下手势有多少

图4-13中是四种不同的"比心"手势，均是在表达我们对他人的友好，一个"比心"尚且有这么多种呈现方式，从古至今、海内天涯又有多少种手势呢？天下的手势确是一门有趣的学问。

手势蕴含的意义是丰富的。在不同时期、不同地域、不同文化背景下，相同的手势还会传递出不同的含义。在中华传统文化中有很多表达手势之意的成语，如握手言欢、挥手目送、垂手恭立、额手称庆、拱手听命、拍手叫好等等。

（1）　　　　　　　　　　（2）

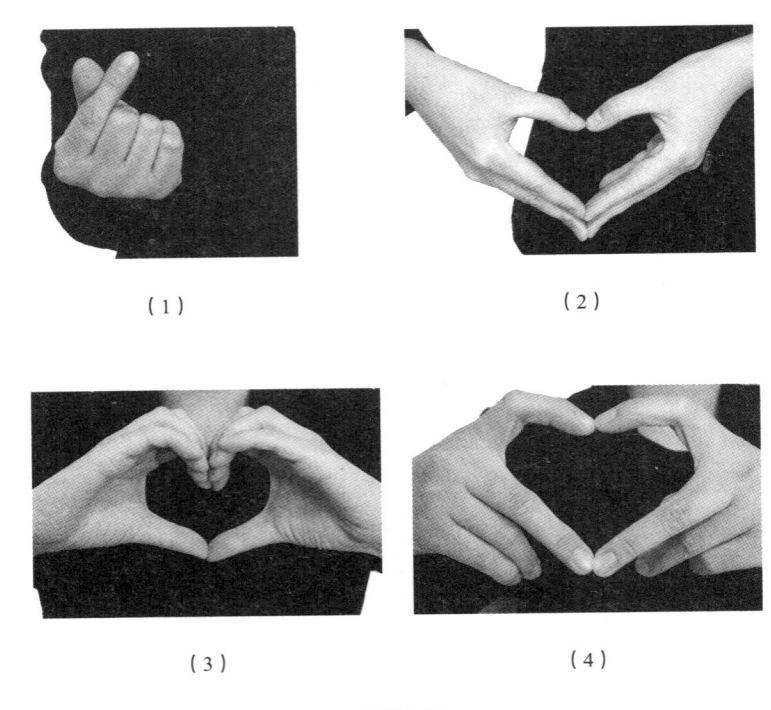

（3）　　　　　　　　　　（4）

◎ 图4-13

在不同的宗教文化中，手势的表达也各不相同。以见面致意为例，佛教信徒会双手合十；天主教徒会将右手五指并拢，以中指点额头、前胸、左肩、右肩，之后双手合十；穆斯林见到尊长时则会用右手按胸，鞠躬30度左右完成行礼。

西方也有诸多不同含义的手势。图4-14中的V字手势，源于英国，表示胜利（Victory），今天几乎已成为世界通用的手势，这个手势要求手背朝向自己。如果将手背朝向对方则表示蔑视与侮辱的意思。有趣的是，传统的V字手势规则与希腊的习惯恰恰相反，在希腊，手心向内的V字手势表达的才是正向、胜利的寓意。

可见天下手势繁多，含义又都不尽相同。在工作和生活交往中，应了解一些相关的知识来帮助我们在不同场合选择正向、积极的手势。

◎ 图4-14

二、传情达意的常用手势

生活中有很多常用的手势，比如用手轻抚时表达爱意，用一个手指指向他人时表达愤怒，用手相搂时表达亲昵，用手遮脸时表达羞愧等。每一次手势的变化都在表达着我们内心的情感，传达着我们内心世界的温度（图4-15）。为了使交往对象能够感受到正向、积极的情感，我们应少做或不做含有负面意义的手势，多使用正向、积极的手势，并且能够准确使用。

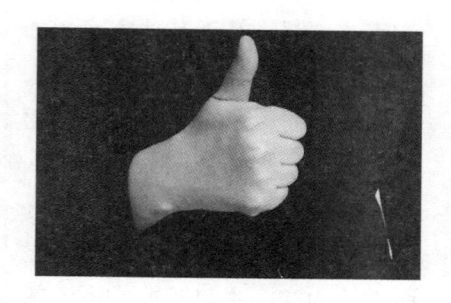

◎ 图4-15

那么，生活中常用的手势有哪些呢？

（1）"请进"的手势：迎接客人时，我们多会站在门口或通道的一侧，当客人到达时，选择开身位并将手臂抬起，将四指并拢伸直，拇指略内收，手和小臂形成一条直线，肘关节与身体保持约三拳的距离，小臂与地面平行，手掌与地面形成一定的角度并指向房间，目视客人，面带微笑。

（2）"请坐"的手势：在接待客人入座时，应将手指向座位的方向，且手指尖不低过自己的髋关节，掌心斜向上，手掌与小臂依然在一条直线上，同样目视客人，微笑请坐。

（3）"鼓掌"的手势：鼓掌表示欢迎、欢送、祝贺、鼓励等含义。鼓掌时应面带微笑，将双臂抬起，左手手掌抬至胸前的高度，左手掌心斜向上，双手掌心互击。此时要注意节奏的平稳和频率的一致。至于掌声的大小、频率的高低，要与现场的气氛相协调。比如在表示喜悦时，可使掌声更加热烈；表达祝贺时，可使鼓掌的时间更加持久；观看演出或比赛时，则要注意切勿在不适宜的环节鼓掌，打扰了演出或比赛的正常进行，更不要鼓倒掌，不要以掌声来讽刺和戏弄他人；不应在公共场合鼓掌时，伴以吼叫、吹口哨、起哄等，这都是不得体的行为。

（4）"OK"的手势：准备对他人做出肯定、同意、赞扬、允诺等意思时，可以使用的手势。OK 是 okay 的缩写，表达的意思是"没问题""好的"。OK 手势起源于美国，并传播至世界，几乎成为使用率最高的手势。OK 手势的准确使用，如图 4-16 所示，是将食指与拇指弯曲构成一个圆，其他三

◎ 常用的手势

第四章 仪态礼仪

91

指自然伸直。在中国，这一手势的使用也是十分频繁的，我们通常借用这一手势表达正向的寓意，如"好的""可以""没问题"等。但如果面对法国人或是比利时人，这个手势则只能表达"0"，并无其他寓意；如果去到德国、希腊、罗马尼亚、巴西等国时，这个手势就不能随便使用了，因为德国人、希腊人认为这是一个粗鲁的动作，罗马尼亚人也认为这一手势庸俗，巴西人认为这一手势是非常下流的动作，所以，在这些国家和地区应避免使用。

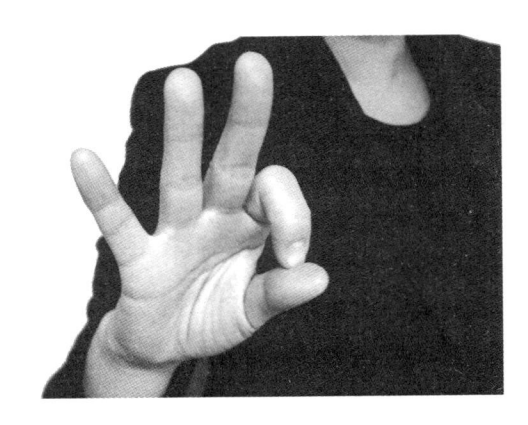

◎图4-16

三、不当手势贻笑大方

在应用手势时，需要注意避免出现含有负面意义的不当手势。

如四指握拳、大拇指指向自己的手势，容易给人一种傲慢无礼的印象；如食指指人的手势，也是非常不礼貌的，除了有轻视之意外，还有教训他人的含义。

在手势运用中，掌心的方向也有不同的含义，掌心向上代表着诚恳与尊重；掌心向下则含有强势、控制、威压的意思。

生活中，还有一些手部动作会引起他人的反感，严重影响自身形象与人际交往，比如当众挠头皮、掏耳朵、挖鼻孔、咬指甲等，这些不当的手势应避免出现。

与人沟通与交流时，还应注意手势使用的分寸，不宜过多、不宜过大，切忌指手画脚或是手舞足蹈。在运用招呼、致意、告别、鼓掌等各类手势时，应注意手势的幅度范围不要影响他人。还要注意速度的快慢，手势操作过快会显得潦草、轻率，速度适宜的手势会让我们表达情感时更加从容。

Beyond乐队的一曲《真的爱你》中有一句歌词"无法可修饰的一对手，带出温暖永远在背后"。我们在做出各种手势时，是无法掩饰手势背后的真实情感的。那么为了更多地表达出积极、乐观、友善的情感，请得体、慎重地使用手势吧。

第五节　递物与接物的讲究

1990年有部风靡全球的奇幻爱情电影《剪刀手爱德华》，其中有一句经典台词："如果我没有剪刀，我就不能保护你。如果我有剪刀，我就不能拥抱你。"不知唤出了多少观众的眼泪，让看过的人总是难以忘记这位拥有冰冷躯壳，却有火热情感的剪刀手爱德华。

剪刀虽然是尖锐的物品，但它是生活中、工作中不可缺少的工具，只要合理、规范地使用与递送，同样可以使冰冷的剪刀在我们的人际交往中避免尴尬、传递温暖。

一、错递剪刀的尴尬

有一首歌名为《递剪刀与刀子的礼仪》，歌中唱道："递剪刀和刀子是一种礼节，重点是要避免像你那样捅别人。"在给他人递送剪刀时，若刀尖朝向对方捅去，不仅十分尴尬，更是缺失教养的一种表现。

记得小时候的一天，邻居阿姨在给儿孙做衣服，剪刀钝了，我的外婆听到后就让我回家把剪刀取来借给邻居，并叮嘱我："好好拿，好好给。"我按照外婆平日教的那样将剪子尖避开邻居的方向，双手递送，随后瞥见外婆慈爱的笑脸，伴着邻居满口的夸赞，我满心欢喜地离开了。这个递剪刀的规矩就这样根植于我的内心深处，伴随着我成长至今。

生活中类似剪刀的物品还有很多，比如水果刀、笔、圆规、针等，递送此类尖锐物品时，绝不能将尖端朝向对方，使对方无从下手、无法接取。应将刃部或尖锐部向内，或是将刃部或尖锐部分朝向侧面，妥善递至对方手中。就像《递剪刀与刀子的礼仪》中唱的："养成良好的习惯会让你在生活中走得更远。"

二、递接物品有讲究

生活中递接各类物品时，尤其是向尊者呈递物品，需要我们用双手完成。双手递物或接物，体现出我们内心的尊重，同时眼睛要看向对方，面带微笑，加上礼貌提示的言语。一般情况下，递接物品时忌用单手，更忌讳用左手。因为一些民族、地区、国家在宗教信仰的影响下是忌讳左手的，认为左手是处理不洁之事的手，在与人交往中，我们有时并不清楚对方的信仰和习俗，因此，进行递接物品时，尽可能不去单独使用左手，以避免出现一些不必要的尴尬。

递物时，应尽量递至对方手里，方便对方取拿，而不能随意将所递之物丢在对方附近的某个位置，这是非常不友好的行为。接物时，要主动走向对方，不要站在原地不动等着对方过来，这样做也容易让对方觉得我们不够热情，且有失礼貌。

三、不同物品的递送规则

与人交往时，不同类型的物品，在递送时应遵守其相应的规则，使我们的每一次递送都能安全且表达尊重。

递送名片时，要注意名片要整洁完整，不可有污损、涂改、褶皱。递送名片时要选择适宜的时机，通常在与对方初次见面时或是分别时是比较好的时机。递送时，要将名片的正面朝上，以方便对方阅读的朝向双手递送，双眼看向对方，面带微笑，配合礼貌的语言，比如"您好，这是我的名片，请您多多指教"。要注意递送名片的顺序：一般是主人先向来宾、下级先向上级递送名片。在面对的人比较多时，还可以选择由距离近到远的方式或顺时针方向依次完成名片的递送。

当为领导或是客户递送签字笔时，笔尖同样不要朝向对方，并且要注意若有笔帽还要先将笔帽打开，让对方顺手接取以便书写。

有些物品递送时，对方不方便直接接取，比如为领导或宾客递水杯时，如果直接递至手中难免会被烫到，因此是不能直接递送到对方手中的。此时，应将水杯放于对方的右前方，如果水杯带有杯耳，杯耳与对方的角度要形成45度，便于对方持杯。另外，递送水杯时还要注意不要用手触碰杯口，应左手托住杯子底部，右手扶住杯身下 2/3 处。与之类似的物品还有碗筷等餐饮用具。

递接物品可以说是每天生活中避免不了的行为细节，但这小小的细节却传递着我们美好的品德，体现着我们自身的礼仪涵养，是我们美好生活和幸福工作的一项必修课。

◎ 递送物品的礼仪

CHAPTER 5

第五章
会面礼仪

第一节 称呼他人有学问

中华文化一直很重视言谈礼仪，在使用称谓时也十分讲究，不同的身份、不同的场合，使用的称谓也各不相同。恰当地使用称谓，是社交活动中的一种基本礼貌。不仅体现了自身的素质教养，还体现了双方关系的亲疏远近。电视剧《二十不惑》中有一个情节让人印象深刻：

段家宝初入职场时，对职场同事和上级产生了称谓困惑，面对大龄高管叫"姐"遭批评，面对比自己略大的前辈，没喊她"姐"被批没礼貌。回到宿舍，好友姜小果给她支了一招，根据口红的颜色来决定称谓，红调、姨妈调叫"姐"，粉调、豆沙调不叫"姐"，口红厚涂的叫"姐"，薄涂的不叫"姐"，不涂的叫"哥"。

这个案例虽然不是工作实际中的事情，但生活中这样的案例并不少见，因称呼不当而造成尴尬，甚至得罪人的事情时有发生。称呼是指人们在日常交往中采用的称谓语。人际交往，礼貌为先；与人交谈，称呼在前。使用称谓时应谨慎，稍有差池，可能贻笑大方。正确的称谓不仅体现尊敬，表现亲切和文雅，还能使交往双方心灵相通，情感相融，拉近彼此距离。正确地掌握和使用称谓，是人际交往中不可缺少的礼仪素养。

一、常见称呼

一般来说，在中国，称谓会根据身份、环境、场合来选择。在休闲场合，可以较为亲昵、随意，在正式场合则需要选择恰当的称呼。如单位内部在私下经常称呼年轻人"小李""小王"，年龄稍长、职务相当的同事之间相互称呼"老张""老刘"。去医院称医务人员"医生"或者"大夫"，搭乘公交车或出租车称司机"师傅"，去学校称"老师"或"同学"。邻里之间按辈分称呼，如对长辈可称"大爷""大婶""阿姨""叔叔""老伯"等，对晚辈可称"姑娘""小伙子"等。

在公务场合，无论我们与对方的私交有多好，称呼都不可随意，常见的称呼有职务性称呼，职称、学衔性称呼，行业性称呼以及礼仪性称呼。

1. 职务性称呼

在政务、商务场合，若交往对象有职务，一定要选择职务性称呼，以职务相称，以示身份有别、敬意有加，这是一种较为常见的称呼方式。以职务相称具体来说可以分为以下三种情况：第一种是仅称职务，如主任、书记、董事长等；第二种是在职务前加上姓氏，如王经理、李书记、伍主任、彭处长等；第三种是在职务前加上姓名，如李××市长、王××书记等，这种称呼适用于极其正式的场合。

2. 职称、学衔性称呼

在工作中对于具有职称的人，还可以直接以其职称或学衔相称，尤其对方职称、学衔较高时，最好以此相称。比如高校教师的职称从低到高分别是讲师、副教授、教授，若王小明老师是高级职称，可以称呼其为教授、王教授或是王小明教授；若王老师只是讲师，则不称呼其为王讲师，直接称呼其为王老师最好。学衔性称呼一般仅用于院士、博士，其他的学衔一般不用于称呼。

3. 行业性称呼

行业性称呼指的是直接以被称呼者的职业作为称呼，一般情况下，还会在此类称呼前加上姓氏或者姓名，如王老师、刘会计、张医生等。

4. 礼仪性称呼

若交往对象既没有职务，也没有职称，或者我们不是特别了解对方身份的情况下，可以使用礼仪性称呼，如先生、女士或夫人等等，这样的称呼是非常得体的。目前在国内尽量不用"小姐"这个称呼，容易引起误会。但是当知道交往对象有职务、职称或学衔时，尽量不选择礼仪性称呼，会产生距离感。

二、不当称呼

在与他人交往时，千万注意不要因为称呼而冒犯对方的禁忌。一般而言，下列称呼是要避免的：

1. 错误称呼

在称呼他人时，若出现差错，是非常失礼的，也会让交往双方尴尬。常见的错误称呼包括误读或是误会。误读也就是将他人的名字念错。在一次表彰大会上，台上的领导在宣读获奖者名单时，一位获奖者的名字中有一个生僻字，领导在读的时候念错了，引得台下观众的纠正，场面一度变得尴尬，以致会后还有很多人在议论此事。为了避免这种尴尬的发生，对于不认识的字或是拿不准的生僻字，事先要有所准备，如果是临时遇到，就要谦虚请教，比如在收到对方的名片时，若名字当中有不认识的字，应当场向对方请教。另一种错误是出于误会，主要是对被称呼者的年龄、辈分、婚姻状况以及与其他人的关系等方面做出了错误判断，比如，将未婚女士称为"夫人"，就属于对婚姻状况的误判。对于女性朋友，若不清楚对方是否结婚，都可以称为"女士"，这样对方是乐意接受的。

2. 亲疏关系不当的称呼

在正式交往中，若是仅有一面之缘或者关系一般就称兄道弟，或是异性之间省略姓氏，直呼其名都是与对方亲疏关系不当的称呼，容易引起对方反感。

3. 绰号性称呼

对与自己关系一般者，切勿去称呼他人绰号，也不能擅自给他人起绰号，或是随便拿别人的姓名乱开玩笑。一些带有侮辱、讽刺性质的绰号，更是要严禁使用。

4. 庸俗的称呼

某些市井流行的称呼，在正式场合中亦应禁用。例如，"兄弟""哥们儿""姐们儿"等一类的称呼，虽然听起来亲切，但显得庸俗，格调不高。

5. 易于误会的称呼

在与人打交道时还要注意文化的差异，一些在国内常用的称呼，比如山东人喜欢称呼别人为"伙计"，但在南方"伙计"就是"打工仔"的意思。有的称呼在他国不一定适用，比如"爱人"在外国人的意识里就是"第三者"。另外，一些不礼貌的称谓在公共场所也不要用，如"老头""小子"等，这些称呼在陌生人之间使用会有不礼貌，甚至有挑衅之嫌。

三、称呼的注意事项

除了了解常用的称呼以及不当称呼，在人际交往中称呼他人时还要注意以下事项：

1. 避免不用称呼

需要称呼他人时，如果根本不用任何称呼，或者代之以"喂""嘿""你"

"那边的"等等，都是不尊重他人的行为，是极不礼貌的。

2. 注意记住他人的名字

当与朋友聚会时，初次见面的朋友能准确地叫出我们的名字时，我们一定会感到惊喜。记住他人的名字，并把它叫出来，等于给对方一个巧妙的赞美。名字不仅是一个人区别于他人的标签，也蕴含了父母对孩子的期盼，每个人都会重视自己的名字，同时也希望别人能记住并尊重它。因此，当别人叫出我们的名字时，我们会认为自己是受到尊重和重视的。

重视他人的姓名会给对方带来感动。

锡得·李维拜访了一个名字非常难念的顾客，他叫尼古得玛斯·帕帕都拉斯，因为名字太难念了，一般别人都叫他"尼古"。李维在拜访他之前，特别用心地念了几遍他的名字。当李维用全名称呼他"早上好，尼古得玛斯·帕帕都拉斯先生"时，他呆住了，过了好一会儿都没有答话，最后他眼眶湿润地说："李维先生，我在这个国家待了15年，从来没有人用我真正的名字来称呼我。"

见过一面的朋友，假若再见时，你能一下叫出他的名字，他会是何等的惊喜与激动啊，记住他人的名字，不但是对他人的尊重，也是树立自己良好形象的有效法宝。

3. 注意礼貌有序

当问候很多人的时候，我们还应当注意称呼的顺序。一般来说，称呼要按照由尊到卑、由长及幼的顺序。称呼能体现说话人的交际能力，也是表达个人素质修养、文化水平的方式之一。称呼时礼貌有序能让尊者感到被尊重。若顺序颠倒过来，不仅尊者长辈会不满意，其他人也会感到尴尬。

称呼是否规范，是否体现出对交往对象的尊重，是否符合彼此的身份和社会风俗，将会影响到双方的交往。随着社会的发展，人们在社会交往中，更希望得到他人的尊重和认可，选对称谓，是开启人际交往大门的钥匙。

第二节　握手的规范与禁忌

握手，是人们在日常交往中彼此用于表达友好的一种礼节，也是最常使用、适应范围最广的一种礼节，见面、离别、祝贺或是致谢的时候都常常用到。它最早开始于原始社会，由于生产力低下，部落跟部落之间常常因为争夺水源、领地、食物等等发生冲突，当人们路遇陌生人时，为了表示友好，就放下手中的东西，双方击掌以示友善。沿袭至今，就成了现在的握手礼。现代社会，握手不仅是一种礼节，在某些特定的场合，还可以表达出不同的含义。握手是一种无声的语言，握手的顺序、姿势、力道与握手的时间长短都能传递出对交往对象的尊重与否，因此，掌握握手的礼仪非常重要。

一、握手的时机

握手是沟通思想、交流感情、增进友谊的重要方式，应当基于交往双方自愿原则，不可强求。文雅得体的握手，往往蕴含着友好、信任、鼓励、接受、祝贺的含义。把握好握手的时机非常重要。

（1）久别重逢时。跟久别重逢的老朋友或多日不见的同事见面时，应热情地主动握手，以示问候、高兴和激动之情。

（2）介绍认识时。当介绍你与他人相识时，应立马向对方伸手并趋前相握，以表示很高兴、很荣幸认识对方，并表示愿意建立联系和进一步洽谈业务等。

（3）遇到熟人时。在社交场合如果突然遇到了自己的熟人，除了口头问好外，还可上前握手表示问候和欣喜之情。若是与有喜事的熟人见面，如晋升、获奖等等，与之见面时应主动握手，以表示祝贺。

（4）迎送客人时。当约好的客人如约而至，应主动热情地与客人握手，以示欢迎。在客人告别离开时，客人同主人握手，以示惜别和珍重之意。若客人是受邀参加活动，送别时主人的握手还表示感谢对方能拨冗光临、给予赏光支持之意。在拜访友人、同事或上司之后，告辞时应握手，以示感谢对方款待，希望再见之意。

（5）祝贺、慰问他人时。当向他人颁发奖状、赠送礼品时，应与其握手表示祝贺。当参加友人、同事或其家属追悼会后离别时，应与死者的主要亲属握手，以表示安抚和安慰节哀之意。

（6）拜托、感谢别人时。当拜托他人帮忙做某件事时，应握手以示感谢和恳切企盼之情。当别人为自己或自己的亲友提供某种帮助时，应握手表示感激。

二、谁先伸手

老朋友相见时，往往是双方一起伸手，紧紧相握，以表喜悦之情。但是在正式的商务、政务场合，握手一定要讲究顺序，遵循规范，不然就容易引起不必要的误会或尴尬，比如下面的这个例子：张先生和刘小姐相亲，经介绍人介绍后，张先生马上殷勤地向刘小姐伸出了手，谁知刘小姐却不搭理他，张先生伸出去的手就这么僵在了空中，十分尴尬。

交往双方在握手时应该谁先伸手呢？一般情况下，握手时应遵循"尊者先伸手"的原则。例如，在职场，应由职位、身份高者首先伸手；在家庭，应当长辈先伸手，晚辈后伸手；在社交场合，女士与男士握手，应由女士先伸手；迎接客人时，主人应先伸手跟客人握手，表示对客人的欢迎；客人告辞时，客人应当先伸手表示感激主人的款待。若在送客时主人先伸手，可能会有驱客之嫌。

三、握手的方法

握手礼除了要掌握握手的时机以及谁先伸手的问题，还要注意握手的方法。握手的方法主要包括四个要素，分别是握手的姿势、时长、力度以及握手时的寒暄。

（1）握手时要以标准站姿站立，距对方约70厘米，为表示尊敬，握手时上身略为前倾，微笑凝视对方；一定要用右手握手，伸出手时，手掌垂直于地面，指尖稍稍向侧下方倾斜，大拇指张开，其余四指并拢，当双方虎口相交时，放下拇指，其余四指握住对方手掌（图5-1）。职场中的握手要掌心相对，以显示真诚。在社交场合和涉外场合，注意异性之间握手，只需握至对方的手指根即可。

◎ 图5-1

（2）握手的时长也有讲究，不宜过长或过短。老朋友久别重逢时，为了表示喜悦和激动之情，又或者是在其他表示鼓励、慰问的情况下，握手的时间可以久一点，一般情况下，握手的时长以2—3秒为宜。握手时间过长，尤其是异性之间，长时间不放手是失礼的行为。若握手的时间过短，会给人不重视、心不在焉、走过场的感觉，同样是不可取的。

（3）握手时应坚定有力，不能毫不用力，这会给人被轻视的感觉。握手时也要注意不能用力过大，用力过大是一种挑衅行为，稍许用力以示热情是非常必要的。

（4）握手时的寒暄也很重要。当我们与他人握手时，热情地向对方问候或者寒暄是礼貌的做法。不能一言不发，或者是心不在焉地跟别人打招呼，会让别人感到难堪，有不被重视之感。握手时的寒暄要注意：一是一定要说话，若是初次见面可以问候或者说"欢迎欢迎""久仰久仰"等，若是告别可以说"再见""再联系""一路平安"等；如果是老朋友见面，握手时的问候可以更加具体，表示我们的关心与尊重。二是要和表情相配合，握手时表情要亲切、热情、专注，要有眼神的交流。

四、握手的禁忌

握手能传达友好、增进友谊，若方式不当，也能让人反感。因此仅仅知道正确的握手方式是不够的，还需要清楚以下几个禁忌：

（1）忌手部不洁相握。跟他人握手时要保证手部是干净无污渍、水渍的。

◎ 握手的礼仪

（2）忌戴着手套握手。按照国际惯例，身穿军服的军人可以戴着手套与人握手，女士在社交场合可戴着薄纱手套与人握手。其他情况下，与别人握手时一定要摘掉手套，表示尊重对方。

（3）忌交叉握手。多人见面时不可交叉握手，当两人在握手时，第三人不可以从这两人手臂的上方或下方越过与第四个人握手。尤其是与西方人握手时，应力戒此举。还要注意握手时不可一只脚在门内，另一只脚在门外，这是另一种交叉握手，也是失礼的行为。

（4）其他禁忌。握手时左手不能插在裤兜里，不能抖腿，不能戴着墨镜握手。

美国著名女作家海伦·凯勒曾说过："握手，无言胜有言。有的人拒人千里，握着冷冰冰的手指，就像和凛冽的北风握手；有些人的手却充满阳光，握住它使你感到很温暖。"掌握了握手的时机、伸手的顺序、握手的方式以及握手的禁忌，让我们在社交场合自信地握手吧。

第三节　行礼的七种方式

在人际交往中，不管是初次见面还是相识已久，为了营造一个良好的人际交往氛围，通常在见面时双方都会以不同的方式相互问候，以示友好，这些见面问候的礼节古已有之，有一些延续到了现在。主要有以下七种方式。

一、拱手礼

拱手礼，是古代汉民族的相见礼，一直沿用至今。《论语·微子》载"子路拱而立"，这里子路对孔子所行的就是拱手礼。

拱手礼常用于非正式场合且气氛比较融洽之时，如春节团拜、喜事祝贺、发言感谢等场合。这种礼节具有浓厚的东方气息，既文明又不影响妨碍他人，更是符合卫生规范的。尤其是新冠肺炎疫情肆虐以来，这种中国的传统礼节被越来越多的人采用。

拱手礼的行礼方法是：行礼者首先立正，上身挺直，两手合抱于胸前。《尔雅·释诂》郭璞注曰："两手合持为拱。"即双手相交而握。做法通常是一手握拳，另一手用掌在外包裹成拱形。那么，哪只手在外呢？这一细节在中国古代有严格的规范。男子吉礼尚左，即左手在外，右手在内；若为凶礼（丧礼）行拱手礼，则正好相反，即右手在外，左手在内。古代女子一般不行拱手礼，而是道万福，现代女士也常用到拱手礼，行拱手礼，与男子相反，按照"男左女右"的原则，吉礼尚右，丧礼尚左。

二、揖礼

古代正式的见面礼使用较多的其实是揖礼。在传统节日春节期间，经常看到各个电视台的播音员和主持人向观众行揖礼。"揖"这个礼节据考证大约起源于周代以前，有3000多年的历史。据《周礼·秋官司仪》载，根据双方的地位和关系，揖礼分为土揖、时揖、天揖、特揖、旅揖和旁三揖。土揖是上对下行礼，拱手前伸而稍向下；时揖是平辈之间行礼，拱手向前平伸；天揖是下对上行礼，拱手前伸而稍上举；特揖是一个一个地作揖；旅揖是按等级分别作揖；旁三揖是对众人一次作揖三下。此外，还有长揖，即拱手高举，自上而下向人行礼。而现代，作揖一般是在平辈之间进行，如果对长辈行揖礼，最好加上鞠躬，如果仅仅用拱手礼，就显得轻狂，有倨傲之嫌。

揖礼，还是要讲究男女有别。清代学者段玉裁在《说文解字注》中说，古代女子行揖礼，"左手在内，右手在外，是谓尚右手。女拜如是，女之吉拜如是，丧拜反是"。意思是说，作揖时，男子左手包住右拳是为吉礼，反之则为丧礼；女子则是右手包住左拳是为吉礼，反之则为丧礼。

三、抱拳礼

与拱手礼、揖礼相类似的还有抱拳礼。据考证，也是源于周代以前，是汉族特有的传统礼仪，多用于习武之人之间。到了明朝，民间习武风气盛行，抱拳礼也在民间得以推广。抱拳礼手态简单，舒适自然，百姓易学易懂，既有请益的意义，也有五湖四海为一家的包容，于是，风行一时。

抱拳礼究竟有什么讲究呢？

抱拳的标准姿势是：男子左脚上前一步，右脚跟上；并步的同时，两手外展环抱胸前，右手握拳，拳心对着自己，拳面向左手；左手四指伸直，拇指弯曲，掌心顶住右拳，两手手臂同时向外前推。通常，抱拳礼不需要鞠躬，身体呈立正姿势。弟子、晚辈对师父、长辈行礼时要上一步；师父、长辈对弟子行礼时不用上步。右拳左掌代表着只是切磋而已，切忌右手抱左拳，是为"凶拳"，或看不起对方，有一决生死之意。

四、合十礼

合十礼又称"合掌礼"，常见于东南亚和南亚信奉佛教的国家。尤其在泰国，人们见面常常以行合十礼相互问候，还可以表示歉意或致谢（图5-2）。

合十礼的行礼方法是：行礼者身体直立，双目注视对方，将两手掌合拢于胸前，保持掌心中空，手掌应当至少保持在胸部的高度，手掌向外侧稍微

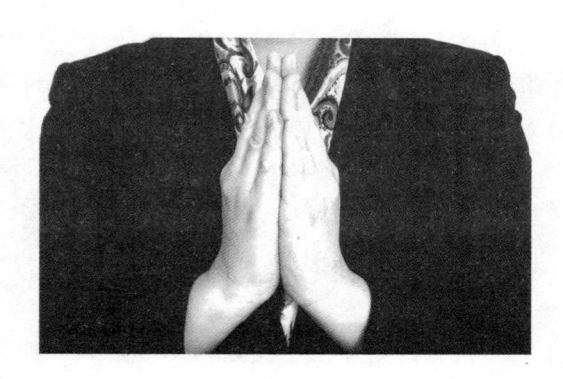

◎图5-2

倾斜，然后欠身低头。通常合十礼的双手举得越高表示对对方的尊敬程度也越高。向一般人行合十礼，掌尖高度与胸部持平即可，若是掌尖高至鼻尖，那就意味着行礼者给予对方特别的礼遇，唯有在面对尊长时，行礼者的掌尖才允许高至前额。地位高和年纪大的人还礼时，手不高过前胸。需要注意的是，合掌的高度不可高过头顶，这是行佛礼的做法。

由于信仰的不同，不同国家和地区的风俗也稍有区别，尽管形式稍有不同，但当他人向我们行合十礼时，我们要尊重对方习俗。如果自己信仰相同的宗教，则还以合十礼。如果不是教徒，可用肃穆的鞠躬礼或注目礼还礼。

五、拥抱礼

拥抱礼起源于古埃及，据说，古埃及人用拥抱礼表示自己身上没有暗藏武器。同握手一样，相互拥抱也是向对方表示友好。现代社会，拥抱礼多用于官方或民间的迎送宾朋或祝贺致谢等场合。

正式场合的拥抱礼，两人相对而立，张开双手，各自抬起右臂，上身稍前倾，将右手环抱对方左后肩，左手轻轻环抱对方右腰后侧，然后双方

◎ 拥抱的礼仪

均向各自的左侧倾斜身体拥抱对方一次，再向右侧拥抱一次，最后再次向左侧拥抱，拥抱的同时可以互贴脸颊以示亲热，也可以伴随亲吻脸颊，拥抱三次后礼毕。在非正式的场合，可以随意一些，不必拥抱三次，拥抱的时间一般很短，持续2—3秒即可。拥抱时双方身体也不可贴得很近。

需要注意的是，拥抱礼在欧美国家广为流行，在大洋洲各国、非洲与拉丁美洲国家也颇为常见，男女老幼之间均可采用拥抱礼。但是在阿拉伯国家，拥抱礼仅适用于同性之间，与异性在大庭广众之下拥抱，是绝对禁止的。在东亚、东南亚国家，拥抱礼也不太流行。随着社会的发展，尤其是新冠肺炎疫情肆虐全球，现在西方人也很少使用拥抱礼了。

六、欠身礼

欠身礼是生活中使用频率较高的一种致意礼节。如在公共场所见到领导、长辈或客户时，均可以使用。

行欠身礼时的具体方法是：将身体正面朝向对方，在平行脚位的基础上，男士、女士均要将双手搭放于腹前，上体以髋关节为轴，前倾15—30度，面带微笑，眼睛看向对方面部倒三角区域，用视线交流。运用这种致意方式时，身体应该形成一条折线。欠身礼在行礼时还应注意停留的时间约一两秒钟，之后再起身，否则会给人潦草行礼的印象。欠身致意礼在生活、工作中不仅可以单独使用，还可以在递物、问候、低手位指引、握手等多种与人交往的场景下综合运用。

七、鞠躬礼

鞠躬礼，起源于中国商代的一种祭天仪式"鞠祭"。当时，祭品牛、羊等不切成块，而是将祭品整体弯卷成圆的鞠形，再摆到祭处奉祭，以此来表达祭祀者的恭敬与虔诚。这种祭祀习俗在一些地方一直保持到今天。人们在现实生活中，逐步沿用这种形式来表达自己对尊者以及长辈的崇敬。

在今天，除中国外，在日本、韩国等亚洲国家，鞠躬礼均是一种非常常见、庄重的礼节仪式。它不仅适用于庄严肃穆的仪式场合，也适用于普通的社交和商务活动场合。当晚辈对长辈、下级对上级、表演者对观众、演讲者对听众等想要传达敬重、感激之意时，均可以通过鞠躬礼来表达。

鞠躬礼的行礼方式是在欠身致意的基础上，把目光由注视他人转为目视地面。鞠躬的角度分为30度、45度、90度，角度越大敬意越深。30度鞠躬通常用于致谢，45度鞠躬通常用于致歉，90度鞠躬通常表示忏悔、改过和谢罪。通常在人际交往中位卑者先鞠躬，且鞠躬的角度比位尊者大，持续时间也更长。

◎鞠躬的礼仪

行鞠躬礼时的具体方法是：在V形脚位的站姿状态下，女士采用前搭手位，男士双手垂放于身体两侧，以髋关节为轴前倾身体至相应角度，同样是身体形成一条折线，保持上身挺直，头部、颈部、后背在一条直线上。身体前倾的同时，以30度鞠躬礼为例，其视线随鞠躬自然下移至前方地面约1.5米处略作停顿，之后以髋关节为轴使身体回复原位，还原的同时仍然保持头部、颈部、后背的挺直，目光亦回复至原位。

行鞠躬礼时，受礼者如是长者、上级、贤者、嘉宾等还礼可不必鞠躬，而用欠身、点头致意以示还礼。

还有一些特殊场合，在使用鞠躬礼时需注意，除葬礼鞠躬时要时间停顿得长一些，日常社交鞠躬不要长时间停顿。如果是戴着帽子，应先将帽子取下，因戴帽子鞠躬既不礼貌，也容易滑落，使自己处于尴尬境地。鞠躬时目光应向下看，表示一种谦恭、敬畏的态度，千万不可一面鞠躬，一面试图眼睛看对方。

以上七种行礼的方式均是通过肢体语言向他人表示敬意或歉意，在日常交往中，我们需要掌握具体的行礼要领及注意事项，以免在需要行礼时出错而贻笑大方。

第四节　近了远了都失礼

李白的诗句："不识庐山真面目，只缘身在此山中。"说的是因距离过近而领略不到事物的整体美，但若距离太远，看不清事物的细微之处也难以欣赏到事物的美。当代社会的人们常说"距离产生美"，这句话出自当代诗人黄颖，说的是人们在欣赏自然美、社会美和艺术美等美好事物的过程中，需要保持适当的距离，否则就会影响或削弱审美的效果。除了欣赏美时需要考虑距离因素，心理学家还发现，任何一个人都需要拥有一个自己能够把握的自我空间，这个空间若被他人突破或冒犯就会感到不自在、不安全，甚至会感到恼怒。

一位心理学家曾做过这样一个实验：在一个空间很大的阅览室，每当里面只有一位读者的时候，心理学家就进去坐在这位读者的旁边。进行了80组这样的试验后发现，没有一个被试者能够忍受在偌大的阅览室里，一个陌生人却偏要坐在自己身边。在人际交往中，我们应与交往对象保持合适的距离，以免造成不必要的尴尬。根据美国人类学家霍尔博士的研究，人际交往当中的空间可以根据双方亲疏远近划分为四个区域：亲密距离、私人距离、社交距离和公众距离。

一、亲密距离

亲密距离是指0—50厘米之间的距离，这是夫妻恋人之间、父母子女之间以及亲朋好友之间的交往距离。这样的距离体现出亲密友好的人际关系。亲密距离又可分为近位亲密距离和远位亲密距离两种。近位亲密距离是在0—15厘米之间，是人际交往中的最小间隔或者说没有间隔，即我们常说的"亲密无间"，在这个距离内，人们可以尽情地表现爱抚、安慰、保护等多种亲密情感，彼此间可能肌肤相触，能感受到对方的体温和气息。远位亲密距离大约在15—50厘米之间，这是一个可以挽臂执手、促膝谈心的空间，人们可以谈论私事，说悄悄话。

在人际交往中，当不属于这个亲密距离圈子内的人进入这一空间时，会令人不安，也会引起对方的反感，尤其是异性。在拥挤的公共场所，如公共汽车、地铁或电梯，因为拥挤而被迫进入这一空间时，我们应尽量避免身体的任何部位触及别人，更不能随意动弹或将目光死盯在对方的身上。

二、私人距离

私人距离也称个人距离，是指距离在50—120厘米之间的区域，刚好能相互握手、友好交谈。这是与朋友、熟人交往的空间，陌生人闯入这个空间是对别人的冒犯。在进行非正式的个人交谈时经常保持这个距离。站得太近会有压迫感，当然太远了也不便于交流。

人际交往中，亲密距离与私人距离通常都是在非正式场合中使用，在正式社交场合则需要保持社交距离。

三、社交距离

社交距离也叫尊重距离、礼貌距离，是指距离在120—360厘米之间的区域。人们在处理非个人事务的场合中，如进行政务、商务或社交活动时，都应注意保持这种距离。社交距离体现的是尊重，也体现出双方交往的分寸，是社交或礼节上的较正式关系。不同的情境、不同的关系需要有不同的人际距离，若距离与情境、关系不对应，就会导致人们出现心理的不适感。

社交距离的近位距离为120—200厘米，一般在工作场合和社交聚会上，人们都保持这种距离。某次外交会谈正在进行，会谈过程中，会谈双方自始至终都靠向沙发外侧的扶手，且身体也时不时往后仰。原来，会务人员在安排座位时没有考虑周全，在两个并列的单人沙发中间没有放置茶几，导致双方距离太近。

社交距离的远位距离为200—360厘米，体现的是一种更加正式的交往关系。比如公司的经理们常常会选择一个大而宽阔的办公桌，给来访者准备的座位也会离办公桌有一定的距离，这样与来访者谈话时就能保持适宜的距离。再如企业谈判时，企业单位招聘面试时，高校大学生论文答辩等等，往往都会隔一张桌子或者保持一定距离，通过保持距离增加正式度和庄重度。

在社交距离范围内，因距离较远，且没有了直接的身体接触，双方在沟通交流时要适当提高音量，并且保持充分的目光接触。如果谈话者得不到对方目光的支持，就会产生强烈的被忽视、被拒绝的感受。

四、公众距离

公众距离也称有距离的距离，是指距离在360厘米以上的区域，适用于大型聚会，如在公共场所听报告、看演出等等。其近位距离约为360—760厘米，远位距离在760厘米之外。公众距离一般出现在较为开放的空间，可容纳人数较多，人们完全可以对空间里的其他人"视而不见"，不予交流，因为彼此之间未必发生一定联系。如作报告、演讲、表演等都属于公共距离的范围，在当众演讲时，演讲者若试图与一个特定的听众交流时，最好能走下讲台，使两个人的距离缩短为个人距离或社交距离，才能够实现有效沟通。

从这四种距离可以看出，人们在不同的场合中因关系的亲密程度而保持着不同的距离，但这种距离并不是固定不变的，它会随着交谈双方的关系、性格特征、社会地位、文化背景、具体情境等的不同而发生变化。

人际交往中，亲密距离与私人距离通常都是在非正式社交场合中使用，在正式社交场合则使用社交距离和公众距离。社会地位不同，交往的自我空间距离也会有差异。一般来说，权力地位较高的人对自我空间的需求相应会大一些。此外，人们对自我空间需要也会随具体情境的变化而变化。比如在拥挤的公共汽车上，人们通常无法考虑自我空间，可若在较为空旷的公共场合，自我空间的需求就会扩大，如前面案例中提到的人少的阅览室，别人毫无理由挨着自己坐下，就会引起不自在的感觉。

在人际交往中，交往双方在空间所处位置的距离也反映出民族和文化特点。如一个英国人去了意大利，他在那儿待了几个月后，朋友问他过得好不好，他回答说："我喜欢意大利，喜欢意大利人，可是在最初的几个星期里我遇到了麻烦，我感觉自己总是在往后退。"朋友大惑不解，他解释说："事情是这样的，意大利人站在一起时，他们之间的距离比你我在英国时的距离要近一些，所以我觉得有点儿挤，就往后退一步，可问题是，意大利人特别热情，他们又往前靠一步，就这样，我不停地往后退。"

多数讲英语国家的人们在交谈时不喜欢离得太近，总要保持一定的距离。当英国人与意大利人交谈时，就会出现上述案例中意大利人不停"进攻"，英国人不断"撤退"的有趣现象。实际上他们交谈时都只不过是想保持自己习惯的空间距离而已。西方文化注重个人隐私，而东方人"私"的概念相对薄弱一些。比如在巴士、火车或电梯内，素不相识的人拥挤在一起，东方人可以容忍身体之间会相互接触的拥挤，而西方人却很难容忍，这是因为不同文化的缘故。

我们了解了"距离产生美"，就能有意识地选择与人交往的最佳距离，同时，通过空间距离的信息，还可以很好地了解一个人的实际社会地位、性格以及人们之间的相互关系，帮助我们更好地进行人际交往。因此，人们在交往时，选择正确的距离是至关重要的，近了远了都失礼。

第五节 自我介绍三要点

自我介绍，在社会交往中必不可少。一方面是向他人说明自身有关情况，另一方面是可以使双方相互认识。自我介绍，就是由自己担任介绍者，向他人介绍自己，使他人认识自己、接受自己，进而信任自己。在人际交往中如何得体地介绍自己，这是我们需要关注的社交礼仪之一。

自我介绍，不仅可以广交朋友，扩大自己的交际范围，减少交往中的麻烦，建立了解和信任的人际关系，还是自我展示、自我宣传的最佳时机。从某种意义上说，自我介绍是开启社会交往的敲门砖。运用得好，可为我们顺利地开展人际交往助一臂之力，反之则可能会带来种种不利。因此掌握自我介绍的诀窍是至关重要的。

一、何时作自我介绍

一天，王晓在幼儿园门口排队等着孩子放学，突然一位女士走过来热情地对她说："你认识我吗？"王晓觉得有点突然又有点尴尬，她仔细端详了对方半天也没想起来对方是谁。没等王晓开口，这位女士接着说："想起来了吗？"此时的王晓更加尴尬了，非常不好意思地说："嗯，有点面熟。"女士有点急了，说："菲菲，我是菲菲的妈妈。"王晓这才恍然大悟，菲菲是自己孩子班上的同学，她跟这位女士在家长群里聊过几次，但是从未见过面。王晓连忙解释说："哎呀不好意思，您的微信头像不是特别清楚，而且发型好像也不一样了，我刚刚真是没认出来。"

从小到大，在人际交往中，我们每个人都离不开自我介绍，自我介绍可以有多种形式，既有口头的，又有书面的，如求职时的个人简历，或详细或简短，或严肃庄重，或幽默风趣。上面的案例中，这位女士在与王晓会面时，若主动作自我介绍说："您好，我是菲菲的妈妈，您还有印象吗？"就不会出现如此尴尬的局面了。通常哪些时候适合我们作自我介绍呢？

（1）社交场合中遇到我们想结识的人。如果找不到适当的人做介绍人，

111

这个时候不妨主动大方地走向对方进行自我介绍。举个例子，在某次会议间隙，你很想认识某个同行，若是直接上前去问对方的姓名："请问您怎么称呼？在哪儿高就？"这种方式会显得很唐突，聪明的做法应该是主动向对方介绍自己："您好，我是××公司的××，很高兴认识您，请问怎么称呼您？"但是要注意，此时的自我介绍应谦逊、简明扼要，要把对对方的敬意真诚地表达出来。还要注意，对于身份远远高于自己的对象进行自我介绍，一定要选择对方的时间空当，不能贸然进行自我介绍，更不能打断对方正在进行的事情进行自我介绍。

（2）求职应聘、参加竞选或是演讲、发言时。这些情景一般都会以自我介绍来开场，因此此时的自我介绍既要简明扼要，又要有特色，充分利用首因效应，给听众留下一个良好的第一印象。自我介绍的质量好坏可能会直接影响到求职、竞选或演讲的成功与否。

（3）在社交场合，若遇到下列情况时，也需要作自我介绍：他人请求自己作自我介绍时；在陌生人共处且对方有交流的意向时；求助的对象对自己不甚了解，或一无所知时；前往陌生单位，进行业务联系或初次拜访不相识之人时。

进行自我介绍，最好选择在对方有兴趣、有空闲、情绪好、干扰少、有要求之时。如果对方兴趣不高、工作很忙、干扰较大、心情不好、没有要求，或正在休息用餐，或正忙于其他交际之时，则不太适合进行自我介绍。

二、自我介绍的顺序

社交场合应该由谁先来作自我介绍呢？一般情况下遵循的礼仪规则是：位低者先行，即由地位低的人先作自我介绍，也就是年轻人先向年长者作自我介绍，职务低的人先向职务高的人作自我介绍；男士和女士在一起，男士先作自我介绍等。

需要注意的是，主人跟客人在一起时，如果双方不熟悉彼此，客人可以先自我介绍。比如，在某次社交聚会上，客人在迎宾时可以先作自我介绍："您好，我是×××公司的经理×××，我代表×××董事长特意向您表达敬意，欢迎您有空到我们公司指导工作。"这是因为社交信息的对等性需要，客人来参加社交聚会，一定事先知道主人是谁；而主人迎候的客人较多，不一定清楚来客的身份，所以，需要客人先作自我介绍。

三、自我介绍的方式

王晓性格内向，在人际交往方面缺乏经验。一天，他应邀参加一名大学同学的生日聚会，席间有不少不认识的同龄人，于是主人建议大家作一下自我介绍。轮到王晓介绍了，他憋了半天，不知道该如何介绍自己，只好说道："我叫王晓，'王'是大王的王，'晓'是拂晓的晓，男，1米76，70公斤，我家住在……"

在工作场合或社交场合，像王晓这种类似征婚广告的介绍是要避免的，自己的家庭住址、身高、体重、电话号码属于个人隐私，不太适合公开介绍，不属于介绍的范畴。

根据不同场合、不同对象，自我介绍的方式有以下几种：

（1）应酬式自我介绍。这种自我介绍适用于一些公共场合或一般的社交场合，如中途邂逅、活动现场、通电话时等等，有时也可以作为不得不作介绍但又不想与对方深交之时的礼貌应答。这种介绍的内容也最简洁，往往只包括姓名一项即可。如"您好！我叫王晓"。

（2）公务式自我介绍。通常是在工作当中或是正式场合中完成的自我介绍。一般情况下，公务式自我介绍的内容包括本人姓名、供职的单位、部门、职务或从事的具体工作等四项要素。供职的单位及部门，第一次介绍时最好全部报出，最好用全称，不仅显得正式，而且可以减少简称带来的误会，第二次才能使用简称。另外有职务最好报出职务，职务较低或者无职务，则可报出目前所从事的具体工作。

举例来说："我叫王晓，是南京××信息科技有限公司的市场部经理。"这四项要素，在自我介绍时，应一气连续报出，这样既能给人以完整的印象，又可以节约时间，不啰唆。

（3）社交式自我介绍，也叫交流式自我介绍，是一种特意寻求交往对象进一步交流沟通，希望对方认识自己、了解自己、与自己建立联系的自我介绍，适合在社交活动中进行。内容包括姓名、职业、籍贯、兴趣爱好以及与交往对象的某些熟人的关系等。比如："我叫李明，湖南长沙人。我和您太太是校友。"

（4）问答式的自我介绍。针对他人提出的问题，做出

◎自我介绍

回答。这种方式常用于应聘、面试时。在交际应酬场合，也会用到。比如，对方发问："这位先生贵姓？"回答说："免贵姓李，木子李。"

自我介绍时还应注意如下事项：

态度要自然、友善，并善于使用体态语言，表达自己的关怀与诚意，同时要敢于正视对方的双眼，显得不卑不亢，从容不迫。

注意语气自然，语速正常，吐词清晰。生硬冷漠的语气、过快或过慢的语速、含糊不清的语音，都会流露出自己的不自信，会影响自我介绍的形象，也会影响彼此进一步的沟通。

自我评价要掌握分寸，追求真实。进行自我介绍时所表达的各项内容切记要实事求是，忌自吹自擂、夸大其词，一般不宜用"很""最""第一"等表示极端赞颂的词，也不必过分谦虚，一味贬低自己去讨好别人。

第六节 多人介绍看顺序

在人际交往中，除了自我介绍，为他人作介绍也是非常常见的。他人介绍，又叫第三方介绍，就是介绍不相识的人相互认识，或是把一个人引荐给其他人。为他人作介绍时，需要注意两点：一是谁来当第三方，也就是介绍人；二是介绍时的顺序。

一、介绍人是哪位

在社交场合，双方不认识，大眼瞪小眼，难免尴尬，这时就需要一位介绍人，那由谁来当介绍人呢？这个要根据场合来定。比如是家里来了客人，或是举办宴会、参加舞会时，介绍互不相识的宾客相互认识，是主人义不容辞的责任。公务场合的介绍人，一般包括以下几种：

（1）专业人士。比如公司、企业、机关单位的前台接待、秘书、接待办主任、其他公关人员等等，迎来送往是他们的工作职责。

（2）本单位身份地位最高者。这是在特殊情况下的安排，比如接待贵宾时，一般应当由东道主一方职务最高者出面作介绍，体现了对客人的尊重和重视，也体现了接待规格，这一点在正规场合尤其重要。

（3）与被介绍人双方都相识的人。在另外一些非正式场合，与被介绍双方都认识的人也可以充当介绍人。当然，如果想认识一个人，我们也可主动邀请另外一个与双方都比较熟悉的人来做引荐人。

二、尊者优先知情权规则

无论是在生活中还是职场中，我们经常需要为他人作介绍，很多人可能会有一点犯难，觉得不知道到底应该先介绍哪一方，有些人甚至没有意识到介绍顺序的重要性。关于介绍礼仪，要遵守一个原则，那就是尊者有优先知情权，换句话就是让更重要的人，优先获取更多他人信息。在一次沟通交流中，拥有更多资讯本身就是尊重的表现，也能够有效提升他在这场对话中的安全感，拥有主动权。通常情况下，位卑者肯定知道位尊者是谁，而位尊者不一定知道位卑者的身份，这个时候，显然应该先把位卑者介绍给位尊者，这样才能使交往双方获取一致的信息。

比如，当我们和一位重要客户在办公室谈话时，老板走了进来，他们并不认识，这时应该为他们作介绍，否则客户会感受到怠慢，老板也会因为不清楚对方的身份而产生误会。再来看下面的案例，如何引荐一个人去结识另一位较有威望的前辈：

介绍人："罗老师您好，这是我大学同学小张，目前在做跨境电商，虽然年轻，但是非常有想法。"

罗老师："哦，小张你好。"

小张："罗老师您好，很荣幸认识您。"

介绍人："小张，这位就是业界非常有名的电商运营专家罗老师，有机会你可得向他多请教。"

小张："久仰大名，早就想来拜访您了。"

罗老师："哪里，哪里，后生可畏啊！"

尊者有优先知情权，主要包括：先把晚辈介绍给长辈，再把长辈介绍给晚辈；先将职位低者介绍给职位高者，再把职位高者介绍给职位低者；先把家人介绍给朋友和同事，再把朋友、同事介绍给家人；先把同事介绍给客户，再把客户介绍给同事。

将一个人介绍给多人时，遵循先把个人介绍给集体，然后按照一定的次序，可以按照职务的高低顺序，由高到低依次介绍。若没有明显的尊卑，可以按照顺时针或逆时针，从左到右，或从右至左等依次进行均可。切勿进行跳跃式的介绍，那样的介绍方法会让人产生厚此薄彼的感觉。

有一些特殊情况需要注意，在一次对话中，一个人可能不止拥有一个身份标签，当多个身份标签出现互相冲突时，应该以哪个身份为依据呢？通常情况下，可以按"尊"比"长"重要，"长"比"主"重要的顺序来介绍。

另外，还要根据环境来决定介绍顺序，比如，领导去慰问困难群众的时候，最好是先把领导介绍给被慰问者，这样做能够体现出领导亲民，也是对被慰问者的尊重。介绍顺序虽然只是一个小细节，但是这些细节中的礼仪却不是死板教条，而是要根据现场环境与当下的目的灵活应对。

作为介绍人在介绍双方认识之前，要首先了解双方是否有结识的意愿，必要时可询问被介绍人的意见，先打招呼，使双方互有思想准备，以防为他人作介绍时冷场。

在介绍前要对被介绍人的情况较为熟悉，否则在介绍时中途卡壳或者出错都是非常失礼的。

在作介绍时还要注意自己的神态，要热情友好、诚心实意，不要给人以敷衍了事或油腔滑调的感觉。在介绍一方时，要注意眼神的交流，应保持得体的微笑。

"介绍是交际之桥"，掌握好介绍的时机、介绍的顺序和介绍时的注意事项，让我们开启一段成功的交流吧。

第七节　小名片大用处

名片自古有之。在古代，王公贵族们身居深宅大院，访客时，通常会给守门人一张"名刺"，请他向主人通报。这张"名刺"是用竹或木削成的薄片，上面写明来访者的身份和来意。随着笔墨纸砚的发明，"名刺"就改用纸来制作，称为"名帖""拜帖"等等。如今使用名片已成为社会交往中的一种通用方式。

名片是经过设计的卡片，既能表示自己身份，也便于交往和开展工作，是社交活动的重要工具。这张小小的卡片不仅是"人脉存折"，能协助我们结交朋友、维持关系，也是自我推介和形象提升的媒介。在社交场合，我们很难有机会能与在场所有人士逐一交流结识，大多数人之间只能握手或简单寒暄几句，在这种情况下，名片就能扮演桥梁的角色，能在短时间内推销自己及所在的公司，协助人际关系的开展，便于今后的交流与沟通。尤其是职场新人、社交小白，不知如何在陌生场合快速展开话题和沟通，不妨就从名片着手吧。

一、不同场合使用不同名片

递送名片，是给别人留下联络方式的简单易行的方法。因此，在不同的场合，针对不同的交往对象，应当使用不同的名片，这样才能给对方留下好的印象。

与一般朋友交往时，应该使用社交名片。社交名片只印姓名、办公电话、通讯地址、邮箱、传真等，不需要印手机号码等内容，否则容易泄露隐私。

与客户交往应当使用商务名片，商务名片应当写明公司名称、公司地址、职务、办公电话、办公手机号码、传真号等等，有的商务名片还会印上公司文化或者企业精神。初次见面递上商务名片，给交往对象正式、可信的感觉。名片正面可以介绍自己，背面介绍公司或宣传公司业务经营范围。

二、如何递送名片

名片只是道具，要让名片变得有价值，关键在于互动环节。名片礼仪的核心内容就是名片的交换，如何递送名片不但是个人修养的反映，也是对交往对象尊重与否的体现。小细节能产生大作用，递送名片时的礼仪细节，将影响对方对我们的第一印象。许多人只想着怎么记住别人，却忘了如何让别人对自己留下深刻印象，推销自己同样重要，否则名片就会减少它的社交价值。因此，递送名片时，应当注意以下事项：

1. 名片的放置

名片代表着我们的形象，应当保持干净整洁，无折叠或破损，一般说来，自己的名片应放于容易拿出的地方，不要将它与杂物混在一起，以免要用时手忙脚乱，甚至拿不出来。名片夹是一个不错的选择，若穿西装，宜将名片置于西服上衣左胸内袋；若有公文包，可放于包内伸手可得的部位，如公文包最外侧的夹层里。不要把名片放在皮夹内、工作证内，甚至裤袋内，这都是很失礼的行为。另外，不要将自己的名片与他人的名片放在一起，否则，慌乱中误将他人的名片当作自己的名片送出，也是非常失礼的。

2. 递送名片的顺序

名片的递送也是有一定顺序的，一般是位卑者向位尊者递送名片。当对方不止一人时，应先将名片递给对方职务较高或年龄较大者，或者由近至远，依次递送，切勿跳跃式地递送，以免对方产生厚此薄彼之感，引起不必要的误会。

3. 递送名片的礼节

向他人递送名片时，应面带微笑，稍欠身，目光注视对方，将名片正面朝向对方，用双手的拇指和食指分别持握名片上端的两角，呈送到对方面前。如果我们在需要递送名片时是坐着的，应当起立或欠身递送。递送时还需要进行必要的寒暄或自我介绍，可以说"我是××，这是我的名片，请多关照"之类的客气话。如果默不吭声地递名片，会让对方感觉你是个缺乏自信的人。在递名片时，还要注意切莫目光游移或漫不经心。

4. 递送名片的时机

递送名片还应把握好时机，才能起到事半功倍的效果。当初次相识，作自我介绍或别人为我们介绍时可以出示名片；当双方交谈较为融洽，表示出愿意建立联系时可以出示名片；当双方告辞时，可顺势取出自己的名片递给对方，以示愿意结识对方，并希望能再次见面，这样可加深我们在对方心目中的印象。

在递送名片时要注意，在尚未弄清对方身份时不要急于递送名片，更不要把名片如传单一样随便散发。这些失礼的举动容易招致他人反感，会在社交活动中起反作用。

三、如何接受名片

在接受名片时，千万别只是木讷地收下名片就没有下文了，应以名片上的内容为切入点，与对方交流，可通过多提问来了解对方，让对方察觉到我们对他的关注，这样做能加深彼此的印象，也更易获得对方的好感。例如某人是某社团组织的成员，他将这个讯息印在名片上意味着这个身份头衔是他引以为豪的，你若加以了解，对方肯定会因为被认可而感到欢喜。

当他人递送名片时，我们应立刻起身或欠身，面带微笑，用双手的拇指和食指接住名片的两角，态度恭敬，让对方感受到你的重视。接过名片时要认真地阅读，把对方的单位、职务、职称、姓氏加尊称一并轻声念出，同时说"谢谢""幸会幸会""能得到您的名片，真是十分荣幸"等等，然后郑重地放入自己的上衣内袋、名片夹、手提包或其他稳妥之处，切忌接过对方的名片后一眼不看就随手放在一边，也不能在手中随意玩弄，更不能随手放在桌上或沙发扶手上。名片放置不当会影响对方对自己的评价，甚至伤害对方的自尊，影响今后进一步的交往。

收到名片后，除了应主动积极了解交流外，还可以在回家后将与对方认识的时间、地点、内容等资料一一记下，甚至可以记下对方的籍贯、兴趣爱好等，为下次会面或联络时提供线索或有价值的话题。

四、如何设计名片

想给人留下深刻印象，名片的设计也很重要。在设计上要兼具实用性和艺术性。能让人留下深刻印象的名片，设计的基本要求应强调三个字：简、功、易。

（1）简：简洁。名片传递的主要信息要简明清楚，因此名片设计必须做到文字简明扼要，字体清晰，内容层次分明。目前国内的名片规格多为9厘米长、5.5厘米宽，不要随意扩大名片的尺寸，也不要随意地标新立异，设计一些另类、浮夸的造型，以免让人觉得有意摆谱。

常见的名片设计有横、竖两种版式。横式的名片是最常见的，行序是自上而下，字序是从左至右，竖式名片的列序是由右至左，字序是从上至下，参考格式如下：

第一行（列）：单位LOGO，单位全称。

第二行（列）：姓名，职务或职称。

第三行（列）：通信地址，电话，邮箱等。

（2）功：注意名片的质量、功效。印制名片一定要选择质量上乘、做工精美的纸张，同时注意环保。强调设计意识，风格要与自身身份和角色相统一。如果是商务名片，需要采取公司统一订制的VI可识别系统，在色彩、字体、排版等方面不能任意进行修改。

（3）易：便于记忆，易于识别。名片设计的关键是要便于记忆，重点关注信息的有效传递，而不是像其他艺术作品那样，重点关注审美价值。它应该具有很强的辨识性，让人在最短的时间内获得所需要的情报。有些名片本身会说话，会推销公司、产品，树立好形象。比如教师的名片，设计可以与所教授的学科特色相统一。历史老师，名片可以充满历史的年代感；英语老师，名片可以体现国际视野、欧美风格……当我们拿到这张名片时，对名片的主人、职业就很容易产生联想，从而留下深刻的印象。

名片虽小，却是社交的"第二张脸"，折射的是个人的修养，架起的是沟通的桥梁。让我们熟练运用名片礼仪，为社交活动开一个好头吧。

CHAPTER 6

第六章
餐饮礼仪

第一节　宴请宾客准备在先

宴请宾客我们在生活中都经历过，如果要为宴请评分，大家会给自己评出怎样的成绩呢？一次成功的宴会一定有很多细节需要关注，如果草率地、毫无准备地宴请，很难给对方留下美好的回忆。而作为被邀约的客人，赴宴也不会是只为吃饭而吃饭，赴宴前多会因主人邀约的理由而前往参加，吃的不是一餐饭，更多的是与主人家的情谊。宴请是商务交往的一种形式，在现代社会不可或缺。要想宴请双方宾主尽欢，达到交流感情、凝聚共识等目的，宴请礼仪需要重视。

首先，在宴请宾客前一定要做好邀约准备。

一、邀约要有诚意

在宴请宾客前需要发出邀约，一个合理、让人印象深刻的邀约理由或者一个明确的宴请主题都是宴请成功的完美开始。大家赴宴时清楚自己今天来的目的是做什么，会使双方的交流更加愉快，也会让整个宴请氛围更为融洽。

我们在发出邀约时一定要态度真诚而坚定。如果别人在准备请我们吃饭时，说得含含糊糊、犹犹豫豫的，这样的邀请多半会被拒绝，因为我们会感受到对方不坚定，并且缺乏一定的诚意，也就是宴请者的态度不够明确、不够真诚。

在宴请宾客时，理由足够充分，客人拒绝的概率就会大大减小。宴请的理由是什么，可以是为了表达感激之情、有事相求、分享庆祝、深表歉意、联络彼此之间的感情等等，根据这些理由我们自然能明确宴请的主题。但如何跟宾客描述这些理由才能让对方无法拒绝，这就需要根据实际情况，选择一种最不容易被对方拒绝的方式方法。我们宴请的理由越充分，就越能体现出宴请者的诚意，自然答应赴宴的概率就会增加。

在宴请时要选好时机。请人吃饭本来是一件好事，我们应该在正确的时间进行正确的表达。比如，和宴请的宾客聊天很开心，氛围和谐，就可以主动提出邀约；当宴请的宾客正在和其他人谈论事情或者聊天时，就不适合发出邀约，一是会打扰对方，显得不礼貌；二是如果宴请的宾客中没有在场的其他客人，会让人家很尴尬，甚至产生厚此薄彼的嫌疑，这时候的邀约多半会被拒绝。如果真心想要邀约对方，一定要提前邀约，如果卡着饭点邀请，会给人不够真诚的感觉。

  大学刚毕业的小刘到一家公司工作，工作的内容与他自己所学的专业不太一致，有很多工作上的事情他不知道如何处理，而且初入职场的他也常常会犯一些小错误。但是小刘很幸运，他的主管领导王经理是一个热心宽厚的人，在工作上主动给小刘提出指导意见，并耐心地告诉其操作方法。当小刘犯错误时，他也正确地进行引导。对一个职场新人来说，这是很幸运的事情，能帮助他很快地融入职场中。

  在王经理的带领下，小刘顺利地通过实习期，他心想着，等他领到工资后，一定要请王经理好好吃顿饭，表达自己的感激之情。于是，小刘很用心地准备请客吃饭，他还了解到王经理的口味习惯，精心地挑选用餐地点，包括餐厅的招牌菜、特色菜他都做足了功课。为此，他还专门去这家餐厅吃了一次饭，熟悉一下餐厅环境，试试菜品的口味，直到自己觉得很满意了，才确定下来。

  工资到手后，小刘非常激动，跑到王经理的办公室，在办公室门口转了几圈，有点紧张，最后还是鼓起勇气，站在办公室门口就直接说："王经理，我想要请您吃饭，感谢您，可以吗？"紧张的小刘忽略了办公室里还有别的同事，恰好是另一个部门的领导正和王经理在聊工作上的事情。当小刘这么一说，两位领导都觉得有些尴尬。小刘反应过来后还接着说："吴经理，您要不要也一起去？"王经理赶紧说："不用那么客气，你只要好好工作就行！"小刘的宴请就这么被拒绝了，或许还给另一位领导留下不太好的印象。

二、邀约有技巧

  宴请宾客，主要目的不是享受美食，而是通过宴请加强彼此之间的联系，宴请成为一种交际的手段，我们在宴请时也需要讲究技巧。

  （1）注意邀约理由。当邀约理由很充分时，便可以直接给宾客发出邀请。在发出邀请时，一定要坚定、有信心、坦诚地告诉对方，这样往往会增加邀约的成功概率。让对方看到我们的主动、热情、真诚，这样的邀约也会让对方比较踏实，不会揣摩我们的动机。有时候，还需要间接邀请。也就是我们用其他的事情作为桥梁顺理成章提出邀请。比如，男士在主动追求一位心仪的女士时，不能太直接，也不能太粗俗，往往会说哪里有一家餐厅味道还不错，环境很舒服，想邀请对方一起去感受一下。又或者说自己珍藏了一瓶好酒，想邀请朋友一起品鉴对饮等等。根据实际情况选择邀请理由。

（2）注意邀约时机。在职场中，有时候也需要把握时机进行邀约，比如饭点前开始和邀约对象聊天，气氛融洽后，时间差不多到饭点了，很自然地说："到饭点了，我们一起吃个便餐吧，反正都要去吃饭。"用这样的方式提出邀约，不太容易被拒绝，但也需要提前了解对方是否有在外用餐的习惯，或是有没有其他约会等，不然也会面临被拒绝的尴尬。

三、邀约的注意事项

在宴请宾客前要做好准备，如果是正式邀约，我们最好采用文字形式，避免口头沟通时出现差错。文字的邀约也显得更加郑重其事（图6-1）。如果我们诚心诚意地邀约，可以在征得主宾的意见后再确定具体的宴请时间。在发出邀约时，如果邀约对象不止一个人，我们应该明确告知对方主人及陪同人员，让对方心中有数，同时也避免了因邀请的客人之间有不愿相见的尴尬。

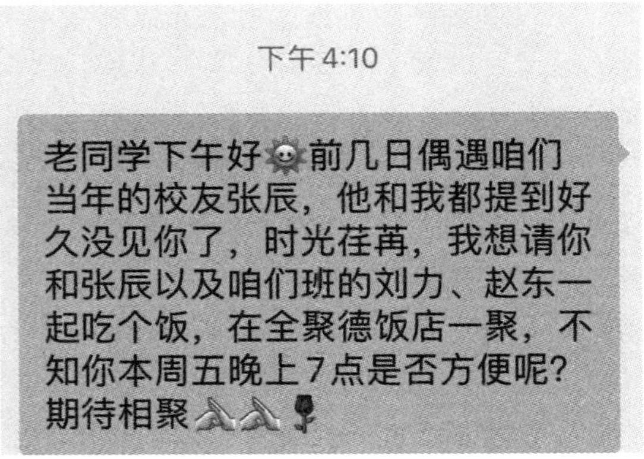

◎ 图6-1

有准备的宴请，会让宴请给双方留下美好、愉快的回忆，你准备好了吗？

第二节　点菜有学问

在宴请中，点菜是一门学问。如果是商务型的宴请，通常会由主人或者主宾点菜，当然也会根据具体情况灵活调整。主方在点菜时，需要注意菜品的口味要适合主宾以及其他客人的口味；如果客方点菜，就需要考虑一下主方的经济承受能力。

在点菜时，首先应尊重客人的饮食习惯，事先询问客人是否有忌口的食材，包括客人是否有宗教饮食禁忌、健康饮食禁忌、职业饮食禁忌或个人饮食禁忌等。比如肉类、海鲜有没有不吃的，有没有忌口的佐料，比如辣椒、花椒等。同时，再询问客人有何喜好，同样包括食材、佐料，比如宴请的客人是四川人，如果菜品全是很清淡的口味，或许这顿饭真的就会让对方吃得淡而无味。

在点菜时还要学会基本的菜品搭配。首先，荤素要搭配，不管是什么样的宴请规格，菜品都需要荤菜和素菜进行搭配，包括荤素的品类、口味，以及营养等。其次，色泽要搭配，菜肴的色泽丰富，容易让食用者更有胃口，要红、黄、绿、白、金色彩各异，避免出现"清一色"的宴席。再次，口味要搭配，要酸、甜、麻、辣、咸口味各异，避免出现"同一味"。五色五味俱全，多偏重尊者的口味。在菜品中最好有飘香之菜，这样从嗅觉上可以很好地吸引客人食用。还要注意适应季节，比如冬天要有暖和的菜品，夏天要有凉爽的菜品。在烹制方式搭配上，可以煎、炒、炖多样化，如有特点菜品或者地方特色时应该尽量体现。

多年前，一位北京的朋友来重庆讲课，待她讲课的间隙，我去接她吃重庆火锅，因为记得她之前没来重庆时总跟我念叨。可当我见到她那天，她一见面就跟我诉苦，说昨天课程主办方很热情，非得请她吃当地江湖特色菜。要知道重庆的江湖特色菜一定离不开麻和辣。在主办方点菜点了一半时，忽然问了我朋友一句，能不能吃辣，朋友有点勉强地说"还行"，就这样，上了满满一大桌菜，只有一个白水汤不辣，其余菜品均有辣椒、花椒。热情好客的主办方在用餐中不断给她夹菜，用餐还没结束，她就感觉上火了。第二天醒来，满嘴的溃疡，嗓子也疼，肚子还不舒服，待她坚持上完一整天的课后，见到我说只想喝白粥。可见，这样的宴请，客人是很难承受的。后来主办方发现我朋友因吃了那顿地道的江湖特色菜后导致了诸多身体不适，十分愧疚。

　　去餐厅时，浏览菜单便可以发现菜品的顺序基本和上菜的顺序一致，所以在点菜时从前往后点即可。我们点菜的顺序应与上菜顺序保持一致，再点和菜肴搭配的酒水。在重要的宴请中，菜肴的品种和主食、水果的品种应该较为完备。

　　比如：a. 冷盘；b. 冰爽的刺身类；c. 较为名贵的主菜；d. 油炸食品；e. 鱼类；f. 海鲜类；g. 肉类；h. 素菜小炒类；i. 蟹类；j. 绿叶蔬菜类；k. 甜菜；l. 汤羹；m. 主食；n. 水果。

　　一直以来节约是美德，现在用餐中也倡导光盘行动，所以点菜的数量要合适。我们要首先了解该餐厅菜品的分量，一般菜品数量是用餐人数减1，最好做到光盘，不要铺张浪费。

　　在所点菜品中，高中低价位的菜品要合理搭配，如果有实价菜，可以先问清楚价格，在不浪费的情况下，尽量让客人吃好，吃饱，吃得满意。

　　有一家跨国公司，业务做得非常好，正好这天有两位美国的主管到中国出差，因领导有事走不开，不能参加接风晚宴，安排公司的小田一定要好好接待。小田十分重视这次宴请，为了表示隆重，还邀约公司其他部门主管参加，凑足了八个人到一家高档餐厅用餐。小田很尊重客人，拿到菜单后就请两位客人先行点菜。这两位来自美国的客人，其中一位能认识简单的中文，另一位完全不认识，也是第一次来中国。于是，请认识中文的那位客人先点了一道菜，菜品的食材是鸡肉。等菜单递到另一位美国人手中时，他说他还是不会点，于是小田提议，由其他人先点，每人点一道菜品，菜品没有重复，也有所搭配。到最后，菜单又传到了那位不认识中文的美国人手中，他很无奈地看着小田，然后小田看了看所点的菜品发现，还缺个汤菜，他就告诉这位美国客人汤菜所在的区域，请他看着图片选一道就好。最后这位客人选了一道酸辣汤，大家也都没有反对，菜品就算是点好啦。没过多久，开始上菜了，上来的第一道菜品恰好就是第一位美国朋友所点的鸡肉。他看着这道菜品满脸欢喜，待服务员将菜品摆放在餐桌上后，他用一口极其不标准的中文说："我就先用餐了。"这几位中国公司的同事面面相觑，但又不好说什么，后来为了避免尴尬，大家只好参照进行，自己负责解决自己所点的那道菜品。直到最后那碗酸辣汤端上桌的时候，这位不识中文的美国朋友表情有点奇怪，看着自己面前这道菜品和大家的都太不一样了，小刘主动起身说，是他自己点错了，这道酸辣汤是他自己点的，他面前那道土豆焖牛肉是这位美国朋友的。最后，为了不让客人感到难堪，小刘咽下了那碗酸辣汤，喝得是热泪盈眶。

从这个案例我们可以看出，中餐和西餐的点菜方法完全不同，中餐需要顾全大局，考虑的是每位客人都有份，而西餐的餐食点来后都是个人食用的。西餐点餐时，入座之后可以先点餐前酒，如果遇到不能饮酒的情况，可以先点一杯非酒精类的饮料。如果可以自主选择，建议不饮餐前酒会更得体。

点好餐前酒或饮料之后，开始点菜。对于不喜欢做选择的人或者不太熟悉西餐的朋友可以考虑套餐，套餐中通常会将前菜、主菜、甜点、咖啡等搭配得较好。还有一种是组合式套餐，也就是按照套餐的基本形式，每个程序可以有多个品种进行选择。点套餐是一种省心省力的做法。

也可以选择随意点，也就是自己在菜单中挑选喜欢的菜品。可以先确定主菜，再根据主菜来考虑前菜、汤等。随意点比较简单的做法是，点一道主菜和一道前菜，然后再根据需要看是否需要点搭配的酒水等。

点菜有讲究，掌握好点菜的学问，有助于给我们的用餐过程留下美好的回忆。

第三节　座次是宴请的敏感点

中国早在周公开始就有宴请的礼仪，经过几千年的历史演变，宴请中的礼仪细节成为衡量个人素养的标尺。现在，宴请中的座次十分讲究，无论是中餐还是西餐，都能从座次中分出身份，看出上下。我们习惯将尊位留给重要的客人，表达宴请者内心对宾客的尊重、友好、热情。宴请时，宾客的座次比宴请中美味的菜肴更加重要，如果弄错了座次，可能会上演一场现代版的《鸿门宴》，因此，座次是宴请中十分敏感的环节。

一、中餐桌次及座次

在宴请宾客前，首先要了解中餐桌次排列的原则：距离进门比较远的桌次，要高于靠近门的桌次，就是我们常说的远门为上。如果两张桌子的位置与门的距离相等，以面对门的方向右高左低；如果两张桌子的位置与主桌的距离相等，以面对门的方向右高左低，就是我们常说的以右为上；当两张桌子跟主桌在同一方向上时，离主桌近的高于远的，也就是近高远低。多张桌子的宴请时，每一桌的主位应该朝向保持一致。

由两张餐桌组成的小型宴会，桌次的排列通常有两种形式。一种形式为两桌横向排列，如图 6-2 所示。两桌横向排列时，以面向正门为准，右为上。

另一种形式为两桌纵向排列，如图 6-3 所示。两桌纵向排列时，以面向正门为准，远为上。

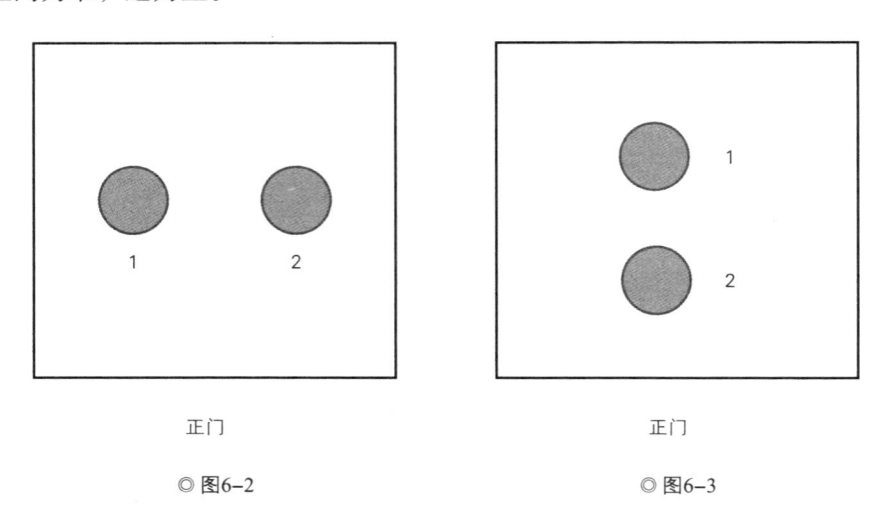

正门

◎ 图6-2

正门

◎ 图6-3

有三桌或三桌以上时，桌次的排列，以面向正门为准，面门为上。以主桌的位置作为基准，其他桌次的排列以距离主桌近为上，与主桌距离相等的桌次以右为上，距离正门远为上，如图 6-4、图 6-5、图 6-6、图 6-7、图 6-8 所示。

现在很多餐厅还有主装饰墙面或风水墙，我们需要以背向主装饰墙面或背靠风水墙为准，桌次要以距离主装饰墙面比较近为上，距离正门比较远为上，如图 6-9 所示。

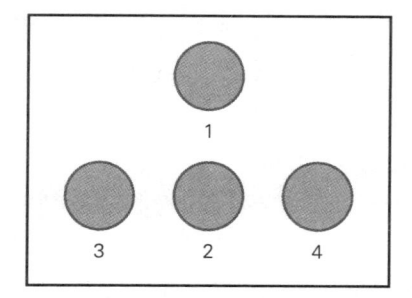

正门

◎ 图6-4

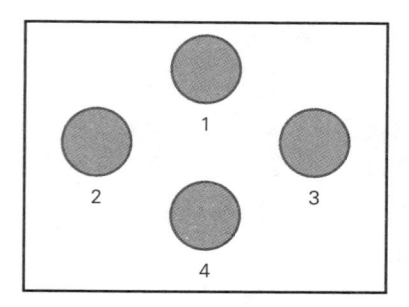

正门

◎ 图6-5

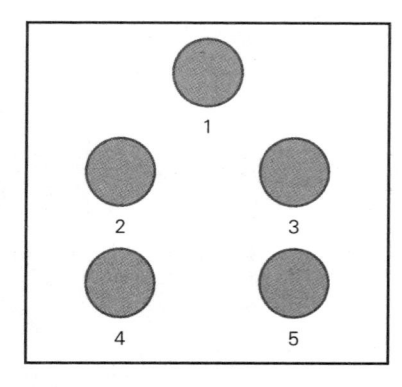

正门

◎ 图6-6

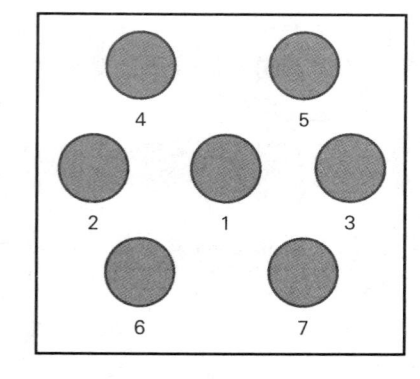

正门

◎ 图6-7

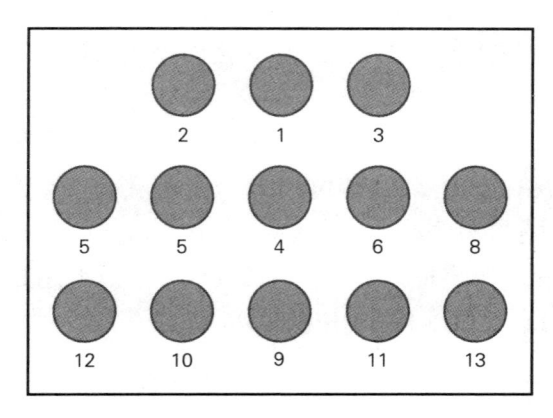

正门

◎ 图6-8

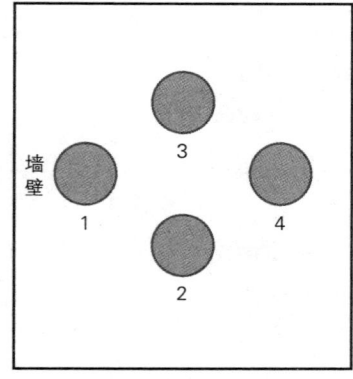

正门

◎ 图6-9

分清了桌次，还需要清楚每一桌的位次。我们在宴请时需要把握尊者先入座的原则。入座时，请尊者先入座，这时候的尊者就是地位较高的人，通常要以本次宴请的目的作为标准进行身份的排列，比如今天是宴请客户，那么客户肯定为尊者。如果宴请的是单位或公司的同事，那么领导肯定为尊者。在家庭宴会中，长辈肯定为尊者，我们需要根据实际情况进行判断并做出正确的安排。

既然是尊者，肯定需要坐尊位。尊位就是常说的上位，通常是大家公认的、约定俗成的座位，要留给受大家尊敬的人坐。现在很多的餐厅，为了显示出位次的尊贵，会将餐巾折成不同于其他座位的造型来标明主人的位置，根据餐巾的造型，我们也可以推断出座次排序的高低。主宾双方可以在桌子的两侧入座，也可以交错而坐。商务宴请总人数常为双数，而政务宴请的陪同人员数量不能超出规定人数。

常见的尊位排序原则有：

（1）面门为上。面对正门的座位为尊位，背对正门的座位为卑位。

（2）居中为上。在三人或多人就餐时，落座于中间位置的是尊者。所以，我们在请客时要请客人落座于中间的位置，自己最好选择坐在客人的左侧。

（3）以右为上。要请客人坐在我们的右侧，自己坐在客人的左侧。因为中餐上菜的时候，服务员摆放好菜品后通常会将菜品以顺时针方向旋转至主宾面前，这样一来，会使客人首先得到关照，让对方感受到我们的细心和重视。

（4）以远为上。在宴请客人时，防止服务人员和其他人的干扰，通常需要将客人安排在距离通道或正门比较远的位置，比如距离墙壁比较近的地方。

（5）观景为尊。现在很多餐厅里，会布置一些美好的景致，甚至还有席间乐。这时，就应将尊位安排在方便观看演出的位置或者观看景致的位置上，让客人在享受美食的同时还能得到精神的愉悦。

在宴请中，位次的排列方法有很多种，结合桌次的礼仪，以及上述尊位的五种原则，在正规宴请中通常有两种不同的位次排列。

（1）每桌只有一个主人时，主宾落座于主人的右侧，副主宾落座于主人的左侧，其他客人以此类推，如图6-10所示。

（2）每桌有两位主人时，我们有三种常见的排列方法：

①主人和副主人身份差别不大时的座次排列，如图6-11所示。

◎ 图6-10

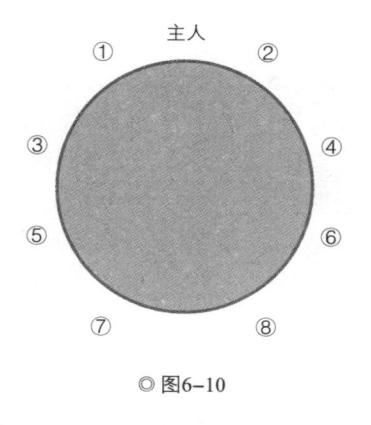

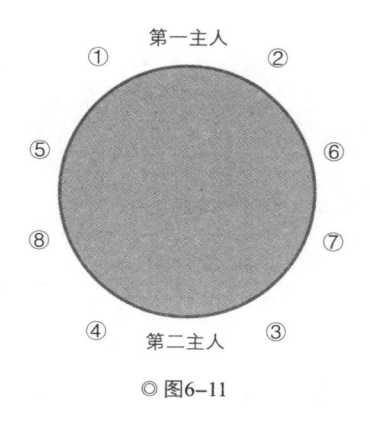

◎ 图6-11

②主人和副主人身份差别很小时的座次排列，如图 6-12 所示。
③主人和副主人身份差别较大时的座次排列，如图 6-13 所示。

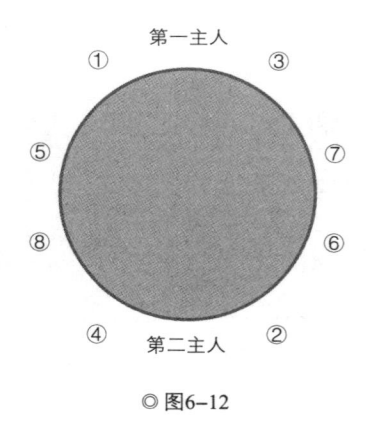

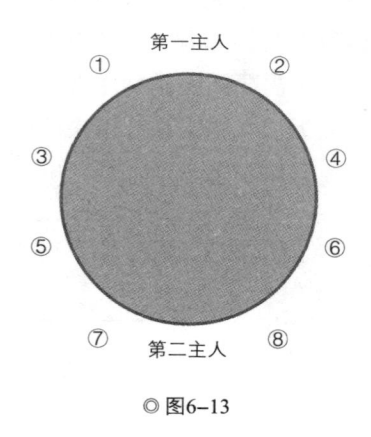

◎ 图6-12

◎ 图6-13

二、西餐座次

在西餐中，一般使用长桌。我们在宴请宾客选择西餐时，同样需要先了解西餐的桌次排列原则。西餐的桌次，同样需要以面对门的方向来定位，右边高于左边，遵循以右为尊的原则；中间高于两边，遵循居中为上的原则；靠近墙面的桌次高于靠近门窗的桌次，遵循靠墙为上的原则；距离舞台近，方便观看表演的桌次比其他桌次高，遵循临台为上的原则；方便欣赏美丽风景的桌次比其他桌次高，遵循观景为上的原则。

西餐的宴请中，通常根据人数的不同，会使用一字形桌、T 形桌、U 形桌（图 6-14）、M 形桌（图 6-15）。

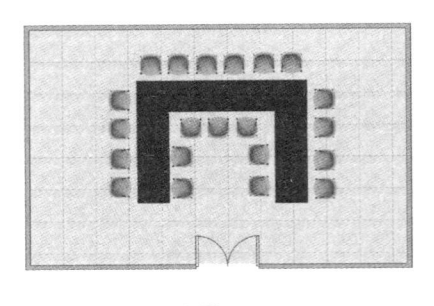

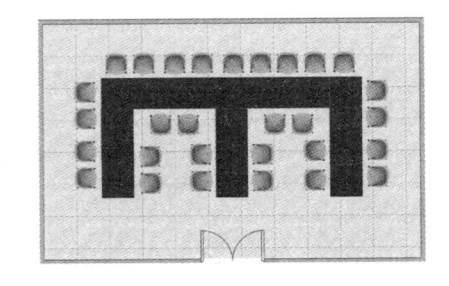

◎ 图6-14　　　　　　　　　　　　◎ 图6-15

明确了桌次之后，同样还需要清楚每桌的座次。西餐中的座次，同样应该遵循以右为尊、居中为上、远门为尊、靠墙为尊等排列原则。在西餐的用餐座次中，男、女主人通常会坐于长形桌的两端，或者是在长形桌的横面中间的位置相对落座。西方人讲究女士优先的原则，所以在宴请宾客用西餐时也应遵循，用餐中的第一主人也都是女主人。在通常情况下，男士和女士需要间隔排列座次。

当男、女主人在长形桌中间相对落座时，如图6-16所示。

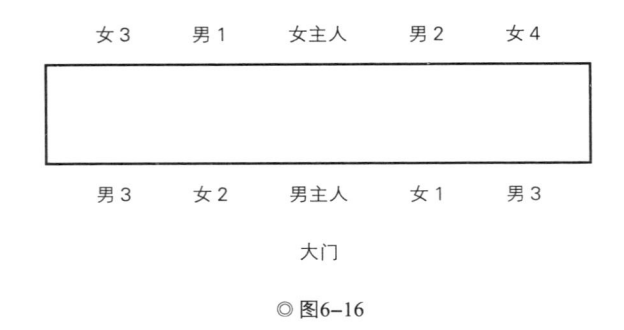

| 女3 | 男1 | 女主人 | 男2 | 女4 |

| 男3 | 女2 | 男主人 | 女1 | 男3 |

大门

◎ 图6-16

当男、女主人在长形桌的两侧落座时，如图6-17所示。

| 男2 | 女4 | 男6 | 女5 | 男3 | 女1 |

女主人　　　　　　　　　　　　男主人　大门

| 男1 | 女3 | 男5 | 女6 | 男4 | 女2 |

◎ 图6-17

第四节　餐具的使用有讲究

　　餐具的选择与使用是餐饮文化的重要组成部分。李白在《客中作》中写道："兰陵美酒郁金香，玉碗盛来琥珀光。"杜甫在《丽人行》中写道："紫驼之峰出翠釜，水精之盘行素鳞。"无论中餐还是西餐，所有的美食都需要通过餐具的恰当选取和使用来辅助和衬托。如何能在觥筹交错之间更加从容、优雅呢？我们需要用正确的方法来使用餐具。

一、中餐餐具的使用

　　在使用筷子时，首先应该掌握正确的持筷方法。关于筷子的使用，要遵守四个原则：一是在用餐过程中，筷子上不要残留食物；二是在与人交谈时，应暂时将筷子放下，不能聊得尽兴时还拿着筷子龙飞凤舞地比划；三是不能将筷子竖插进食物中，因为有"供筷"的说法；四是要清楚地知道筷子的功能只是用来夹取食物。除了以上四个原则，还要注意筷子的集体使用，也就是我们所说的公筷，即不将自己的筷子放进公共菜盘，而使用公用的筷子进行食物的夹取，既保证了干净卫生，也是对其他用餐者的一种尊重，我们需要强化使用公筷的意识和习惯。

　　中餐中，除了筷子的使用要注意，勺子的使用也需要注意。勺子的主要作用是舀取菜肴、食物。但我们需要注意，用勺子取食时，不要舀得过满，以防溢出的菜汁弄脏餐桌或者衣物。舀取一些汤汁多、容易滴漏的食物时，我们最好舀取食物后，暂时在原地停留一下，待汁液不会往下流时，再移动到自己的碟子中享用。在取菜的时候不要取得过多，也不要把几种菜都放在一起，以免混合后影响食物的口感和味道。

　　如果使用公勺，需要将其放回原位，以方便他人使用。当我们暂时不用自己的勺子时，要将它放回到自己的碟子上，不能直接将其放置在餐桌上，或者放置在其他食物中。用勺子舀取食物后，我们应将食物放入自己的碟子中，不可将其倒回原处。如果舀取的食物温度较高，可将舀取的食物放在自己的碗中等温度适宜后再食用，不可直接用嘴对着吹。我们在使用勺子时不能将整个勺子塞进嘴里，或者反复吮吸、舔食等。

关于食碟（盘子、骨碟）和碗的使用可能不同的地区是有一些差异的，有些地区碗用来盛饭、装菜、喝汤，食碟只用来装食物残渣；有些地区，碗只用来喝汤、盛米饭，食碟的主要作用是暂时放置从公用餐盘里取来的食物。这一差异需要提前观察，做到入乡随俗。

在用餐过程中，我们通常会把骨头、鱼刺等食物残渣放在碟子的前端，碟子的前端指距离我们比较远的位置。一般在服务比较好的餐厅中用餐时，服务生会经常为我们更换碟子。

关于小碗是否需要端起来，没有硬性的规定，只需要把握不管是否需要将碗端起，我们都应该以食物就口，而不是把嘴伸过去就食物，要保持自己的用餐形象。

二、西餐餐具的使用

中餐所有的菜品是摆在餐桌的中间供大家共同分享，用自己的筷子或公筷进行取食；而西餐却是在上菜时已将每一道餐食分好，放在各自的盘子里，每一道菜都使用相应的一副餐具。说到西餐餐具，最有代表性的要数刀叉了。

在西餐的正餐场合，一般出现在餐桌上的刀叉主要有：切黄油所用的刀、吃沙拉所用的刀叉、吃肉所用的刀叉、吃甜点所用的勺叉等。它们的用途不同，摆放的位置也不同，常见摆放如图6-18所示。

◎ 图6-18

如果是西餐宴会，刀叉会更多一些，常见的摆放如图6-19所示。

◎图6-19

1—餐盘　2—正餐刀　3—正餐叉　4—鱼刀　5—鱼叉　6—汤匙　7—开胃品刀　8—开胃品叉
9—甜品叉　10—甜品匙　11—面包盘　12—黄油刀　13—水杯　14—红葡萄酒杯　15—白葡萄酒杯

我们在清楚了刀叉的用途后，还要懂得使用方法，才能优雅地享受西餐。在进餐时，始终用右手持刀，左手持叉，一边切割食物一边叉食食物，这是一种公认的、文雅的刀叉使用方法，如图6-20所示。

◎图6-20

使用西餐餐具时，我们应从外侧向内侧取用。一般一道菜配一副刀叉。如果是汤，就单用一只勺子即可。每一道菜品吃完后，服务员会将这道菜品的餐盘和搭配使用的餐具一并收走。盘子上方的餐具是吃甜点用的，英式刀叉的摆放如图6-21所示。

（1）我在休息　　　　　　　　　（2）用餐完毕

◎ 图6–21

最后，在使用刀叉时，我们还需要注意几个细节：

（1）在切割食物时，我们的手肘要下沉，双手的活动幅度不能太大，避免双手拿着餐具在空中舞划，需要保持一种雅观的吃相。

（2）在切割食物时，避免刀叉与餐盘间碰撞、摩擦发出叮当作响的声音。

（3）切割食物时，最好根据自己一次入口的量进行切取。

（4）要使用餐叉叉食食物送入口中，避免用刀直接扎着食物送入口中。

（5）如果不小心将刀叉掉落在地上，不要自己钻到桌子底下去捡，应请服务员帮助换一副新的。

如果用错餐具时，不用紧张，可以请服务生换一下。如果看到别人用错了餐具，不要去提醒，以免发生尴尬。

除了刀叉的使用，还有汤匙和汤盘。西餐中的汤会装在汤盘里端给每位客人，我们需要使用面前的汤匙进行取食。拿汤匙时，用右手拿住汤匙柄中间偏上的位置，手指的姿势就像我们握笔的姿势一样。在汤盘中舀取汤汁时，可以由内向外，汤匙横向地将舀取的汤汁送入口中，也可以将汤匙由外向内舀取汤汁，然后直着匙尖把汤汁送到嘴里。如果盛汤的是汤碗或汤杯，里面还有蔬菜、肉末等固体的食材，可以先用汤匙将固形食材舀起吃完，再端起汤碗或汤杯直接喝汤。

当端上桌的汤汁是盛放在汤盘中时，我们不可以直接将汤盘端起，需要使用汤匙将汤汁一勺一勺往嘴里送。当汤汁使用有杯耳的汤杯盛放时，里面如果是清汤，便可以等待汤汁温度适宜时，将汤杯用手端起。单耳杯就使用单手端起，双耳杯要使用双手端起，然后直接食用。

◎ 西餐餐具的使用

喝完了汤汁，不能将汤匙随意摆放。如果汤杯或汤盘下面有一个可以盛放的盘子，我们在喝完汤时，便可将汤匙放在下面的盘子上。如果下面的盘子太小不方便放汤匙或者没有盘子时，喝完汤时，可以将汤匙直接放在汤盘里，注意摆放时，汤匙的凹面要朝上（图6-22）。

（1） （2）

◎ 图6-22

在西餐中，还有许多不同的杯子需要了解。我们首先要分清楚不同杯型的杯子是用来盛装不同的酒水的（图6-23）。

◎ 图6-23

分清用途后，再来看看使用方法。我们主要需要了解常用的几种杯型的使用。

红葡萄酒杯，通常有两种持杯方法，第一种手握杯柄，如图6-24（1）

所示。第二种手拿杯底,如图6-24(2)所示。

(1)　　　　　　　　　　(2)

◎ 图6-24

还有像白兰地酒杯的矮脚杯,我们可以直接握住杯肚或者将杯身捧在自己的手掌上,如图6-25所示。这样还可以通过手掌的温度让杯中的酒汁温度升高,口感更佳。

(1)　　　　　　　　　　(2)

◎ 图6-25

第五节　餐巾、湿毛巾要这样使用

《周礼·天官·冢宰》中记载了一种官职叫"幂人"，书中载：幂人"掌其中幂"，即用巾覆盖食物之意。当时的幂人专门负责罩护食物和管理餐巾，这可算是世界上最早的餐巾了。在西方的餐桌上，餐巾的出现源于保洁的功能。今日餐桌上的餐巾已是一种东西合璧的产物，更是具有观赏性的餐具之一。当我们正确地使用中西餐中的"巾"时，会让整个用餐过程更得体。

一、席巾

在中餐中，通常把餐巾叫作席巾。在用餐过程中，我们不会使用席巾来擦手或擦嘴。席巾一般有两个作用：一是在用餐过程中，为了避免将食物弄脏桌面和自己的衣服，会使用席巾进行保护；二是通过席巾可以确定位次，也起到美化餐台的作用（图6-26）。

◎ 图6-26

在正式用餐前，服务生会将席巾叠成各种造型的杯花或盘花，增加餐台的美观度，同时也让我们明确主人的位次，方便进行位次排列，因主位的席巾花形通常会比其他位次的席巾花形造型更独特、大气。

入座之后，应将席巾打开铺好，将席巾的其中一角压在餐盘下面，对角线与我们身体对正，顺着台面平铺下来即可，如图6-27所示。

二、湿毛巾

在用餐前，一些规格较高的餐厅都会为每位用餐者上一块湿毛巾，我们把它称作湿手巾，因为它只能用来擦手（图6-28），不能用来擦脸和脖子。在使用湿毛巾擦完手后，应放回盘子里，由服务员收走。

◎ 图6-27

当然，在正式宴会进行中或结束前，如果再上湿毛巾，服务员会将其放置在客人左手边的毛巾篮或毛巾碟上，这时也只可以用它来擦嘴、擦手。

◎ 图6-28

三、西餐餐巾

◎ 西餐餐巾的使用

中餐的餐巾叫席巾，不能用来擦手和嘴，而西餐中的餐巾和中餐最大的不同是，西餐的餐巾是要用来擦嘴和擦手的，所以千万不能像使用中餐的席巾那样，我们要学会正确使用西餐餐巾（图6-29）。

◎ 图6-29

在西餐中，餐巾有多种颜色，其中以白色和乳白色更为正式。通常，在正式宴会时，西餐的餐巾会放在主餐盘上，或者放置于叉子的左侧。如果非正式宴会时，餐巾也可以放在玻璃酒杯里，叉子下面，又或者主餐盘附近的桌面上都可以。如果在餐巾上有一个餐巾环，我们将餐巾从餐巾环中取出后，不能将餐巾环随意乱丢，可以将餐巾环放在盘子左边的桌面上，位于叉子的上方即可（图6-30）。当我们用餐结束后，可以将餐巾放于盘子左边的桌面上，不需要再将其放回餐巾环中，避免人家误以为这是没有使用过的干净餐巾。

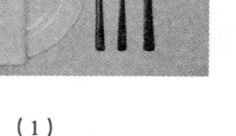

（1）　　　　　　　　　　（2）

◎ 图6-30

常见的餐巾为正方形餐巾和长方形餐巾。餐巾有不同规格，宴会的正式程度越高，餐巾就越大。那么，我们究竟该如何正确地使用餐巾呢？

（1）左侧入座　　　　　　（2）手包放置位置　　　　　（3）托特包放置位置

◎ 图6-31

西餐餐巾需要在我们落座（图6-31）点餐后，第一道菜品上桌之前，打开铺好。在西餐宴请中，一般由女主人或主人将餐巾打开平铺在大腿上之后，其他人才可以将餐巾打开，然后平铺于大腿。我们在展开餐巾时要轻、缓，不要用力抖动甚至拿起来做作地拉开。如果餐巾较小，打开后直接平铺在大腿上。如果餐巾较大，可以将其对折，将折扣朝向外侧（餐桌方向），然后平铺在大腿上（图6-32）。有时候会看到餐巾围在了脖子上，那通常是小孩子的做法。不能将餐巾塞进裤腰里，那样也会显得非常不雅观。

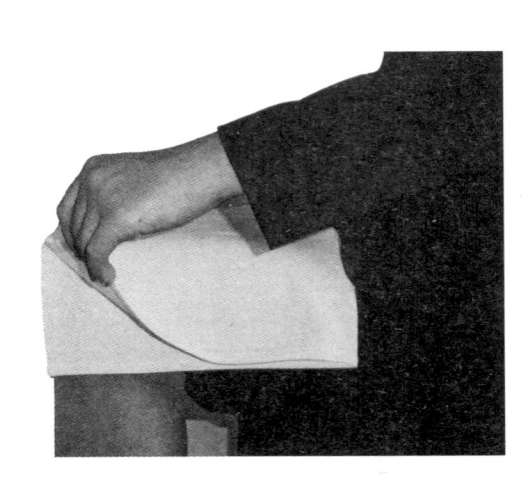

◎ 图6-32

在对折餐巾时可以对折成长方形或三角形，开口朝内，也方便我们擦拭。需要用餐巾擦嘴时，只需要用边角擦拭即可。如需要从嘴里吐出食物残渣等，最好用餐巾进行遮掩。我们在用餐巾内侧擦拭后，将用脏的一面折到内侧会比较雅观，也不会弄脏自己的衣物。

如果在用餐过程中需要离席，最好将餐巾稍微折一下放在椅子面上

（图6-33），这时服务生就知道我们还会继续用餐。尽量不要将餐巾放在椅背上，以免妨碍路过的客人或服务生，甚至碰落到地上去。在正式宴会时尽量不要离席，全程将餐巾铺在大腿上。

◎ 图6-33

在用餐结束后，要等女主人或主人第一个将餐巾放到餐桌上示意用餐结束后，其他人再将餐巾稍微折一下放于盘子左侧的桌面上，最好将弄脏的一面折到里面（图6-34）。如果餐盘被服务员撤走，可以将餐巾放在餐盘放置的位置即可。

◎ 图6-34

在使用餐巾时还需要注意，不能用餐巾去擦拭餐具。如果餐巾被弄脏，可以请服务员换一张干净的。如果餐巾不小心掉在地上，也不要自己弯腰去捡，请服务员帮忙换一下就好。如果有酒水、饮料洒落到桌面上，不要用餐巾进行擦拭，要请服务员来收拾干净。餐巾只能用来擦嘴和手，不可以擦别的脏物。如果自己有带手帕巾或餐巾纸，请将其收好，不要放于桌面上。

希望我们正确地使用餐巾，让用餐过程变得更加愉快。

第六节　中西酒礼有区别

"何以解忧？唯有杜康。"在中西方文化中，酒文化的历史都颇为久远。"无酒不成席"，时至今日，无论是中餐还是西餐，酒礼也同样是餐饮活动中不可缺少的环节。源于中西方文化的差异，中西酒礼有着明显的区别，为了更好地实现宴饮的目的，做到宾主尽欢，我们应了解并掌握一下中西酒礼。

一、中餐酒礼

中餐中的酒以白酒为代表，在根据主宾喜好选对酒品后，我们需要关注敬酒礼仪。敬酒十分重要，不仅体现对来宾的敬意，也可以通过敬酒来促进大家的关系，所以在敬酒前要充分准备，宴会开始之前就要清楚每位来宾的身份，通过座次进行身份判断，并留意周围人相互之间的称呼。切忌敬酒前不清楚对方身份，乱称呼对方开始敬酒。

在正式宴会上，当主人和来宾用餐开始之前，通常主人首先会向全体来宾说明宴请目的，并致祝酒词。这个时候碰杯，应该由主人和主宾先碰。

当餐桌上集体碰杯时，我们应该和邻座的人碰酒杯，对于距离远的人，可举杯致意；或者可在主人举杯示意后跟随大家一起用杯底触碰桌面表达敬意，我们将其称为"过电式"碰杯。

在敬酒时，应该起身站立，右手端起酒杯，同时还可以用左手托住杯底，表示恭敬，面带微笑，目视我们要敬酒的宾客，同时说祝酒词或祝福的话。碰杯的时候，我们应该让自己的酒杯杯口低于尊者的酒杯杯口，以表示对敬酒对象的尊重（图6-35）。如果领导与下属碰杯时，酒杯则不要放太低。

◎ 图6-35

　　如果我们是被敬者，也需要手拿酒杯，起身站立，再进行碰杯，然后将酒一饮而尽或者适量喝下。当有人来给我们敬酒时，即便我们滴酒不沾，杯子里是果汁饮料，也需要起身站立，拿起杯子抿一小口。之后，还要手拿酒杯与敬酒者对视一下，再放下酒杯，坐下。

　　我们在敬酒时要讲究次序，依次敬酒。通常情况下，敬酒应遵循先敬尊者的原则，比如按先职位高后职位低、先宾客后主人、先长辈后晚辈为顺序进行。

　　若餐桌上没有特殊身份的人，可以按照由主宾到主人顺时针的顺序依次敬酒。

　　在敬酒的过程中，我们不能因为特别有求于某人，就只给他一人敬酒而忽略其他人，不给他人敬酒；更不能乱了顺序不顾尊者，跳过领导或长辈而先去给此人敬酒。

　　我们在向领导敬酒时，可以多位下属同时敬领导一人。领导在给下属敬酒时，也可以一位领导一次敬多位下属。但是，一位下属不能一次敬多位领导，多位领导最好也不要一起敬一位下属。

　　接受敬酒之后，我们需要适时回敬对方。在比较隆重的宴会上，主人通常会依次到各桌上敬酒，而我们每一桌可以派遣一位或者数位代表到主人用餐的桌次进行回敬。

　　敬酒中，一定不能强劝，尤其是对身体状况或工作原因不适合饮酒的人，不能强行劝酒。同时，要禁止劝开车的人或公务人员饮酒。

　　以前大家喝酒干杯时喜欢强调"一饮而尽"，但现在，常常会由碰杯的双方在碰杯前协商饮下多少酒量。

　　如果想要拒绝他人敬酒，常用方法有：在宴会祝酒开始之前，主动请服务员为自己倒上一杯非酒精类的饮料,并向大家说明自己不能饮酒的原因;可以请敬酒者允许自己减少喝酒的量,也可以委托亲友、下属或者晚辈代喝。

还需要注意:要平等对待餐桌上的每一个人,如果接受了一个人敬的白酒,就应该接受所有人敬的白酒;若一开始就以饮料代酒,那么这次宴会就始终只喝饮料。

当有人给自己敬酒时,我们不可以把酒杯翻过来,也不可以将对方所敬的酒偷偷洒在地上,这是十分不礼貌的。

如果感觉身体不适,要立刻去洗手间休整,注意自己的形象。

最后,在宴会结束之前,通常大家会一起干杯,也就是我们常说的喝"团圆酒"。如果没有特殊情况,不要拒绝喝完最后的杯中酒。

二、西餐酒礼

西餐中的酒种类较多,它是西餐中非常讲究的一个助餐物,不同的酒会搭配不同的酒杯,不同的菜式也会搭配不同的酒。以配餐方式可以分为餐前酒、佐餐酒和餐后酒。

餐前酒通常是人们在开餐前饮用的酒,它可以起到增进食欲的作用。常见的有:美思酒、苦艾酒、茴香酒等。可以净饮、加冰、混合汽水饮用等。

佐餐酒主要指葡萄酒:红葡萄酒、白葡萄酒、玫瑰葡萄酒和气泡葡萄酒等。

餐后酒通常是在餐后饮用,可以帮助消化。常见的有白兰地、威士忌、金酒、伏特加等。

我们在饮用时可遵循白葡萄酒先于红葡萄酒,年限短的酒先于年限长的酒,没有加糖的酒先于加糖的酒。

关于葡萄酒的品酒方法有以下四个步骤:

第一步,观:观其色。喝葡萄酒都有专用的葡萄酒杯,杯中倒入1/4—1/3的葡萄酒,将酒杯对着灯光,最好以白色为背景,稍微倾斜酒杯观察葡萄酒的颜色与纯度。优质葡萄酒的色泽一般是清澈透明的,没有沉淀,也没有悬浮物。在没有摇动酒杯之前,短促地轻闻几下,感知葡萄酒的原始气味。

第二步,摇:缓慢地摇动酒杯,让酒液在空气中氧化,让酒变得更醇厚，同时散发出更好的香味。摇动酒杯的方法有两种，一种是握住杯柄直接向内摇晃，另一种是将酒杯放于桌面上，用食指和中指夹住杯脚，使手掌贴于杯底并将杯底压在桌面上小心稳妥地旋转，杯中的酒液会随之晃动（图6-36）。

（1） （2）

◎ 图6-36

第三步，闻：摇动之后，拿起酒杯放到鼻部，深深地闻一闻，这个时候闻到的香气就是葡萄酒的酿造香了，味道浓烈、丰富。

第四步，品：把少量的葡萄酒含在嘴里，在舌尖部分多停留几秒，再慢慢咽下，让酒液整个覆盖我们的舌面，充分感受这个葡萄酒的味道，让酒香扩散到整个口腔。

在正式的宴会上，由主人向在座的客人祝酒，起身站立，举杯说祝酒词，然后饮下一小点儿酒后坐下。被敬酒的人应举起酒杯喝下一口，不用一饮而尽，不饮酒的客人可以用非酒精性饮料代替。敬酒完毕之后，被敬者可以再站起来，鞠躬致谢或者提议向主人或其他人敬酒。

在非正式的宴会上，敬酒双方都可以坐着，如果需要向距离较远的客人敬酒时，可以举杯，微笑致意。敬酒双方需要碰杯时，可将酒杯交错略微倾斜，用杯肚轻轻碰撞，这时还会发出较好听的碰杯声，也不易碰碎杯子。

宴会上有重要的来宾时，主人将会在上甜品时建议大家向这位重要来宾敬酒。

147

西餐敬酒同样不能强劝，尤其是因身体状况或工作原因不适合饮酒的人。同样，要禁止劝开车的人或公务人员饮酒。

第七节　西餐的食用礼仪

西餐的菜品非常丰富，每一种菜品都有独特的食用礼仪，掌握必要的西餐食用礼仪是现代人的必修课。

牛排是西餐中一道典型的菜品，大家通常都比较熟悉，操作起来也比较方便，那不太容易操作的食物有哪些呢？

一、餐包的食用礼仪

西餐中的面包，除非它小到能整个放进嘴里并一口吃掉，否则就需要用手掰下一口大小的一块，然后使用黄油刀抹上黄油再放进嘴里（图6-37）。记住，餐包的食用是不用刀叉的。

◎图6-37

二、比萨的食用礼仪

比萨饼作为西餐厅里的开胃菜，一般都是大家分着吃的。通常一份比萨饼上桌时会配有带锯齿的比萨铲，这样就很容易将比萨饼切分开和移走。食用时，可以用比萨铲取一块比萨饼，放在自己的盘子里，然后食用。因为是大家分享，所以我们取一块就好了。不能因为自己喜欢吃就多拿，导致不够分配让同伴吃不到，这会让自己的形象大打折扣。

在餐厅里使用刀叉吃比萨，手上便不会粘上油脂。如果是较为正式的场合，使用刀叉是礼貌、文雅的做法，也易于保持自己的形象。我们在吃的时候应一小口一小口吃，这样便于和同伴进行交流，也避免了想要说话的时候嘴里正好还塞着一大块饼难以咽下去。

比萨饼也可以用手拿着吃，但是也要讲究技巧。我们将比萨饼拿起来，如果面饼硬度刚好是脆的，就可以直接将饼块拿起来，一口一口慢慢吃，食材也不容易掉下来。至于从哪儿开始，是先吃饼尖还是先吃饼边可以根据自己的喜好，如果喜欢余味好的话，可以先吃饼边，不过相应地，操作难度系数也会加大。如果面饼比较软，尖端的部分就容易垮下去，导致馅料掉落。这时候，我们就可以将饼块沿中轴线对折，将馅料裹在里面，这也被称为"纽约折叠法"，据说是因为纽约人认为这样折叠比萨饼，就能将奶酪固定在原来的位置。这样折叠还有一个好处，当奶酪很烫的时候，有点儿饼皮隔着，也不容易一下子被烫到。

在用手拿着比萨吃的时候，即使是折叠起来将馅料裹住了，也需要动用拇指、食指、中指甚至是手掌将其握好，避免边吃边漏馅料。

有的餐厅，厨师还会建议将比萨饼横向折叠之后，再对折一下，形成两个类似口袋的形状，这样一来馅料就被牢牢地包裹住了，当我们一口咬下去时，饼皮和馅料会结合得非常完美。

三、面条的食用礼仪

面条，对中国人而言更多是小面，尤其是重庆人，一日三餐甚至夜宵都可以用一碗小面来解决，方便快捷，还美味可口。而在西餐中，面条通常指的是意大利面。

在欧洲有这样的说法，意大利是西餐文化的开创者，因为意大利面的诞生，才发明了刀、叉和西餐礼仪。意大利人自己吃意面时的习惯是先将面盛到碗里，浇上酱汁或奶酪，再用叉子和餐匙把酱汁、奶酪与意面搅拌均匀，吃的时候只使用叉子将其送到嘴里。

意大利面有很多形状，常见的意面和中国的面条比较像，一根一根，长条状的，不同形状的意大利面吃的时候

◎ 西餐面条的食用礼仪

操作方法也有所不同。在西餐厅吃意面时，餐厅通常会为食客准备一把食用意面的叉子和一把大餐匙。吃像面条一样的意大利面，应将叉子竖起来，每次插上少量的面条，大约四五根慢慢旋转叉子，这时我们可以将叉尖轻轻抵在盘子上，进行水平旋转，差不多将这几根面条在叉子上紧实地绕成了卷儿，然后拿起送入嘴中（图6-38）。如果面条绕得不太紧实，较容易滑下，可以使用餐匙帮忙。仍然用叉子叉上少量的四五根面条，然后用汤匙抵住面条（图6-39），让面条不会滑落下来，这时开始旋转叉子将面条卷好，放进嘴里。

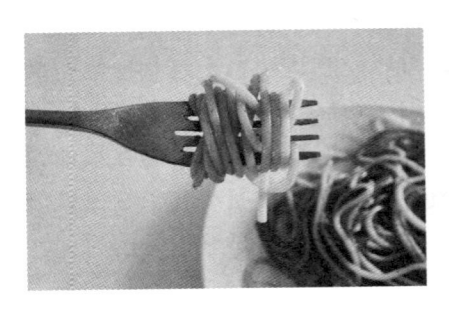

◎ 图6-38　　　　　　　　　　　　　◎ 图6-39

意面和我们吃小面完全不同，不可以将面条挑起并大声吸到嘴里，而是要将叉子上卷好的几根面条一口吃进嘴里，如果一口吃不完将其咬断在盘里也显得很失礼。当遇到面条里有番茄酱或者油状酱汁时，这个面条似乎变得没有黏着力，会增加我们食用的难度，所以更要用好叉子，将面条卷好，避免酱汁搞得四周都是。如果我们选择的面条不是条形的面，就可以直接用叉腹舀起送到嘴里。还需要注意，吃意面时不能与面包同食，在意大利这是一个大忌。

四、鱼类的食用礼仪

西餐的食材中，鱼也是一个非常有挑战的食材，那应如何搞定西餐中的鱼呢？

说到吃鱼，我们常常会条件反射地觉得刺多、麻烦，好在西餐中的鱼多以海鱼为主，刺比较大，主厨们在烹饪的过程中都会把主刺去得很彻底，如果遇到有细小的鱼刺，嚼碎后吞下去即可。在吃西餐时，进口的食物一般不太会吐出来，所以，面对细小的鱼刺较好的应对方法就是吞下。当然，遇到一整条鱼的情况，肯定有鱼骨，比如法式炸鱼之类的。这时候就需要用叉子来压住鱼身，然后用鱼刀从鱼肉和鱼骨中间插进去，使鱼肉和鱼骨分离，可以先将分离下来的这一半鱼肉吃完，剔下鱼骨，将其放在餐盘的远端，再继续享用另一半的鱼肉。其实，我们还会发现鱼肉很容易碎掉，在切的时候需要讲究点技巧，可以沿着鱼肉纹理的方向来切，这样不容易碎掉。如果鱼肉已经碎掉，可以将叉齿朝上，用鱼刀将碎鱼肉拨到叉子上，再使用叉子将鱼肉喂进嘴里。吃鱼时，切忌将鱼翻过来。请看下面的例子：

◎ 颗粒状食材的食用礼仪

一次，朋友请客吃饭，安排的就是西餐。赴宴的客人中正好有一位是做船舶货运的，坐在他旁边的是一位女士。主人考虑到女士的爱好，特意点了鱼。结果从鱼上桌开始，这位女士不停将鱼翻来翻去。她旁边的做船舶生意的客人脸上的表情越来越难看。最后，这顿西餐因为这位女士不懂鱼类食材的食用礼仪禁忌不欢而散。

五、颗粒状食材的食用礼仪

在西餐中还会遇到颗粒状的食材，比如一些沙拉，里面有玉米、小红豆之类。这时，通常可以用右手拿叉，叉齿向上，直接用叉腹舀起来送进嘴里即可。

今后，如果吃西餐，遇到这些难操作的食物时，您一定都能搞定了。

第八节　自助餐怎样吃好吃饱

自助餐是一种非正式的西式宴会，它更自由、方便，因此深受人们的喜爱。虽然用餐形式比较随意，但面对琳琅满目的美食，在食用过程中我们都会将自己的性格、素质展现出来。所以即便是吃自助餐，也需要保持自己良好的形象。那么，究竟怎样做才可以吃好吃饱呢？

一、取餐

　　国内的自助餐并不是全都以冷餐为主。常见的自助餐会有冷菜、热菜、汤羹、甜品、点心、水果以及一些酒水等等。首先，我们需要了解自助餐的取菜顺序。顺序兼顾了中餐和西餐的取餐习惯，依次为：面包和黄油、冷菜、热菜、汤、甜点和水果、咖啡。清楚取菜顺序后，还要排队，按照取菜的顺序，沿着餐台顺时针方向进行。如遇到餐厅布局不同，大家都逆时针排队取餐时，自己也应和大家同一方向排队取餐。取餐时，不能直奔自己喜欢的菜，不可以插队，也不能让晚到的朋友直接站到自己这里来取餐。

　　取餐前一定要先洗手。现在，通常在餐厅门口都有免洗消毒液，就用它涂于双手并自然晾干。在自助餐取餐时，人人都会接触公用的餐具，所以每一个人的卫生都和其他人的健康息息相关。在取餐中，不要有用手揉眼睛、抓头发、抠耳朵、挖鼻子等动作，也不要伸手去触摸一些不干净的东西，因为我们的手需要去拿公用的餐具，这些行为就让别人感到很不舒服，自然印象会大打折扣。

　　取餐前，应先准备好盛放菜肴的盘子，取餐时要使用公用的餐具进行操作，不可直接将自己的餐具伸到公共的菜盘里，更不能直接用手取食物。一般每种菜品都会配备专门的公用取菜餐具，避免菜品串味（图6-40）。通常在有加热设施的热菜旁边另备有一个放置公用餐具的盘子，取完菜后，一定要及时将公用餐具放回固定的位置，方便其他取餐者使用。不能将公用的取菜用具一直握在手中。

◎ 图6-40

在取餐时，不论是拿空盘子或空杯子，都请取用最上面的一个，动作要轻缓、准确，并且注意不要碰到其他的盘子或杯子。

绝对不能对着食物打喷嚏或咳嗽。正确的做法是迅速转身背向食物，用手肘捂住鼻子和嘴。如果直接用手去捂鼻子和嘴，打完喷嚏后又不立刻去洗手消毒的话，很容易通过手接触公用的餐具，并将细菌病毒传染给别人。

取餐时，身体不要距离餐台过近，不要和朋友聊天，以防唾沫满天飞，还耽误取餐。

取餐时，不能在公用的菜盘里挑来选去，夹到自己盘子里的菜品也不可以再放回公用菜品中。夹菜时不要慢悠悠的，这会耽误后面的人取餐。

取到盘子里的食物，不能一边排队取餐一边享用起来，边吃边拿会有失风度。尽管这些美食真的很诱人，也需要等我们踏实坐下之后，再拿起餐具开始享用。吃自助餐时，在既要取饮料又要取食物时，可以先取饮料放到桌上，再去单独取食物。

吃自助餐讲究"多次取餐"，一般可以取两到三次。第一次取餐后，再取一次主菜和主食，拿一次汤、羹，最后拿取一些水果。如果一次取菜后还想继续，也可以再取同一种菜肴，这都是可以的。我们要吃完一盘之后再去取新的，没有吃完就不要再去取新的。建议大家先观察一下菜品的种类，心中有数，少量多次，避免浪费食物。

每次去取餐的时候，要记得重新拿一个干净的盘子，不要端着自己取过餐的盘子反复取餐。

每次取餐时要少取一些，尤其是在感到饥饿时，比较容易取多量，这会让我们失去品尝更多美食的机会，也会导致不能光盘而显得失礼。千万不要"眼大肚子小"。

我们还要坚决杜绝"扶墙进，扶墙出"。在很多时候吃本身不是第一位的，尤其是在一些商务活动中，如果控制不好"怎样吃"，可能就会给商务交往对象留下缺乏素养的印象。

掌握正确合理的取餐方式，是我们吃好吃饱的前提和基础。

二、进餐

根据自己的口味和喜好挑选好了相应的菜品，接下来就是进餐，同样需要注意自己的吃相。

对于不同的菜品，要有不同的操作，比如：在吃面包时不要直接用嘴咬，每次撕下一块，大小以刚好能一次放入口中为宜，用黄油刀涂上黄油，再放到嘴里。吃牛排时，同样需要正确使用刀叉进行操作。如果要喝咖啡，咖啡勺只能起到搅拌的作用，不能直接将勺子放入口中，搅拌完成后，要将勺子放回碟子上。如果需要加糖，也不能直接使用自己的勺子，而是使用公用的夹子夹取后放入杯中。

如果是商务自助餐，在用餐过程中，我们就不能只顾自己埋头吃饭，注意力集中在美食上而不与他人交流。在进餐时，尽量和大部分人保持一致，不要太慢或太快。

三、离席

自助餐用餐不仅是一个自助的过程，还是一个人是否自律的体现。用餐完毕后要清楚是否需要自己把餐具收拾送回，如果不用，也请大家在离席前对自己的桌面稍加整理，不要给人留下凌乱不堪、一片狼藉的画面。

如果临时有事需要暂时离开，在离席时，一定要把餐巾放在座位上，让服务员清楚还未用餐完毕。如果用餐完毕，准备离席，就可以直接将餐巾放在桌子上，服务人员就知道我们已用餐完毕，会主动收拾干净桌面，所以我们要正确地使用餐巾。

离席时，不许将食物带走。自助餐的规则都是一样，即使是自己盘子里吃剩下的食物也不允许带走。悄悄带走，便会给人留下贪小便宜的印象。

吃完自助餐，在离席时，如果遇到需要打招呼的情况，要尽量简短些，不要影响其他人的用餐气氛。

有的自助餐是没有座位的，尤其是在一些商务活动中，大家都是站着用餐。那么，站立时只能用一只手拿着盘子或杯子。如果非得同时拿着盘子和杯子，正确的操作方法为：用左手的拇指和食指拿盘，剩下中指、无名指、小指与手掌握住杯柄。这样，我们的右手就可以灵活操作了，可以拿叉吃菜，也可以将叉放在盘上时，和别人握手。

吃自助餐时如果要请求帮忙，依然要使用礼貌用语："请您……好吗？""麻烦您帮我……"不管在何时，礼貌用语的使用要形成习惯，将这样的习惯转为自己的素质。

自助餐已成为一种越来越普及的用餐形式，所以我们要了解一些基本的用餐礼仪，才可以在吃饱吃好的同时，体现出个人的品位与教养。

CHAPTER 7

第七章
馈赠礼仪

第一节　怎样选择礼品

礼品，对于人际交往有着非常重要的作用。它可以拓展关系、巩固关系、增进情谊等等。而礼尚往来也成了一个全球通用的法则。礼品送得好，可以让双方关系得以改善；送得不好，可能损害双方的关系。所以，在送礼品之前要学会合理地选择礼品。

怎样来选择礼品呢？这就需要对接收礼品的人进行观察、了解。我们观察得越细致，了解得越深入，对选择出合适的礼品帮助就越大。当然，我们也需要具备一定的想象力，这样才有可能让接收礼品的人能愉快接受，甚至还会为他们带去惊喜。

在选择礼品的时候，我们需要从以下四个方面进行考虑。

一、突出特点

在选择礼品时，我们应先明了送礼品的目的是什么，是用来迎接客人时表达热情欢迎，还是在告别时表达不舍留作纪念，又或者是表示祝贺或者感谢等等。不同的情况下，礼品代表不同的含义，所以应该根据不同的情况考虑不同礼品。选择礼品时，需要根据不同情况突出礼品的特点。

（1）礼品的观赏性。礼品需要具有观赏性，礼品一定是外形要美观，做工要精致，材质要良好，并且具有美好的寓意等等。比如，玉器、瓷器、字画、绣品等都是人们喜欢选择的。

（2）礼品的实用性。虽然在送礼的过程中，礼品的实用性不是我们考虑的首要因素，但是，如果选择的礼品恰好能成为接收礼品者生活或者工作中需要的一部分，那这个礼品的价值就一定会增倍。它不仅可以让接收礼品的人回忆与送礼人交往时的美好情景，使情谊常在，还因为是自己生活或者工作所需，起到两全其美的目的。比如，一只茶杯、一个笔筒、一条丝巾等，这样的礼品都可以在日常生活和工作中把双方联系在一起。

二、突出意义

在选择礼品时还需要考虑礼品的象征性和纪念意义。

一个国外的商务合作伙伴携一家三口到中国成都旅游，小朋友去看了中国的国宝——大熊猫。临别时，为了表达情意，中方代表为这位外宾准备了一个有三只熊猫的刺绣品作为礼物送给他们。当他们打开礼物时，全家人都感到惊喜，说这是他们在本次中国之行收到的最喜欢的礼物。回到自己国家后，他们看到熊猫绣品就会想起中国，想起这次愉快的合作经历，他们经常和朋友们分享难忘的成都之行，也经常肯定着中方接待人员的高素质。

三、突出需求

礼品，本来是一种情感的表达，在了解了接收礼品之人的需求和爱好后，再进行选择，就很容易为收礼之人带去惊喜，双方之间的情感自然加倍。因为，接收礼品的人常常认为，只有了解和关心自己的人，才会知道自己需要什么，喜欢什么。

在学校任教时，作为礼仪老师的我常常穿着西服套装，但又不想给大家带来老气、呆板、落伍的感觉，所以，我常用各色丝巾来点缀服装，这样，不仅漂亮还增加了几分亲和感。

有一年的教师节，当我走进课堂时，学生们的表情十分可爱，眼神都示意我望向讲台桌上，于是我有些好奇地走到讲台桌前，一个特别精致的手工盒子出现在眼前。我有些惊奇，心想这是什么呢？学生们一副很期待我打开它的眼神，比我还心急，说："老师，赶紧打开看看吧！"

于是，我小心翼翼地打开盒子，一条精美的丝巾让我眼前一亮，丝巾上边还有一张手工做的卡片，上面写着：

祝您节日快乐！谢谢您总是给我们带来美好的礼仪课堂！
爱您的：2011级1班42名学生

那一刻，我特别的感动，那种惊喜和美好真的很难用言语来表达，因为在那份礼品里包含了太多的情感。无论是礼品的选择、祝福的手工贺卡，还是礼品的包装盒、包装纸的颜色，一看，就知道是精心准备并且十分了解我的人送来的。

四、避开禁忌

在选择礼品时，还要尊重接收礼品者的个人禁忌。所以，我们需要细致地了解收礼之人的爱好、文化背景、民俗习惯等等，避免选择的礼品给对方造成误会而起到适得其反的作用，好心办了坏事儿，这样的礼品反而会损害双方的关系。

比如，我们要给一位珠宝专家送礼，准备的礼品是一份在商场买来的珠宝饰品，这样的礼品会让对方认为我们很没眼光。选择礼品时，不能给别人送钟、伞、梨、鞋等等，因为，这些物品的谐音让中国人十分反感，"送钟"和"送终"发音完全一样，如果对方收到这样的礼品，显得十分不吉利。

从礼品的颜色来看，在西方国家中，白色通常代表纯洁无瑕，但是在中国，可能会与贫穷、丧葬联系在一起。红色在东方代表大喜之色，而在西方则代表着流血、牺牲，象征着危险、紧张，除了在圣诞节大量使用外，平时较少使用。

从礼品的数量来讲，中国人比较喜欢双数，也有"好事成双"的说法，所以，送礼品时喜欢挑双数成对送，但双数中又比较忌讳"4"，因为这跟"死"字的发音很像。但西方人往往喜欢单数。日本人忌讳数字"4"和"9"，新加坡人忌讳数字"7"，欧美人忌讳数字"13"等等。因此，在送礼品时一定要了解各个地方的习俗，避免弄巧成拙。

除此之外，还要在选择礼品时搞清楚一些礼品特定的含义，比如玫瑰花轻易不要送女士，除非你想示爱。而领带、腰带这样的礼品不要轻易送男士，如果女孩子选择这样的礼品送异性，可能会引起一些误会。

第二节　怎样送出礼品

礼物选择得再好，也需要将它送到对方手里，这样才能达到表达感情的目的，才能实现礼品的价值。要想将选择好的礼品顺利送出，并且接收礼品的人还要乐于接受，这也是需要讲究方法技巧的。我们来看看怎样送出礼品吧。

一、赠送的时机

在送出礼品的时候，要注意选择恰当的时机。如果我们莫名其妙很唐突地给他人送礼品，接受礼品的人搞不清楚情况，也不敢贸然接受，甚至会引起一些误会。

通常情况下，可以选择这样一些时机送出礼品。

（1）逢年过节的时候。逢年过节往往是中国人送礼的绝佳时机，此时送礼不会显得唐突。

（2）聚会或赴宴的时候。如果有聚会，可以提前或者参加聚会的时候送出礼品。如果参加比较正式的宴会，通常在宴会结束的时候送出礼品；如果是家宴，可以在宴会开始前送出礼品。

（3）在双方会见或者是会谈的过程中，一般会在见面时或临别告辞的时候送出礼品，表达心意。

（4）在迎接或者送别客人的时候，常见的情景是在机场的接机大厅，总会看到人群中有几个抱着漂亮精致的花束等待的接机者，这花束能充分表达出接机者的热烈欢迎之情。

二、赠送时的表达

在送出礼品时要学会恰当地表达，通过恰当的语言表达来让接收礼品的人欣然接受。

（1）说明送礼的意图。选择好送礼的时机后，在送出礼品前需要跟对方先问候致意，简要寒暄，待氛围融洽之后，再简明扼要地跟接收礼品的人说明送礼的意图。注意语言应该委婉些，比如说，"祝你工作事事顺意、步步高升""非常感谢您上次对我的帮助"之类的能表达心意的语句。

（2）介绍礼品。当赠送礼品时，送礼者需要对礼品的特点、寓意以及使用方法等适当说明一下。如果需要通过邮寄的方式送出礼品或者托人转送礼品时，应该附上一份礼笺，并在礼笺上写明送礼的缘由，同时注意用词规范、礼貌。如果是当面送礼品，在说明送礼缘由和礼品寓意等情况之下，还需要附带说一些礼貌的吉利敬语等。

切忌在送出礼品时，跟对方表达这份礼品很贵重，希望对方好生保管之类的话语，千万不要去强调这个礼品的金钱价值有多么大，而应该着重表达这份礼品的感情价值。

三、赠送时的规范

在送出礼品时还应注意以下几个细节的规范：

（1）礼品的包装要规范（图7-1）。礼品的精美包装可以增加这份礼品的神秘度和审美情趣，从而提升礼品的价值和意义。一个精美的包装是礼品的重要组成部分，选择包装与选择礼品同样重要，不仅可以体现出送礼之人的态度，还能突出送礼之人的美好祝福。有时候我们也常常会感慨，现在很多礼品的包装十分讲究，确实，礼品包装精致，会让人觉得珍贵甚至爱不释手。包装礼品的盒子是什么材质，包装纸是什么颜色、什么花纹，甚至手感好不好都会成为我们在选择包装时需要考虑的要素，用心送礼会把每一个细节做到实处。另外，不论我们花了多少钱购买这份礼品，在将它送出之前，请一定要将礼品的价格标签撕掉。如果在送出时还明码标价，会减弱礼品的情感价值。如果遇到托人转赠礼品时，可以将自己的名字写在卡片上，然后放于信封中，再将它粘贴到礼品纸上，这样会显得比较隆重；也可以准备专门的礼笺，在上

◎图7-1

面写好需要表达的内容，然后将它放在礼物盒内，让接收礼品的人更真切地感受到我们的祝福。

（2）送礼时的形象要规范。我们在当面送出礼品时，还要注意自身的形象。仪容整洁、服饰规范、仪态大方是最基本的要求。在递交礼品时，应起身站立，面带微笑，眼睛注视对方，双手捧送，将礼品递交对方，并留出对方便于接收的位置，同时送上美好祝愿等等（图7-2）。通常情况下，接收礼品的人会委婉推辞，一种情形是出于礼貌客气地推让，而另一种情形就是要拒绝礼品。如果对方再三推辞，不要勉强，也许对方确有为难之处，我们要学会读懂对方的意思。曾听到过朋友分享，她当场被迫接收了一份礼品，结果第二天她硬是又将礼品退了回去，事后很长一段时间双方见面时都显得十分尴尬。

◎ 赠送礼品的礼仪

（3）送礼的顺序要规范。在某些场合，如果需要同时向多人赠送礼品，一定要注意接受礼品者各自的身份，应按照由高到低的身份顺序赠送。这样做会让收礼的人比较容易接受。如果我们不清楚这些礼节，将礼品首先送给了一位身份相对较低的人，想必他不会直接收下这份礼品。如果双方都有多人在场时，比如，赠送给整个团队或来访一行的人时，就需要由送礼方身份最高的人代表本方将礼品送出并有所说明。

◎ 图7-2

第三节　怎样接受礼品

送出礼品有讲究，才能让接收礼品的人欣然受礼。那么，我们要怎样接受礼品呢？接受礼品同样需要有礼貌，要注意以下几个方面的问题。

一、真诚感谢

当我们接受礼品时，一定记得要真诚感谢对方。

（1）收礼要大方。在接受礼品时，要落落大方，要站起身来向前迎接，这一举动表明我们迎的并非礼品，而是表达对送礼之人的尊重。接收礼品时的表情要自然从容，面带微笑，目光注视对方，耐心认真地倾听送礼之人要表达的意愿并及时回应。在收受礼品时要记得双手接过来。如果是较为正式的场合，还要与对方热情握手表示感谢。切记不能畏缩，表情不能高傲冷漠，眼睛不能边打量送礼之人边打量礼品。再有，如果对送礼之人没有任何回应，就容易让对方产生一些负面的想法。

（2）致谢要及时。在接过对方礼品的同时，除了用身体的无声语言表达"谢谢"外，肯定还需要有声语言向送礼之人道谢。通过"谢谢"这个词语，要表达谢意的不是接受的礼品，而是送礼之人的这份情感，所以一定要发自内心地真诚表达。仅有"谢谢"这个词、这句话显然不足以表达我们的真诚，如果只说一句"谢谢"或"谢谢您"，会给人一种比较敷衍的感觉。在接受礼品时，我们要仔细倾听送礼之人对礼品的说明，然后在表达谢意回应对方的时候，可以找一些相关联的话语。比如，通过对方的表达，我们了解到该礼品正是自己喜欢收集的邮票，可以说："实在太感谢了，我非常感动！您竟然知道我喜欢集邮，太有心了！"或者也可以比较中性地表达："您确实很懂我，真的是太好了，我非常感动，谢谢您！"

（3）致谢要全面。如果不是当面收到送礼之人的礼物，对方是托人转送来的，在表达谢意时还需要当面感谢托送之人。如果收到的是以邮寄的方式送来的礼物，最好可以采用书面的形式来表示真诚的感谢。比如，写感谢函，但感谢函的文字一定要亲笔写才更能表达自己真诚的谢意。也可以以文字的形式通过微信、短信等正式致谢或者专门找个恰当的时间打电话表达谢意（图7-3）。

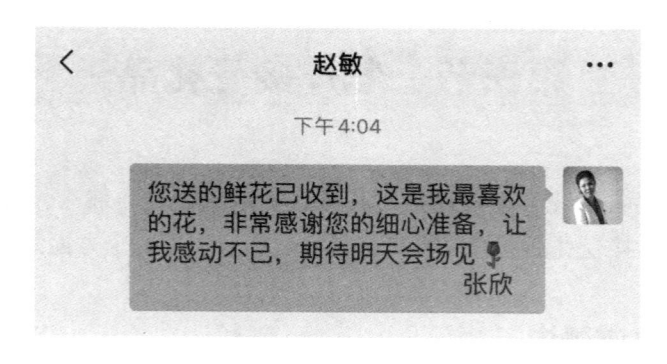

◎ 图7-3

有的情况下，我们还会同时收到几份礼品，也需要尽快对每一件礼物的送礼者亲自、分开致谢。如果送礼方不止一个人，比如是夫妇、公司、一个家庭等等，需要感谢的就一定是送礼的全体人员而不是其中一个。

二、隆重接受

接受礼品后，按照国际惯例，有时会当面拆开礼品的包装，然后面带微笑地仔细欣赏礼品并进行适当赞赏。一定不能草率随意地打开，然后丢到一边。中国人和日本人、韩国人接受礼品的方式非常相似，接受礼品后要立即对送礼之人表达谢意，但不习惯当面拆开礼品，而是等送礼之人离开后再打开。在社交场合中，若与不同国家的人交往，应尽可能地尊重对方的传统习惯，以表达对他人的尊重。

但近年来，我们的习惯也在逐步发生改变，可以征求送礼之人的意见，问一问："我可以打开看看吗？"这样做会比较妥当，对方通常都会说："当然可以！"我们随即小心翼翼地打开礼品包装，这时候动作要有序、稳妥、文明，不要拿起礼品就粗鲁地乱扯、乱撕，然后还乱丢包装用品，这样的行为显得十分不礼貌，还会给他人留下不好的印象。拆开礼品后要再次真诚地道谢，以及对礼品表示赞赏。即使礼品不合心意，也要管理好自己的表情，要不然会很让送礼之人失落或者产生一些负面的想法。

在接受礼品时不能过于推辞，不要不停地说受之有愧之类的话语，这样反而容易伤害送礼之人的感情。如果确实要拒绝礼品，最好不要当面拒绝。若不得以必须要当面拒绝，最好有合理的理由，否则会让送礼之人十分尴尬，还会影响双方的关系。如果收到的礼品不合心意或是自己不喜欢，也不能显露，同样应该有礼貌地感谢对方。

三、适时回赠

中国一直都讲究"礼尚往来"，我们常说："来而不往非礼也。"所以在接受礼品后，不仅需要真诚地表达谢意，还需要选择恰当的时机回赠礼品，这样做不仅能表达自己对送礼之人的重视，也进一步加强了双方之间的联系，增进了彼此之间的情谊。

回赠礼品的时候，通常可以通过对方送来的礼品进行判

◎接受礼品的礼仪

断，并根据对送礼之人的了解，弄清楚对方的喜好，并确定回赠的礼品的价值。在选择回赠的礼品时，切记不要重复，一般情况下价值要相当。当然回赠时也需要选择恰当的时机进行。通常情况下，不用在接受礼品后马上给对方回赠礼品，这样容易给对方留下不亲近、不乐于交往的印象。

  所以，我们在接受礼品后，如果要回赠礼物，要选对时机，注意方式，可以在见面道别时，也可以换个时间专程拜访，或者等遇上过节、庆贺等时候再送。这样不仅不会伤害对方，反而能进一步加强彼此之间的感情。

CHAPTER 8

第八章
言谈礼仪

两分钟懂礼仪：不可不知的68个礼仪常识

第一节　开启交往的常用语

"您好，很高兴认识您。"如果每一次与陌生人的交往都是在这样的一句话中开启的，是否会让我们感到愉悦开心？

如果第一天上班来到办公室看到自己的同事，能主动问候一声"早上好"，您觉得办公室的氛围会怎样呢？

一句简单的问候语，为我们与他人的交往培养出温暖、善意的土壤，在这土壤中可以长出美好的友谊之花。因此，与人交往时，要选择适宜的问候语言开启交往（图8-1）。

◎ 图8-1

一、开启交往的礼貌问候

"您好。我是您的新邻居。"张诚一家三口为了孩子上学方便，搬入了新的小区。搬家前一天，在新家楼道内碰到了同层的邻居刘大姐。刘大姐开心地说："欢迎欢迎，这个小区还是很不错的，咱们以后就是邻居了。"张诚："我们这两天搬家，可能要叨扰您两天了，望您谅解。"刘大姐："没关系的，需要帮忙您说话。"

一声"您好"开启了张诚一家和邻居的交往。

礼貌问候无论在生活中，还是工作中，都是开启人际交往的最佳钥匙。比如职场中面对初次见面的上级或是客户，开启交往的语言还可以根据交往对象的不同有所选择：

"您好，久仰您的大名，今天终于见面了。"

"您好，我拜读过您的大作，今天很荣幸认识您。"

"欢迎您的莅临。"

反之，如果在初次相识和交往时，少了必要的常用语来开启交往和表达礼貌，就会使人与人之间的顺畅交往产生阻力。比如，当张诚初次在楼道中看到同层的邻居刘大姐时没有说话，没有主动打招呼问候，这个交往会向着怎样的方向发展呢？

二、消除隔阂的礼貌问候

继续上文中张诚一家的例子。

由于搬家当日晚上收拾的时间较晚，动静较大，楼下的邻居上来敲门，说："早点休息吧，天不早了，我们年纪大了经不起你们这样折腾。"致歉后张诚一家也停止了整理。第二天，张诚下电梯，恰巧碰到了楼下的邻居，他主动说："阿姨好，昨晚实在抱歉打扰你们了，休息得还好吗？"阿姨笑着说："没关系。我们休息得还好，你们收拾得怎么样了？"就这样两位新邻居在聊天中一同走出了电梯，走出了小区。

礼貌问候不仅是我们在生活中、工作中开启交往的重要言语，也是消除隔阂的重要言语。如果不是张诚主动的一句问候，可能两人见面后，还停留在前一晚的不悦中，人际关系的拉近与融洽可能还需要更多时间去磨合、去修复，甚至关系就此终结。毕竟我们每个人都不能完全读懂对方心中的真实想法，只能借助对方的语言、动作、表情等信息来了解对方的态度，所以面对生活中的各类小隔阂和摩擦，最佳的处理方式就是运用礼貌问候来及时消除。

比如，在单位走廊抱着文件行进，却被前边的同事挡住去路时，一声"劳驾"更容易使我们获得帮助。因自己的失误导致部门的同伴要加班或是返工时，一句诚挚的"不好意思"或是"对不起"向同事表达自己心中的歉意，是我们获得理解或谅解的最佳方式。

当然，通过自己认真努力工作，或是生活中以照顾体谅他人感受的方式行事，尽量减少与他人的隔阂与摩擦，也是我们需要努力学习的。

三、拉近距离的礼貌问候

张诚搬家当天，搬家车辆还未到达新小区前，张诚的妻子李怡早早就来到小区门卫处进行沟通。

当班的保安人员："您好，有什么可以帮到您？"

李怡："您好，我是1号楼1单元501房的，今天搬家，搬家车估计10点左右到达，我来帮搬家车辆登记一下，能不能麻烦您到时候帮他们开下小区门禁啊？谢谢您。"

保安人员："好的，没问题，麻烦您进行一下登记。"

李怡："好的。怎么称呼您？"

保安人员："我姓吴，叫我小吴就好。"

填写完毕相关内容后，李怡："谢谢啊，小吴。"

保安人员："不客气，这是我们该做的，您刚搬进来，有什么需要帮助的随时来找我们，我们这里24小时值班。"

李怡："好的，谢谢您啦。"下午，张诚、李怡一同出小区打算买些必备物品，看到保安小吴，李怡主动笑了笑，小吴也面带微笑热情询问："下午好。都收拾好了吗？"

一个礼貌的微笑、一句礼貌的问候，快速拉近了业主与工作人员之间的距离。让张诚和李怡感觉到自己似乎不是第一天住进这个小区，陌生感瞬间消失，反而倍感亲切。一句礼貌问候，可以快速拉近人与人之间的距离。

生活中开启交往的常用问候语除了上文提到的"您好"，表示时效性的"下午好"之外，还可以用到表示节日问候的语言，比如"新年好""节日快乐"等，这类问候语言都会让他人有贴心、愉悦的交往体验。

在向别人礼貌问候时，通常要按照对象、时间、场合、节庆等综合信息的不同，采取不同的问候言语。除了语言的选择，还必须注意以下两个要点：

（1）问候时，要停住脚步，身体朝向对方，视线落于对方双眉至唇心的倒三角区域内，规范站姿且身体可略前倾，并且面带微笑，配合适当的语言进行问候。

（2）与人开启交往时的问候，通常问候的先后顺序是，年幼者应首先向年长者问候，男士应首先向女士问候，职场中身份低的应首先向身份高者问候，会场中后进入者应首先向已到场者进行问候。

开启交往的常用语，能够表达出问候者的热情，释放期望与对方建立交往的信号。它不仅可以开启交往、消除隔阂，更可以快速拉近人与人之间的距离，是我们生活中、工作中必备的技能。法国思想家、文学家罗曼·罗兰曾说过："美好的东西时常是由于它是真诚的。"开启交往的言语也是一样，只有真诚的内心才能使我们的言语更有温度，才能绽放出真正的友谊之花。

第二节　赞美是最美的语言

接下来要分享的礼仪常识是赞美。赞美是一种高级的言谈技巧，它不仅能带给人愉悦的好心情、拉近您与他人的距离，有时甚至还可以化腐朽为神奇。

毫不夸张地说，赞美就是我们生活中最美的语言。

一、最美的语言是赞美

赞美是最美的语言，获得赞美也是每一个人内心的需求。因为赞美可以带给人自信、肯定，以及获得努力变得更好的力量。

曾有一位喜爱足球的女孩，想成为一名专业运动员，但考了多年都未被国家队录取。每一次失败后，她的班主任老师总是鼓励她："下次肯定能成功。"终于，她考进了国家足球队。多年后，她还成为中国女子足球队的队长，她就是孙雯。孙雯说："因为班主任的鼓励，我才有机会走上职业足球道路。"

还有一位身材娇小的女孩，喜欢打乒乓球。因身高问题，多次被省队和国家队拒绝，但父亲一直鼓励她："你很优秀，真的。"后来，她成为连续八年排名世界第一的乒乓球运动员，她就是邓亚萍。记者采访邓亚萍，她说："没有当年父亲的支持就没有我的今天。"正是那一句句赞美带给了他们坚定的信念和强大的自信心，使他们突破自己走向成功。

在美国，曾有一位母亲，用赞美改变了儿子口吃的毛病，她就是美国通用电气公司首席执行官杰克·韦尔奇的母亲。韦尔奇小时候有口吃的毛病，但母亲对他说："孩子，这是因为你的嘴巴无法跟上你聪明的脑袋之故。"韦尔奇在其自传中写道，这是他听到过的最美妙的一句话。

◎赞美是最美的语言

请永远不要吝啬赞美之言，也许就是那一句赞美可以挽救一颗就要放弃的心，因为这是世间最美的语言。

二、赞美要实事求是

上一节我们提到"美好的东西时常是由于它是真诚的"。赞美当然也是这样。在赞美他人时，真心并符合实际的赞美才最能打动对方。不能为了套近乎而虚情假意地进行赞美。如果赞美的内容夸张、过度，比如不管对方讲什么、做什么都去赞美，只会显得虚假，有太强目的性的赞美语言反而会使对方产生反感。

要做到赞美实事求是，就要注意赞美的语言要恰当。比如一位经理在赞美自己的一位新员工时说："小冯，这件事情做得非常漂亮，可以看出你干活是很细心的，相信下一次一定能够做得更好。"这样的赞扬可以起到激励新员工的作用，是比较有分寸、符合事实的赞美。如果用另一种说法夸赞对方说："小冯，你真是个天才，刚来单位就能把这件事情处理得这么好，我看没有人比你更细心了。"如果是这样夸大其词的赞美语言，不仅会使初入职场的小冯不知所措，更可能会使其他同事心生不悦。

因此，赞美他人时，要实事求是，还要注意措辞恰当。

三、赞美要因人而异

赞美的语言是最美的，但并不是相同的赞美对所有人都能起到相同的效果，因为不同的年龄、不同的性别、不同的性格、不同的职业、不同的知识结构、不同的社会地位等，对于赞美的心理需求也是大不相同的。

比如，对于年轻人，可以多些夸奖；对于德高望重的长者，就不适合夸奖、评价，而是表达自己对对方的敬重之意更加适宜；对于性格内向、平时话少的朋友，赞美时则可多加言语，具体描述；但对于思维较为敏捷的人，赞美时简短的三言两语就已经可以达到最佳的效果，说得太多反而画蛇添足。再如，面对一位年轻的女士您可以赞美她年轻漂亮，但如果对方已经人过中年，就不适合再说对方年轻漂亮了，可以说："您真不像这个年纪的人啊！"或者是："您这个年龄，还能保持这样的状态。真是得向您学习。"这样的赞美可能更容易让对方听着顺耳、顺心。女士通常喜欢他人夸赞自己年轻、漂亮、气质好；男士们往往会将风趣、幽默作为自己有魅力的重要表现。

因此，面对不同的交往对象，赞美语言是要因人而异的。为了更好地做到这一点，就需要用心观察对方的行为语言特点，尽可能多了解对方。

罗丹说过一句经典名言："美无处不在，缺的是发现美的眼睛。"只有当我们虚心、谦和地与人交往，才可能发现对方身上与众不同的优点，做到赞美因人而异，提高赞美的含金量。

四、赞美要讲究实效

赞美他人时，还要特别注意时效性。第一时间发现了对方的优点，就应适时地给予对方赞美。比如，您与一位同事来到单位楼下时，他给流浪猫放了些猫食，此时您感觉到他是一位有爱心的人，最好及时地给予赞美，而不要等到事情过去之后，比如你们回到了单位已经开始了工作，您突然去赞美他说："您真是个有爱心的人！"这样赞美的效果会大打折扣，有时还会使被赞美者摸不着头脑甚至心生误解，从而失去了赞美的本意。

再比如，当看到自己的孩子有一点点进步时，应及时地给予赞美，因为此时的赞美能够强化孩子正向积极的行为，帮助他逐步养成良好的行为习惯。

卡耐基说过："当我们想改变别人时，为什么不用赞美来代替责备呢？虽然别人只有一点点进步，我们也应该赞美他，因为那才能激励别人不断地改进自己。"

想要做到实事求是、因人而异、讲究时效的赞美，就需要善于发现他人身上的优点和长处。有些时候，人们不会赞美他人，可能不是因为自己没掌握赞美的语言，而是缺乏观察和发现他人优点的意识。如果根本看不到别人身上的优点，或者只能看到别人身上的缺点，又怎么可能赞美他人呢？因此，想要使赞美产生积极的效果，就需要我们带着一颗真诚、谦虚的心去面对生活中的人和事。

第三节　拒绝又不伤害对方的技巧

为人谦虚、勇于担当是我们应有的品质。但当生活中、工作中遇到超出自己能力范围或者无法完成的事情时则需要掌握另一种技巧：拒绝。喜剧大师卓别林说过这样一句话："学会拒绝吧，那样你的生活将会美好得多。"

面对生活中每个人不同的权限与责任，拒绝是我们尊重他人、尊重自己的一种选择。只是，拒绝作为一种否定的言语状态，难免会让听者感到不开心，进而产生消极的情绪，所以在言语中，如何使用不伤害对方的办法拒绝，是一种智慧。

比如：

A："明天周末，我们一起去看新上映的电影吧？"
B："我也好想去看啊，听说网友评分很高。"
A："是吗？那太好了。"
B："只是明天的时间有点冲突，我已经有安排了。"
A："哦，这样啊。"（有些失望的表情与眼神）
B："你看这样可好？下周你哪天有空？咱们下周一起去看好不好？"
A："也好，那咱们就定下周末吧。"

上面的对话中，虽然B已拒绝了A的邀约，但并没有让A难过伤心，因为他运用了智慧的拒绝策略，下面我们一起来探寻其中的奥秘。

一、先肯定，再否定

如果在刚才的对话中B直接给出"不行""去不了""不能去"等语言直接拒绝A的邀请，A的心情不仅会受到影响，可能双方友情的发展也会产生变化。

因此，面对各种需要拒绝的语境时，尽量避免一张口就使用"不行""不可以""办不到"之类的否定语言。而应充

◎ 拒绝又不伤害对方的技巧

分体会对方的感受，先从情感上给予对方肯定，使之心情愉悦，这样拒绝带来的伤害会降低。

罗斯福在担任美国总统之前，曾在美国海军部担任部长。一次，他的一位朋友问起海军是否有在加勒比海一个小岛上建立潜艇基地的计划。作为军事机密，当然是不能随便泄露的。罗斯福想了想，向四周看了看，压低声音问他的朋友："你能保密吗？"对方信誓旦旦立刻回答："当然能。"之后，罗斯福接着说："我也能。"这时，两人不约而同地笑了起来。这也是先肯定，再否定的拒绝，可以从中看出罗斯福先生的智慧。

二、说明原因，获得谅解

不伤害对方的拒绝通常还因为我们拒绝对方的原因是能够得到对方谅解的。比如面对朋友的邀约，我们有加班任务，有出差任务，或者家中有需要照顾的生病的老人；比如找我们帮忙时，超出了我们的能力范围等等。拒绝对方时，需要将原因真诚地告知对方，如果理由充分，是可以获得对方的谅解的，也不会让对方觉得难过或是伤心。

三、转移话题，回避矛盾

面对需要拒绝的言语时，有时真实的原因可能不太便于解释或是容易使对方尴尬、难过，可以通过转移话题的方式，巧妙、智慧地回避因拒绝而产生的矛盾焦点，以此达到拒绝的效果，并获得对方的理解。

曾有一位美国读者读了《围城》后来到中国，她特别想拜访中国现代作家、文学研究家钱钟书先生，一下飞机就马上给钱钟书先生去电话，想要拜见他。钱先生在电话中说："假如你吃了一个鸡蛋觉得不错，又何必一定要认识一下那个下蛋的母鸡呢？"钱先生以其特有的幽默与机智，运用转移话题的方式委婉拒绝了这位美国女士的拜见请求。既不伤害这位女士的自尊心，又产生了幽默风趣的效果，使双方避免尴尬。

这样转移话题的方式，尤其对一些难以回答的问题，效果会更好。曾有外国记者在一次发布会中不怀好意地问周恩来总理："在你们中国，明明是人走的路为什么却要叫'马路'呢？"周总理不假思索地回答："我们走的是马克思主义道路，简称马路。"

四、提出建议，给予帮助

当拒绝他人时，还有一个可以减小伤害的好办法就是在运用了前三种言语策略得到对方的谅解后，给予对方力所能及的帮助，往往能让我们拒绝他人的语言更感动对方。

美国口才与交际学大师卡耐基先生，每年大大小小的演讲邀约众多，不可能每一场邀约都能答应成行，出于对演讲时间、演讲主题、活动意义、利益的综合考虑，很多邀约确实是卡耐基先生需要拒绝的。一次，卡耐基先生因为时间上实在协调不开，面对一个本不该拒绝的演讲邀约，他这样对邀请方讲："实在是遗憾，我确实是排不出时间来参加此次演讲。其实××教授在这方面也很权威，说不定他更适合你们，如果有需要，我可以帮忙联系一下他。"卡耐基先生向邀请方推荐了一位能够有实力解决这一问题的同行，同时提出可以帮忙联系，使对方从心理上多少获得了一些补偿，这样的语言自然大大减少了对方因我们的拒绝而产生的失望与不快。

与人交往时，在需要拒绝对方的时候，可以运用今天与大家分享的四种常用方法，先肯定后否定，说明原因、获得谅解，转移话题、回避矛盾，提出建议、给予帮助，向对方充分表达出我们的诚意，礼貌地完成我们的拒绝，从而减少因拒绝带给对方的伤害，获得对方的谅解。

第四节　命令式语言能不用就不用

"不要动""把窗户打开""今天必须完成这个材料"……当我们听到这样的语言时的感受如何呢？肯定是不舒服且不情愿照做的。事实上没有谁的命令式语言能让他人心甘情愿地接受，哪怕发出命令的人是位总统。

一、谁会喜欢被命令

马克是一位工地上的安全检查员，他的工作任务是检查工地上的工人是否按照要求佩戴安全帽。工作中，每当他看到没有佩戴安全帽的工人时，便会指责他们，并且命令他们立刻戴上安全帽。可让马克不解的是，这样的工作方式几乎没有任何效果。他发现，只要他离开工地，工人们便会立刻摘掉安全帽。戴上安全帽确实是保障安全的好事，可为什么大家就是不听马克的命令，把帽子戴好呢？

于是马克尝试着转换方式。当他再次看到一位工人没有戴安全帽时，便走过去微笑着说："是不是安全帽哪里戴得不舒服啊？大小是不是不合适？"之后，他还会耐心地向工人介绍佩戴安全帽的重要性，建议他们出于安全的考虑，最好能够按照要求规范佩戴，结果这个方法无比奏效。

如此看来，每个人都不喜欢被命令。而马克的新方式是：将命令的言语转化为更容易让他人接受的言语，这可以收到更好的效果。

我们再来看一个故事。

沃德将军曾是一位训练新兵的教官，一天，他驾驶吉普车来到新兵训练营巡查，碰到一名士兵正领着女朋友散步。这名士兵似乎没有看到沃德将军，当他的车经过时，这名士兵没有向他敬礼，而是弯下腰系鞋带。看到这一刻，沃德将军停下了车，把这位士兵叫了过来。

"小伙子，难道你真的没有看到我吗？"沃德说道。

"看到了，将军。"那名士兵知道瞒不过去，只好承认。

"那你为什么不向我敬礼，而是假装去系鞋带呢？"沃德问道。

士兵十分为难，不知如何作答，扭头看了看自己的女朋友，苦着脸说："将军，如果您是我，带着自己的女朋友在散步，您会怎么做？"

沃德听完被逗笑了，说："我会跟她说：'我想先给这个老家伙敬个礼，怎么样？'"

那位士兵听了也微笑了起来，并向沃德将军敬了一个礼。沃德将军也不再说什么，回敬了一个礼，便开车离开了。

在这里，沃德将军没有用命令的方式，而是用一种幽默、含蓄的言语，既让士兵认识到了自己的错误，也让他挽回了面子。同时，沃德将军也为自己赢得了下属发自内心的尊重。

事实上，不仅成年人不喜欢，孩子们也不会喜欢类似的命令式语言。"不许动这个""马上去写作业"这样的语言同那条命令式的法令相同，同样不被孩子们接受。如果家长长期采用这种命令式的语言还会产生非常糟糕的效果。比如孩子的自控力会不断地下降，因为他不认为很多事情需要自己去控制，觉得自己只要听命令就可以了，因此不会去思考，不会去了解规则，不会去尝试自己管控某些事情，更不会养成自律的好习惯。因此，命令式语言不但不被喜欢，甚至还会起到负面的影响。

二、用"三明治"取代命令

我们该怎样才能避免说出那些让人反感的命令式语言呢？

通过上文的案例我们知道，没有人会喜欢命令式的语言，因为它会给人一种不好的情绪体验，会让人产生一种不被尊重的感受，而这种感受会削弱人们做事情的积极性，并让人产生反感。无论长者还是孩子，客户还是下属，一旦有了这样不好的情绪感受，自然会对交谈与交往产生抵触情绪，最后导致不良的后果。

因此在说话时，可以将指令性的言语添加一些附加语，来降低和消除对抗情绪的产生。比如，希望同事将办公室的门关上，指令性的言语就是"把门关上"，但这样说的话，肯定会让同事不舒服。其实，我们可以尝试着换一种说法：把命令式的语言变成"三明治"，这样更悦耳，更容易让人接受。如果将"把门关上"比喻成一块肉的话，我们可以在它上面加一片面包，下面加一片面包，变成一个三明治，再给出去，可能味道会更好。这两片面包就是我们说的附加语，通过添加附加语，可以明显降低命令所产生的对抗性。我们可以这样说："麻烦您，请把门关上，好吗？"

再比如，平日工作中，当下属回答我们的问题时，有点含糊其词，我们没有听明白，此时不要讲"你再说一遍"，而是替换成"三明治"："对不起，我没听清楚，你能再说一遍吗？"

将命令式语言变成"三明治"的规律并不复杂，其实就是在命令式的核心内容前面和后面各加一个附加语，比如前面可以加诸如"对不起""打扰一下""抱歉""麻烦您"等礼貌用语，后面加一句商量的问句，如"好吗""行吗""可以吗"。这样做，可使一句易使人生厌的命令变得悦耳动听，对方觉得照做并不是被我们命令的，而是自愿的，其语言的效果也就达到了。

命令式语言是需要取消的，因为语言的威力实在很大，不仅是让人心生反感，也许还会产生不可逆转的、更加深远的不良影响。而当我们用"三明治"取代命令式的语言后，

◎ 命令式语言能不用就不用

自然更容易让对方接受我们的意见。从本质上来说，"三明治"是对语言进行优化的一种方法，只要稍加留意，我们会发现类似这样的言语优化方法多种多样，并且有时也适用于各种语境和场合。只要掌握了这些方法，无形之中，就可以通过言语的优化达到管理我们与他人关系的目的，让我们成为受欢迎的人。

第五节　说服他人的三种方法

　　自华夏文明有文献记载开始，就对语言有诸多规范，将言谈举止纳入了治国理政的框架中。小到庶民生活，大到国家治理，无一例外都展现出了语言的重要性。

　　在历史长河中，无论国内国外，许多伟人和知名人士的语言技巧是值得我们潜心学习的，可以从中寻找到智慧。

　　在语言的诸多技巧中，如何说服他人，是较难掌握的一种。但如果我们多加留意，总结出一定的方法和规律，其实也不是难事。那这些具体的方法是什么呢？

　　想要说服他人时，首先，必不可少的就是真诚、善意。如果缺乏了真诚和善意，一切都将无从谈起，说服他人也将变得毫无意义。我们知道，好的说服一定是双赢的，如果仅仅是为了一己私利去说服别人，将自己的意志凌驾于他人之上，那将是无法获得对方认同的。

　　下面通过周恩来总理一次经典的外交案例，来探寻一下进行言语交流时，运用哪些言语技巧，能帮助我们达到说服他人的目的。

　　1964年，非洲的坦桑尼亚和赞比亚相继独立，他们两国之间迫切需要一条通往坦桑尼亚出海口的交通命脉来发展经济。

　　当时中国为了打破国际上的外交孤立，需要获得亚、非等国家的政治支持，在这样的背景下，中国决定援建坦赞铁路。在周恩来总理出访坦桑尼亚的国事访问中，周总理与坦桑尼亚总统关于坦赞铁路，有如下一段会谈：

　　坦桑尼亚总统："我想听听您的建议。"
　　周总理："关于坦赞铁路的？"

坦桑尼亚总统:"是的。"

周总理:"现在是什么情况啊?"

坦桑尼亚总统:"赞比亚的卡翁达总统,比较倾向由西方发达国家来援建,他为此专门找过我。"

周总理:"那阁下的意见呢?"

坦桑尼亚总统:"总理阁下,我深深感谢中国人民的诚意,中国虽然是一个大国,但经济并不发达,人民生活并不富裕。如果坦赞铁路能由发达国家来援建,也可以减轻中国人民的负担,我也在努力寻求这种可能性。"

周总理:"我来之前,和毛泽东主席专门探讨过这个问题。我们的意见是,坦赞铁路无论是由中国援建,还是由西方国家援建,都可以。问题是要尽快地修建起来啊,不能纸上谈兵。毛主席让我给阁下交个底,我们中国对坦桑尼亚人民和赞比亚人民的援助,是穷人帮穷人,我们的援助是真心实意的,无私的。如果西方国家,硬要抢着修这条铁路,可以让他们修,如果他们提出了苛刻的条件,你们可以用我们中国援助的条件和他们进行斗争。如果他们只喊不修,我们照修。如果他们中途停修,我们接着修!总之一句话,无论付出任何代价,我们中国一定会将这条连接坦桑尼亚和赞比亚的大动脉修成功!"

坦桑尼亚总统:"总理阁下,也请代我谢谢毛泽东主席。我们把你这番话,完整地转达给赞比亚总统卡翁达,十分感谢您。"

经过多次外交磋商,坦桑尼亚、赞比亚与中华人民共和国共同签订了《关于修建坦桑尼亚赞比亚铁路相关问题的议定书》。中国援建的坦赞铁路顺利通车并投入运行,中国得到了坦桑尼亚、赞比亚以及许多非洲国家国际政治上的支持。

那么,在周总理的这次与坦桑尼亚总统的谈话中,都运用了哪些说服方法呢?

一、用情感说服他人

还记得周总理面对对方的否定意见,首先说的一句话是:"坦赞铁路无论是由中国援建,还是由西方国家援建,都可以。"这明显是用共情的方式先肯定了对方,使对方因受到肯定而保持着比较愉悦的情绪。我们把这一方法叫作情感投入法。情感说服他人的技巧,就是通过言语,使对方始终拥有愉悦的、美好的情绪。因对方心情是美好的才可能为后面的说服工作打好基础，建立愉悦的交谈氛围，这样才有可能使对方愿意接着听我们关于说服的其他言语。

当然，情感投入法不仅可以用肯定对方的方法，还可以用其他的言语方式，比如：周总理在见到坦桑尼亚总统时还说了这样一句话："总统阁下，今天您安排的欢迎场面真的让我感动。我深深感受到坦桑尼亚人民和中国人民之间的友谊是牢不可破的。"这也是情感投入法的另外一种表达。

另外需要注意的是，用情感投入法说服对方，需要致以真情实感，虚情假意是无法得到对方的认同的。

二、用事实说服他人

"事实胜于雄辩"，事实是我们说话的基础。在这一案例中，周总理说"我们的援助是穷人帮穷人"，正因为大家是同一战线，所以援助是真心实意的，包括后面对比中西方国家面对援助的态度，在陈述援助效果的同时，周总理自然也是在摆明事实。

摆出事实，是说服他人强有力的武器，也是说服他人的不二法宝。可能我们的言语技巧暂时还没有达到十分高超的境界，但是有时仅仅凭借真诚和摆出事实就可以达到说服的效果。因为用事实说话是不会被质疑的，事实本身就是最有效和真诚的沟通方法。

三、用对比说服他人

在这一案例中，还十分明显地进行了不同态度的对比。周总理通过代表中国援助态度的表达，与西方国家援助的态度，形成了鲜明的对比。通常在说服他人时，对比利弊，确实是一个非常好的方法。当我们把利端、弊端均摆在眼前时，似乎都不用问对方选择什么，往往就已经达到了目的。

说服他人确实不是件容易的事情，因为让对方接受我们的想法和做法本身就具有很高的难度。但只要采用的方法到位，也就提供了更多说服成功的可能。情感说服法、事实说服法、对比说服法都是让我们在说服他人时增加成功概率

◎ 说服他人的三种方法

的好方法，我们在生活和工作中不妨试着去运用，可能会有意想不到的效果哦。

其实，说服他人时无论采用哪种方法，都应站在对方的角度进行思考，选择善意的言语，使对方保持愉悦的情绪，方有可能接受我们的建议。当然，将这些方法运用自如也应特别注意一点：只有真情实感才最能打动人、说服人。

CHAPTER 9

第九章
电联礼仪

第一节　电话可以这样打

随着社会发展的速度越来越快，人们的生活、沟通与交流也越来越便捷。由古代的千里传信需要数月，到20世纪的一封信传递需用十天半月，再到现在的万里传递信息只在一瞬间。其中，电话大大地便利了我们的生活，方便了相互沟通，同时也大大地促进了我们的事业发展。打电话透露出的礼仪素养是个人素质高低的直观体现，电话形象既代表个人也代表单位，甚至还可能代表国际形象。因此，掌握电话礼仪对每一个人来说都非常重要（图9-1）。

◎ 图9-1

一、拨打电话的时间

1. 善于选择时间，让您事半功倍

小李与小王同时进入公司从事销售工作，小李几乎一天到晚都在给客户打电话，而小王似乎很少打电话营销。一个月后，小王的业绩却是小李的一倍。小李百思不得其解。直到三个月后，小王成为公司的季度销售冠军，领导请小王跟大家分享工作心得，小王介绍了他的销售成功秘诀。因为公司的营销对象基本都是公司的高层管理者，这些人基本是早上9:30之前要处理公司下达的批文，下午4:30之后要对公司的工作进行整理总结。星期一的上午基本是周例会，星期五的下午基本是总结会。一个月当中月初计划月末核算，所以这些时间他基本上会用来整理客户资料，做好营销方案。这样，当他电话营销的时候自然更加自信、更有底气。小李在一旁边听边点头，通过小王的这番分享，小李对小王也心服口服了。

通常，打电话的时间应尽量避开对方的休息时间，也要尽量避开对方刚刚上班或者即将下班的时间。当然，如果我们明知道对方还有其他事务正在处理，也最好不要打电话。

2. 善于把握时间，让自己的电话更合时宜

小李开朗大方、乐于助人，唯一的缺点是脾气比较急躁。因为她为人勤劳肯干，来公司一年多后就升任为总经理助理。有天晚上 11 点多，她突然想起有份资料放在总经理办公桌上需总经理签字，而第二天上午总经理有一个会议，她担心总经理忘记，于是马上拿起电话给总经理拨了过去……这样的事情时常发生，直到有一天，小李接到了人事部的调岗通知书……

给领导打电话的时间选择在上午 10:00—11:30，下午 3:00—4:30 较为妥当，即便是找直接领导也应尽可能先把工作整理好，再在上班时间与领导交流，但最迟不宜超过晚上 9 点。给客户打电话，尽量避开星期一上午的工作时间。同事之间打电话，除非紧急的事情，一般选择在工作时间内打电话。

二、通话前要准备

您是否遇到过这样的情况，电话里聊了两三分钟还是没有表达出自己想要表达的意思。对方已经回复："我还有点事，我们改天聊……"剩下的只有嘟嘟的电话声和您还没来得及说出口的话。

我们在打电话之前一定要清楚：电话要打给谁？为什么打？什么时候打电话比较适合？打电话的主题与内容是什么？只有这样做好准备，才能避免打电话的时候思维零散、不知所云。

◎图9-2

除了以上几点，拨打电话前还应准备好笔和笔记本，方便随时记录（图 9-2）。

三、拨打电话仪态很重要

有一天晚上销售之神乔·吉拉德穿着睡衣准备休息的时候，突然想起来，有一个重要的电话没打。由于电话很重要，乔·吉拉德从床上爬了起

来，换上衬衫，打上领带，洗洗脸，照照镜子，坐在客厅的沙发上把电话拨了过去。他说："我的状态能从我的声音里听出来。"

◎ 接打电话的礼仪

我们都有这样的体验，接到一个朋友的电话，可以判断出他是在室内还是室外，是坐着还是躺着，情绪是积极还是消极。电话另一端的人虽然看不到，但是我们打电话的状态，会通过声音传递给对方。态度能够被对方听出来。

所以，拨打电话前请保持挺拔站姿或端坐，整理好服饰，面带微笑，让对方感受到您的积极与尊重。

四、谁先挂断电话

我们或许有过被人挂断电话的体验。在通话时，自己的话还没说完，就听到电话里传来嘟嘟嘟的声音，会有一种不被尊重的感觉。所以谁先挂电话也是有讲究的。

（1）尊者先挂电话。在职场工作中的电话，要领导、客户先挂电话；在家庭，长辈先挂电话；在社交场合，女士先挂电话后男士才能结束通话。

（2）由主叫方先挂电话。当接打电话双方的级别、身份、年龄、性别都相似时，主叫方先挂电话。

（3）为体现对他人的尊重，可主动提出请对方先挂电话。

科技正在不断发展，我们的通讯也变得越来越便捷，不仅要关注电话礼仪，还要关注手机礼仪、微信礼仪等等，真正达到事半功倍的效果。

第二节　正确使用手机

随着通信技术的发展，人们对手机的依赖度越来越高，说手机是自我的物化也不为过。手机是如此重要，它是社交工具，又是信息储存载体，功能之强大，已经渗透到我们工作生活的方方面面。手机礼仪体现着现代人的文明素养，是信息化时代必备的礼仪常识。

一、如何放置自己的手机

要将手机放置于合乎礼仪的位置。男士通常可以将手机放置于公文包内（图9-3）或放于上衣内侧口袋里，女士则应将手机放于随身包内。要避免把手机挂在脖子上，也不要放在谈话桌或会议桌上，以免让对方误以为我们不够专注，或者认为对谈话不够重视。

◎ 图9-3

二、设置铃声模式

王宁来到微软公司拜访刘经理，希望通过介绍公司的产品，获得对方的认可，达成采购合作意向。当他刚踏进办公室大门，手机突然响起："我们一起学猫叫，一起喵喵喵喵喵……"铃声打破了办公室的寂静，所有工作人员都望向王宁，王宁尴尬地一边赶紧翻找包里的手机，一边面红耳赤地向所有人点头致歉，门口接待他的刘经理也面露不悦之色。

作为高精尖零件的供货商，首要条件就是具备严谨可靠的产品质量，供货商工作人员的行为举止也理应是谨慎专业的，不符合职业身份的铃声出现在了办公区域，且响亮的铃声干扰了他人，顿时让信任度大大降低。

随着信息技术的发展，手机铃声种类越来越丰富，乐曲、歌声、模仿人声、模仿动物叫声应有尽有，甚至出现了搞笑、怪异的铃声。使用自定义的铃声可以彰显个性，让使用者心情愉悦，这无可厚非，但在公共场所要注意三点：

（1）在要求"保持安静"的公共场所，如音乐厅、美术馆、影剧院等处参观展览或观看演出时，应关闭手机，或将手机设置为"静音"。重要场合需要将铃声设置为"静音"或者关机，铃声模式为"振动"依然会影响他人。

（2）根据场合的不同调整铃声音量的大小，比如：在图书馆阅读时、音乐会演奏时就需要将铃声调整为"静音"状态，这体现了我们的社会公德意识。在工作时，需根据所在单位的规章制度调整铃声的音量，这体现了职业素养。

（3）根据职业身份的不同选择相匹配的铃声风格。比如：幼儿园的老师可以选择童谣作手机铃声，而严谨庄重的行政管理人员则不太适合。

三、接打手机电话要看场合

1. 在会议中、业务洽谈时

接电话：最好的方式还是把手机关掉，不要随意接电话。这样既显示出对他人的尊重，又不会打断讲话者的思路。如必须要接电话，需要在不打扰讲话人的情况下，用手势示意电话，经与打电话的人说明或认同后，方可在不打扰会议的室外通电话，否则会让他人误以为是随意离会，这是不重视会议、不尊重与会人员的行为。

打电话：给对方打电话时，尤其当知道对方工作繁忙时，首先想到的是，这个时间对方方便接听吗？并且要有对方不方便接听的准备。电话接通后，如果很安静，就要考虑对方可能在开会或者交谈中，要征得对方的同意方可继续话题，并迅速确定稍后联系的时间。

让我们分享下列案例：

案例一：

行政部李红："黄总您好！我是××公司行政部门的李红。请问您方便接听电话吗？"

黄总："我正在和一位朋友谈点事情。"

行政部李红："好的，那就不打扰您了！我过1小时再打给您，您看方便吗？"

黄总："可以，我这边结束后就回复您。"

案例二：

销售部王明："黄总您好！我是××公司销售部门王明。上次您说对我们的分红型保险感兴趣，我们有一场讲座，内容包括……"

黄总："对不起，我正在开会。"

销售部王明："哦，好的。那您看什么时候方便我再打给您？"

黄总不耐烦地再次告知："回头再说吧，我现在有事！"

过了1小时，黄总的电话再次响起，然而会议还未结束……

您觉得案例一和案例二哪种打电话的方式会更让黄总感受到被尊重呢？黄总会继续和哪一位保持通话呢？

在电话交流中，如若没有询问，抢先完成自己的话题，会让对方认为你是不顾他人感受的人，这样做会影响长期可持续发展的关系，得不偿失。

◎ 使用手机的礼仪

2. 在办公室接打手机

在办公中，要将手机摆放于常规固定的位置，如需要接打工作电话，请关照周边工作人员的工作状态，选取不打扰他人的通话位置，同时询问通话对象方便的时间，把握好通话时长，以免通话时间过长影响对方的其他事务。切勿时常看手机或在办公区域接打与工作内容无关的电话，这样的行为会让同事或领导误认你无所事事，工作态度不端正。

3. 特殊的使用场合

不要在加油站、面粉厂、油库等特殊场合使用手机，避免手机发出的电磁波引起火灾、爆炸。不要在开车时使用手机或查看信息，以免分散注意力，造成交通事故。不要在飞机起飞和降落期间使用手机，以免给航班带来危险。不要在医院有医疗仪器设备的房间使用手机，以免手机信号干扰医疗仪器的正常运行。

四、公众场合要控制音量

在地铁、公交车等人员密集的场合，切忌旁若无人地大声通话。正确的做法是侧身通话，或选择僻静的场所进行交谈。在厢式电梯、公共交通工具上，或者在医院、博物馆、运动会现场接打电话，要注意将声音压低，绝不能影响他人。在不便于讲话时，也可使用短信先行回复对方（图9-4），待方便后再进行通话。

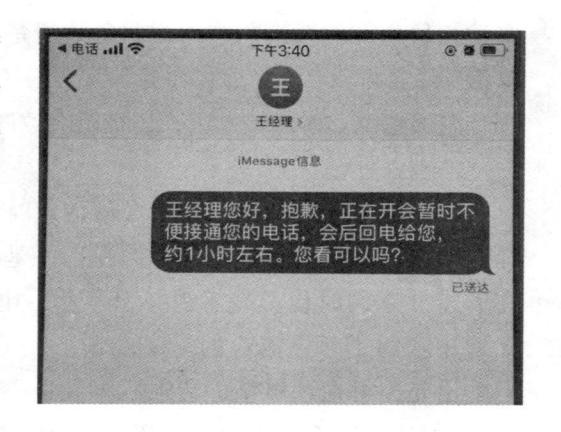

◎ 图9-4

187

第三节　使用微信有讲究

2021年年初，腾讯高级执行副总裁、微信事业群总裁张小龙公布，每天有10.9亿人打开微信，7.8亿人进入朋友圈。可以说，微信是今天主要的通讯方式、社交方式以及工作沟通方式。那么，我们在使用微信中，是否曾因一条不当的微信信息而伤及他人，是否曾因一条恰当的微信信息而受到欢迎？微信形象已经成为个人形象、职业形象的重要组成部分，在学会使用微信各种功能的同时，更应该关注微信的正确使用方法与技巧，因为良好的微信沟通能力是保障和谐人际交往的必备技能。

一、微信聊天有学问

1. 礼貌加好友

（1）未见面时：位低者主动添加位尊者。添加步骤：称呼问候+自我介绍+说明添加好友的原因。如："王教授您好。我是您的学生何××，希望有机会能向您请教。"

（2）见面时：位低者应主动说明添加好友的原因，征得对方同意后，主动扫位尊者的微信二维码，并备注清楚自己的姓名、单位、职务和联系电话。

温馨建议：添加好友后，记得及时致谢。还可将重要好友加星标。

2. 发送信息

（1）信息形式规范。发送微信信息时，首选文字形式发送，而不要选择方便自己的语音形式。其原因是，一是考虑他人是否方便听语音；二是在讲求效率的时代，文字更一目了然，也更正式，而语音播放时间较长，无形中增加了对方沟通的时间成本；三是文字可以提前编辑、调整措辞、斟酌语句，可在逻辑整理清晰后再发送，而语音信息难以提前打草稿，如果说太多的"嗯""啊""呃"等口头禅，或者无谓的重复、回读，容易引起听者的反感。基于上述原因，规范的微信礼仪建议大家以文字信息发送为主。另外，如实在不方便打字，也可事先说明原因，然后用语音或直接选择电话的沟通方式。

（2）信息内容规范。微信信息首先要求实事求是，严禁传谣、造谣，更不能发布反动言论。自媒体时代，对微信公众号的内容还要求尽量做到言之有理、言之有物，避免空话、大话、套话，杜绝黄色、污秽、令人反感的言语。

（3）巧用表情符号。打开微信表情会发现，一个笑容的表示就有多个类似的表情符号可以选择，但细心观察会发现每个不同的笑脸显示的文字名称是不同的。如图9-5所示，不同的笑脸分别显示文字有微笑、调皮、龇牙、愉快、憨笑、笑脸等。细心观察和选择后，我们的表情使用会更加准确，能更好地帮助我们传情达意，借助表情塑造适宜的微信形象，比如"愉快"会更显亲和力，而"微笑"则稍有距离感。当然，面对不熟悉的交往对象，表情的使用更应慎重，以便对方尽可能准确地明白我们的本意与态度。

微笑　　　　　调皮

龇牙　　　　　愉快

憨笑　　　　　笑脸

◎ 图9-5

（4）懂得网络用语。关于网络用语的使用，应遵循大众沟通的习惯和规律。比如，希望表达更亲切的回应时，可用"嗯嗯""好呀"来回答，而不是"嗯""好的"或是"收到"。表达更热情高效的态度时，可用"马上""没问题"，而不是"可以"。如果收到对方"哦""好""嗯"等回应，则可能表示对方正在忙其他的事情，此时就需要通过确认后再择时与之沟通。慎用"呵呵"，这个回复容易使对方感觉我们对他观点的不屑或是不认同，如果这并不是我们的本意，就需要在选择网络语言时细心斟酌、恰当选择。

（5）及时回复信息。当我们收到一条信息时自然应及时给予回复，如确实不能及时回复，也应尽可能不要等到次日再回复对方，容易让对方对我们产生不重视他人、懈怠的印象。如果收到信息时正忙，可以回复对方："现在我正在开会，五点回复您，好吗？"如果确实因消息过多，漏读或是忘记回复了，一定要用诚恳的态度向对方说明原因，不可不了了之，以免给我们的人际交往带来负面的影响。

（6）注意发送信息的时间。一般情况下，不要在休息日发送工作信息，不要在 22:30 至次日 7:00 之间发送工作信息，在别人可能正在休息的时间段也不要发信息，因提示消息的声音会打扰他人休息。

（7）大段文字信息应提前编辑并检查。如果在发送微信信息时，需要输入大段文字或是需要花费比较久的时间编写，可以事先在手机备忘录里编写完毕，然后再复制粘贴到微信中发送，以免对方看见微信聊天界面出现"正在输入"四个字后，一直在等待我们的回复，增加对方交流沟通的时间成本。

二、巧妙维护朋友圈

1. 不要刷屏式发广告

微信朋友圈是我们了解他人，也是让他人了解我们的重要阵地。发朋友圈时，应妥善选择可以给人带去温暖或美感的有益信息。不建议选择刷屏的形式进行广告信息的发布，即使这是我们的工作，也应注意每条信息的处理要有内容、有温度，建议选择软文的方式进行宣传。因大量的硬广告刷屏会导致他人的反感，从而将我们设置为"不看他的朋友圈"，这样得不偿失。

2. 留言、评论、回复要注意的方面

（1）留言时要注意语言是否侵犯到他人隐私，如果是较私密的话题或者问答比较频繁的话题，请转至对话框进行交流，否则，共同的好友将会同时被消息通知到，受到不必要的打扰。

（2）给他人点赞时，要注意朋友圈的内容是否适合点赞，不要他人发一条悲伤的信息也去点赞，此时，及时的安慰才是可取的做法。

（3）回复评论时要记住不要厚此薄彼，朋友圈中有很多"共同的好友"可以同时看到彼此间的留言，如果我们对其中一位朋友非常热情，而对另一位却冷淡回复，会引起他人的不快。

（4）回复某人评论时，应单独 @ 对方进行信息的回复，这样做其他评论的朋友才不会收到答非所问的消息。

（5）谨慎拉黑他人。如果不喜欢某个人的朋友圈信息，应谨慎选择拉黑，可以选择"设置朋友权限"，在其中选择"不看他"即可。

三、微信群里有情商

我们或多或少有一些微信群，比如家庭群、工作群、同学群、拥有共同爱好的伙伴群等。不论是管理严谨的工作、客户群，还是管理松散、关系亲近的家庭群，都应注意群内言语和发布的内容，应考虑他人的感受，不宜发送一些使他人产生反感的信息。

（1）不要频繁发广告，不要随便要求他人帮忙点赞或投票。如必须要发的重要群消息，要在获得群主的允许后，再确定适宜的发送形式。比如可以请管理人员代为统一发送。即使是较为亲近的同学群、家庭群，频繁、生硬的广告信息，或是求赞信息、投票信息等，也会让人产生不悦的情绪。

（2）不要不告知群主就随意拉他人入群，如需拉人入群时，首先需要征得群主的同意；其次，需要提前告知被拉的好友，将即将拉入的群的基本情况、拉对方入群的目的等逐一说明，获得对方允许后方可拉入群内。

（3）群消息尽量文字精简。在微信群中，每一条信息所有群内的好友都可以接收到，如果语言内容繁冗且有失条理，无疑是在浪费所有人的时间，增加他人的理解难度，会严重影响我们在他人心中的形象。因此，微信群内的语言更应提前斟酌、言简意赅地表达，才容易提高沟通与交流的效率。并且，在微信群的交流中更应尽可能避免发送语音信息，以免给群内更多的伙伴带来不必要的干扰。

四、微信红包见人品

微信红包是腾讯公司于2014年年初推出的一种应用技术，在2015年春节联欢晚会上，微信红包与晚会的互动让更多人学会使用微信的这项功能。该功能的发明和使用自然是希望方便人们的生活，如果在使用的过程中成了红包的"奴隶"，则是有失人品的表现。

（1）群红包和私人红包分开发。避免将私人红包发入群后，被他人误领造成尴尬。

（2）不要不看内容就抢红包。万一误领了他人的红包，不仅造成尴尬，更有可能耽误他人用红包办事的时间，还有可能自己误领了还不知晓，让他人着急生气，怀疑我们的为人与品德。因此，不可盲目领抢红包，确实误领了他人红包应及时退回并致歉。

（3）不要只抢不发。中国的传统"礼尚往来"也应体现在红包的使用上。群里总有些人只抢不发，群友们都会看在眼里，久而久之会让人怀疑其人品的好坏，影响友谊的发展。

微信，是新时代的产物，是我们使用的工具，也是一种社交生活方式。掌握了微信使用的正确方法与礼仪技巧，定能让我们的沟通更加顺畅，生活更加幸福。

第四节 电子邮件的格式规范

电子邮件的出现极大地改变了我们的交流方式，它具有存储方便、节约纸张、成本低廉、省时且较正式的优点。那么，发邮件有哪些礼仪需要遵循呢？如何才能让电子邮件发挥它的优势，同时避免出现"坏事儿"的邮件，这是生活在信息化时代的我们需要学习的内容。

一、主题要提纲挈领

添加邮件主题是电子邮件和纸质信件的不同之处，主题是电子邮件接收者了解邮件内容的主要来源。在主题栏里用精练的词语概括出整个邮件的内容，便于收件人权衡邮件的轻重缓急，方便处理。

（1）标题空白是失礼的行为。在快节奏的时代，很多职场人士很难有时间来一一阅读每一封电邮，通常会通过邮件主题来判断是否打开邮件。填清楚标题，可以最大限度地节约时间成本，也是体现自身工作素养的重要环节。

（2）标题要简短精练。填写主题时需要考虑收件人可能会用手机等便携式设备接收电邮，主题要做到简短、精练，方便收件人通过任何电邮APP提醒就能概略了解邮件内容。

（3）标题要真实反映邮件内容及重要性，切忌使用含义不清的标题。如"林老师好""李女士收"等。

（4）一封邮件尽可能只针对一个主题，这样能突出重点，也便于日后整理。

（5）如果是因公邮件，最好写上单位名称。以便对方一目了然又便于留存，时间可以不用注明，因为一般的邮箱会自动生成。

（6）主题中不用夸张的提醒或字符。如"加急""!!!""特别重要"等，如果确实重要或是急件，可以用电话强调说明。

二、称呼问候不能少

（1）称呼准确。邮件的开头一定要有称呼，这既显得礼貌，也是给收件人明确发出的信号。在多个收件人的情况下可以统称，如果只有一位收件人，就必须要用专属称呼。在职场，如果对方有职务，应按职务尊称对方，如"李总""王董事长"；在社交场合，可以按通常惯例称呼对方为"李先生""王女士"等，但要把性别先搞清楚。记住，中华礼仪讲究"称尊长，勿呼名"，所以，称呼全名也是不礼貌的，通常用"姓＋职务""姓＋职称"称呼为好。

（2）开头结尾要有合适的问候语。可以采用时效性问候，如："早上好！""中午好！"也可以采用简单的开头，对长辈用"您好"，对平辈或晚辈用"你好"。注意开头问候语的格式，称呼换行空两格写。结尾问候语不能忘，要有始有终。常见的有"祝您开心""祝您一切顺利"，若是尊长可以使用"此致敬礼"。注意，正式的邮件应完全使用信件标准格式，"祝"和"此致"为紧接上一行结尾或换行开头空两格，而"顺利"和"敬礼"再换行顶格写。

三、正文简明扼要

（1）正文要简明扼要，不写空话、套话、废话。这既是个人书面表达能力的体现，也是提高工作效率的必然。

（2）初次发邮件，需要自我介绍。无论对方是否认识我们，首先应当写明自己的姓名、身份和代表的单位名及职位，以表示对对方的尊重。自我介绍应当简洁扼要，最好只介绍和本邮件以及对方有关的信息。

（3）如果邮件具体内容确实很多，正文应只作摘要介绍。正文部分精简扼要地说清楚事情，然后单独写附件进行详细描述。注意用常见词汇和短句，不要出现让人晦涩难懂的语句。

（4）注意正文结构。推荐用1.2.3.之类的结构化表达，能够让人一目了然，清晰明确。如果事情复杂，列几个段落进行清晰明确的说明。保持每个段落简短不冗长,因为没分段的长篇大论很难使对方抓住重点。

(5)邮件需要一次性交代完整信息。最好在一封邮件中把相关信息全部写清楚、写准确。避免之后再发一封"补充"或者"更正"邮件,这会给人留下做事缺乏条理的印象,让人反感。

(6)尽可能避免低级错误。如果是外文电邮,注意避免拼写错误和语法错误;如果是中文电邮,注意避免错别字和语法错误。可以使用拼写检查。这是对别人的尊重,也是自己态度的体现。

(7)合理提示重要信息。合理的提示是必要的,但过多的提示则会让人抓不住重点,影响阅读。不要轻易使用大写字母、粗体斜体、有色字体、加大字号等手段对一些信息进行提示。

(8)合理利用图片、表格等形式来辅助阐述。对于很多带有技术介绍或讨论性质的邮件,单纯以文字形式很难描述清楚。如果配合图表加以阐述,无疑会提高我们的专业度,收件人也一定会肯定我们的工作能力。

(9)慎用表情字符。不要轻易使用各类表情符号,表情符号具有很强的沟通特点,非常个性化,但有的表情符号难以理解,不便于信息传达。在商务信函里,乱用表情符号显得不够稳重。

四、附件落款有交代

(1)如果有附件,在写邮件时应当首先粘贴到邮件中,避免忘记。

(2)附件文件应妥善命名,最好能够概括附件的内容,方便收件人下载后管理。

(3)正文中应对附件内容作简要说明,特别是有多个附件时。

(4)附件数目不宜超过4个,数目较多时应打包压缩成一个文件。

(5)如果附件是特殊格式文件,应在正文中说明打开方式,以免影响使用。

(6)如果附件过大,应分割成几个小文件分别发送。

信息时代,不论是工作还是生活,人类的语言不再局限于有声语言,人与人之间的交流充分体现着全球性、虚拟性、交互性与开放性。我们需要更加重视书面语言,重视电子邮件的内容与形式,让语言表达更加丰富而精彩。

CHAPTER 10

第十章
参加文体活动的礼仪

第一节　这样参观博物馆才有收获

博物馆是大家日常游览休闲的重要场所，但是在参观游览的过程中您是否被喧闹的人群打扰呢？您的思考是否被频繁的闪光灯影响呢？参观博物馆有很多需要注意的礼仪细节，只有遵照参观礼仪调整自身行为才能在参观博物馆时有礼、有节、有收获。

一、人类文明在这里

将接待国家元首的场所放在博物馆是世界很多国家的通行做法。之所以博物馆会成为接待国家元首的选择之一，是因为国家博物馆可以作为代表该国或该民族的文化符号，博物馆建筑本身和馆内收藏的珍品代表了该国的辉煌成就，体现了该国为人类文明发展所做出的卓越贡献。如果用一句话概括博物馆，便是"人类的文明在这里"。

二、参观博物馆的礼仪通则

一提到博物馆，大家总是将其与厚重的历史、高端的科学研究联系在一起。部分人会认为博物馆与个人距离很远、关系不大，还会认为博物馆与现代的快节奏、丰富多彩的生活格格不入。其实，博物馆不仅是收藏和陈列历史文物的场所，同时还兼具传播历史和科学文化知识，对人民群众进行爱国主义教育和社会主义教育，提高全民族的科学文化水平的功能。随着实现中华民族伟大复兴和弘扬传承优秀传统文化的意识深入人心，现在越来越多的人开始走进博物馆，博物馆数量也不断增加。

国家文物局2019年度全国博物馆名录显示，全国有备案博物馆5535家，其中民办博物馆约占16%。总数较上一年增加了181家，平均每两天就增加一座博物馆（《国家文物局关于公布2019年度全国博物馆名录的通知》文物博发〔2020〕9号）。面对博物馆数量的不断增加，功能的不断优化，参观人数也在不断增加。我们需要遵守参观博物馆的礼仪，让博物馆之行更有效、更文明。

第十章　参加文体活动的礼仪

博物馆的参观不同于一般旅游景点，其特点是空间有限、人流集中、安保严格、展品珍贵。根据这些特点，我们需要注意以下事项：

1. 遵守秩序

因为空间有限，我们需要做到有序排队，按照标识的指示方向参观，切勿逆向行进，否则很容易造成行进缓慢，引起人流堵塞，甚至发生安全事故。

2. 保持距离

在公共场合与对方保持一定的距离是常识。在参观博物馆时，不仅人与人之间要保持一定的距离，人与展品、展台之间也要保持一定的距离（图10-1）。尤其要注意不能在人与展品、展台之间来回穿梭，甚至是整个人趴在展柜上影响他人观览。

◎ 图10-1

3. 控制音量

参观的过程是学习的过程，也是和同行人交流的过程。在交流时，应该有意识控制说话的音量，禁止高谈阔论，也不要高声喊叫，大声打电话的行为更是会让他人视为失礼的表现。除了说话声音，电话铃声、高跟鞋的声音、小朋友嬉闹的声音或者玩具的声音等都会影响他人的参观感受，这些都需要禁止。

4. 虚心聆听

博物馆中会有专职讲解员进行讲解，很多朋友也会跟着讲解员完成参观。需要注意的是，讲解员的讲解是要面向所有参观者的，是普及性的讲解。如果想在讲解员讲解过程中与其交谈，想深入了解展品的背景及其他内容，这时并不是最好的时机，此时插话不仅会打断讲解员的思路，更是对其他参观者的不尊重。我们可以在不同展厅转场的时候或者讲解最终完毕以后，再与讲解员作简单的交流。如果对局部的展览比较熟悉，也要虚心聆听，切忌"抢风头"影响其他人。

5. 相互谦让

想要在博物馆参观过程中有一个好的参观体验，最重要的就是相互谦让，从对方的角度考虑问题。需要做到一是礼让，二是理解。例如再喜欢的展品也要给他人观看的机会，再长的队伍也不要无理催促前方的人，对于无意的身体接触

◎ 参观博物馆的礼仪

197

更不要大惊小怪、指责批评……

6. 注重形象

博物馆中，大家观看的是展品，从另一个角度来看，展品也在静静地品味着每一个参观者。一位学者曾经说过："面对几百上千年前的珍品，众多参观者的形象也像一个大型的展览，并且直击其内心。"参观博物馆，可以不着正装或礼服，但是一定要着装得体、仪容大方。切忌着装过于暴露、随意和另类。如果是亲子参观博物馆，家长更要给下一代做好模范。让我们带着一份尊重走进博物馆，带着一份敬畏出现在展品面前。

7. 遵守公德

博物馆中除了展厅，还有很大部分的公共区域，例如休息区、售货区、宣传区、安检区、工作区等。无论出现在哪个区域，都要遵守公德，做到不吸烟，不要随地乱扔垃圾，带婴儿的家长不让孩子随地便溺，不在休息椅上躺卧，服从安检人员安排，不带违禁品进入博物馆。

8. 爱护展品

观看展品是很多参观者前往博物馆的重要目的。很多参观者都是第一次观看该展品。敬畏、仰慕是很多人看到这些展品实物时的心情。但是，注意情感表达方法要恰当。

在参观博物馆时，保护展出的物品是每一位参观者的责任与义务。要做到按照要求拍照，不要触摸展品，不要毁坏展品，与展品保持安全的距离，听从工作人员的安排。

以上是参观大多数博物馆都需要遵循的礼仪规范，除此以外，一些特殊博物馆有其特殊的要求。

三、要这样参观自然科技类博物馆

自然科技类博物馆虽然不是总数最多的博物馆，但却是最受欢迎的博物馆。无论是动物、植物、地质、科技以及军事等博物馆，都因其知识性、趣味性、参与性强，而备受各层次参观者青睐。在参观这些博物馆之前，遵循以下礼仪规范可能效果会更好：

1. 提前预约

因为参观人数多，很多自然科技类博物馆都采用预约的形式控制参观人数。因此，参观前需要通过电话、网站、小程序或旅行社等渠道进行预约，有些博物馆预约成功后还要经过换票、验票等程序，才能进入博物馆，这其中还会用到身份证件，参观者一定要主动出示，积极配合工作人员核验身份证件和预约信息。

2. 做好攻略

这类博物馆都会分很多不同的展厅，每个展厅的主题和重点内容以及体验要求都不尽相同，有的还会设置开放时间，因此需要提前做好攻略，以免参观时浪费时间。

3. 明确目标

做攻略的时候，要确定好此次参观的重点。有重点地去参观，既能够保证参观的质量，也会减轻博物馆的参观压力，还能让本次参观的满意度更高。

4. 积极参与

自然科技类博物馆的可参与性是其他类别的博物馆所没有的，参与其中也成为很多参观者的主要目的。但是参与机会并不是与参观人数成正比的。因此参与项目时一是要做到遵守要求，例如有的限制年龄，有的限制体重等；二是要做到有序排队；三是要做到爱护设备。

四、要这样参观历史人文类博物馆

历史人文类的博物馆与其他博物馆的主要区别在于专业性比较强，如果不了解展品的背景等相关知识很可能会觉得参观枯燥乏味。因此想要达到更好的效果，需要做到以下三点：

1. 做好功课

根据要参观的博物馆主题提前做好功课。如果是艺术类的就要了解作者生平、创作背景以及作品的特点；如果是历史类的就要了解该段历史的主要脉络、主要展品的背景知识；如果是名人故居或其他主题展览，也要有针对性地了解相应的知识才能有更大的收获。

2. 按序参观

历史人文类博物馆的展出，都会按照一定的脉络来进行布展，很多大型的博物馆都是单向参观的，即参观者只能顺着一个方向进行参观。因此跳跃式参观和逆向参观是我们需要避免的。尤其是逆向参观，既扰乱正常的参观秩序，又不利于参观者有效了解展览内容。

3. 认真聆听

如果前期功课做得不太到位，那么依赖讲解员的讲解来辅助参观也是不错的选择。但是聆听讲解的过程要认真，不要随意打断讲解员的讲解，更不要与讲解员争论或抬杠，这既是对讲解员的尊重又是对其他参观者的尊重。

在博物馆这样的公共场所，不仅要考虑自己的参观感受，更要照顾他人的参观感受，只有人人都做好自身的行为管理，重视每一个礼仪细节，才能更好地提升公民素质，推动社会进步。

第二节 观赏交响乐和京剧是不同的

2018年7月18日，国家大剧院皇家利物浦爱乐乐团音乐会现场，返场曲目选择了《我的祖国》。当音乐主旋律响起，现场顿时响起了雷鸣般的掌声和欢呼声。随后，伴随着双簧管富有情感的演奏，观众们难掩心中的感情，台下整齐划一地唱起了"一条大河，波浪宽，风吹稻花香两岸……"之后，歌声与掌声一直伴随着台上的演奏家们直到乐曲终了。演出结束后，有的观众直呼现场太燃了，大家认为国外乐团演奏中国作品实属难得，观众的爱国激情被点燃可以理解；而有的观众则认为交响音乐会有其特殊的观赏礼仪，尤其演出中途不能随时鼓掌，对无法安静地欣赏这样经典的演奏表示很遗憾。

其实，所有的艺术都是情感的表达，能够得到观众的认可应该是所有艺术家的愿望。但是不同的艺术表现形式有着各自的文化背景和特点，观众表达情感的方式也相应地有所区别。这一点，在中西方两个典型的艺术形式京剧和交响乐上表现得尤为突出。

一、音乐中的文化差异

中西方音乐文化的差异对乐器发展、音乐创作、音乐理念等产生着重大影响，也对音乐欣赏礼仪提出了不同的要求。

交响乐是西方音乐的表现形式，起源于希腊，意为"和音"，常常用在歌剧的序曲部分，后来从中脱离出来，逐步发展为现在的独立形式。西方的音乐多与宗教相关，注重和声效果，注重发展逻辑，有着封闭的结构，因此科学性、逻辑性和整体性都很强。如果欣赏过程中被掌声打断，会破坏乐曲的整体性。

京剧被誉为中国的国粹，为了突出京剧在中国的影响力，也有学者称京剧为国剧。但是，京剧的历史与其他戏剧相比却并没有那样悠久。从四大徽班进京到现在也就两百多年的时间，之所以称其为国粹是因为京剧博采众长，融合了众多戏曲的优点。不仅如此，中国历史、文学、音乐甚至是科学技术等都在其中得以体现。著名京剧表演艺术家尚长荣曾说"京剧艺术是一条永恒跳动的经脉，它的搏动牵动了中国的历史、中国的文学、中国的各类艺术，它与其他千万经脉一起构成了整个城市、整个民族强大的精神网络"。具有中国的文化基因是中国戏曲的共同特点，而采众家之长的京剧自然也继承了这一特点。在京剧中无论是剧目内容，还是表演、唱腔，都体现了中国传统文化中的"和"。而京剧观赏中热闹的和谐氛围，也正是"和"的体现。

二、交响乐的欣赏

交响乐音乐会通常是在室内的音乐厅举行。有的人认为听交响乐是娱乐消遣，其实不然。在西方，交响音乐会不仅仅是艺术的盛宴，还是重要的社交活动。这一点在对着装的重视程度上就可以看出来。

观赏交响音乐会的着装，通常要求男士穿着西装或礼服，女士穿着裙装、小礼服或晚礼服。得体着装不仅仅是对演出者的尊重，更显示了个人素养。国内虽然不会要求听众穿燕尾服或者小礼服，但也需要服装整洁，不能穿过于休闲的服装和裸露的服装，例如穿短裤、人字拖是不被允许进入音乐厅的。

准备欣赏交响乐，应该提前持票到达。国内的剧场通常至少提前40分钟准备检票入场，提前10分钟进入音乐厅。入场时应该主动验票检票，特殊情况下还应该出示证件等。人多时要主动按照标识排队，保持好安全距离。很多剧院除了人工检票还设置了机器验票通道，通过此通道时要熟悉使用须知，按照一票一人的要求依次进入，切勿跟进，以免发生安全问题或影响他人通行。

为了方便安检，同时也为了减少等待的时间，尽量不要携带大件行李、大的手提包和违禁品进场，例如饮料、易燃品等。安检人员进行手检时应根据提示主动配合。

进场后凭票入座，座位号码一般分为堂厢单号、双号，以及楼厢单号、

201

双号。根据票上写的票号，在内场门口人工复检之后，找到指定的区、排、座位，就可以对号入座了。

交响音乐会开始后，迟到的观众应在曲目之间或幕间，由领位员引导尽快就近入座。不要中途退场，有特殊情况需要提前退场的，应在一首乐曲结束后，指挥谢幕、观众鼓掌时悄悄离开。

从小对孩子进行艺术熏陶已经成为很多家长的共识，但是交响音乐会通常会在购票须知上注明1.2米以下儿童谢绝入场。因为儿童的注意力集中时间有限，难以完整地看完整场音乐会，中途的吵闹、喊叫、家长的安抚等行为都会对其他观众和台上的艺术家造成影响。

为了更好地融入交响音乐会，观众最好提前做好功课。依照曲目单提前了解曲作家以及作品的背景，如果能够通过正版音像资料进行预听，相信能够取得更好的效果。

进场后，应该首先将手机置于静音状态，不要在演出期间接打电话。虽然手机目前都具备影音记录功能，但是根据版权保护的相关法律，演出期间不得拍照和录像。用于宣传报道的照片也只能由经过主办方许可的专职摄影人员在彩排时拍摄。

交响音乐会中，乐团成员上台顺序是大部分成员上台坐好后，首席小提琴手上台，与大家校音完毕后，指挥登场，同时观众应该报以热烈的掌声。随后的鼓掌通常是在一曲结束以后，指挥转身鞠躬致谢时观众鼓掌。音乐会终了，如果观众持续积极鼓掌，艺术家通常会选择返场加演。

安静倾听是欣赏交响音乐会的基本礼仪。在音乐厅中，音乐是通过建筑的结构传递的，而非扩音设备。特殊的声学设计，会准确地将厅内声音传递到每一位观众耳朵中。尤其是各种噪音会严重影响其他观众的欣赏效果。

交响音乐会会在中场安排休息，此时大家可以到专门的地方休息，互相交流、谈论刚才的音乐都是不错的选择。但是不能登上舞台玩弄乐器、合影。

要献花的观众，应提前与工作人员联系。待演出结束以后，根据工作人员的指引，上台献花、合影。演出结束以后，应尽快安全有序离场，不要拥挤。

三、京剧艺术的欣赏

相比交响乐，京剧在我国有着深厚的民众基础。虽然在很多影视作品中，常见边喝茶边看戏、边吃零食边看戏的场景，但是在戏曲进剧院以后，京剧的欣赏礼仪也在发生着变化。

虽然京剧能营造热闹的氛围，但是并不代表观赏京剧的时候可以随意，不顾礼仪。在剧院里欣赏京剧，着装、进场、退场、中间休息等环节与欣赏交响乐相差无几。区别较大的是在京剧表演过程中，观众可以在一些难度较大的唱段后或者精彩技巧展示后，利用有限的间隙为演员叫好、鼓掌、喝彩，以表达对演员的肯定与赞扬，形成台上台下的良好互动，激发演员的表演激情。除此之外，不合时宜的鼓掌不仅会让演员无所适从，还会被周围的观众视为异样。要注意的是，当台上十分安静或在紧张的剧情里时，即使演员表现精彩，观众也不能马上叫好。例如在京剧三岔口的摸黑打斗过程中，表演难度很大，需要两人的默契配合，观众通常会在锣鼓伴奏加进来的时候才会鼓掌，在无伴奏的时候大家则会屏息观赏。

前文我们说到京剧是中华文化的集中表现。因此在京剧欣赏前，做好功课就更为重要。要对京剧剧目的历史背景、人物性格、故事脉络、唱腔流派等内容进行详细了解，这样才能更好地欣赏京剧，细细品味其中的文化滋养。

由此看来，京剧欣赏和交响乐欣赏都是建立在对文化的欣赏基础上的。尊重演员，尊重艺术特点，尊重文化传承，在对的地方用恰当的行为做正确的事就是最好的欣赏礼仪。

第三节　出席舞会的礼仪

舞会是通过跳舞与人交往的一种社交活动，通常指的是交谊舞。舞会既体现着人们的活力、青春和朝气，又是一种很好的社交方式，能起到促进友谊和联络感情的积极作用。舞会上气氛轻松，交往自由，很受大家的欢迎。

一、舞会上的个人形象

舞会的着装应该依据邀请方的要求来选择，通常会在请柬上具体标明。此时，应严格按照规定着装。舞会的着装应干净整齐、优雅大方，不要戴帽子、墨镜，穿拖鞋、凉鞋、旅游鞋，也不要穿休闲装、工作服等。

男士多穿西服套装、系带皮鞋，参加隆重的舞会时则会穿燕尾服、戴领结。女士应穿高跟鞋、长裙，穿裤子跳舞通常是不礼貌的表现。舞会上的着装不宜过露过透，也不能过短或过紧。穿无袖裙时可以戴长手套。女士参加舞会时可以佩戴较为华丽的首饰，与舞会高雅的氛围相得益彰。

参加舞会前，还应根据舞会要求对仪容进行修饰。因为舞会大都在晚上举行，女士的化妆可以稍浓一些，但也要注意得体雅致。男士应该注意美发、护肤和清除体味。

在跳交谊舞的时候，与舞伴之间的距离非常近，我们首先应当注意的就是个人卫生问题。参加舞会之前，应当保持身体清洁无异味，体毛不外露。男士需要剃须修面，女士如果要穿短袖或者无袖装则需要剃除腋毛，如果体毛浓密还需要祛除体毛。保持头发的整洁，梳理成适当的发型。特别需要注意口腔卫生，保持口气清新，舞会前不能食用气味刺激难闻的食物，如生葱、生蒜、韭菜等，饭后要刷牙并认真去除口腔异味。如果患感冒或者其他的传染病，应自觉居家休息，不要参加舞会，以免传染给其他人。

在舞会中，还应注意自己的言谈形象。与对方交谈时应该称呼恰当，表达清晰，语言交流得体有分寸。

二、舞会上怎样邀请对方

在舞会上，邀请他人跳舞是相互交往的主要途径，但是舞会上的邀请要遵守以下要求：

（1）舞会上的第一支舞曲和最后一支舞曲，一般由男士邀请与自己一同前来的女士共舞。第二支舞曲开始，则需要交换舞伴与更多的人共舞。一般情况下，舞会上一对舞伴只宜共舞一曲。

（2）除了自己的舞伴，男士和女士可以互相邀请，不过通常是由男士邀请女士。对于男士的邀请，女士可以拒绝；而当女士邀请男士时，男士则不能拒绝。

（3）舞会上，同性不宜共舞，如果两位女士共舞，则有被男士冷落之嫌。

（4）选择适合的共舞对象。一般来说，可以邀请以下几类对象与我们共舞：首先是年龄相仿的人，这种情况下两个人比较容易形成默契。其次是身高相当的人，如果双方身高相差太大，不便于共舞和交流。再者就是邀请相识的人，与对方共舞一曲可以增进情感。如果有舞者较少被邀请，也可邀请与其跳舞，这既是对对方的尊重，也不易受到拒绝。

（5）积极交流。我们通过共舞一曲联络感情，邀请久未谋面的人一起跳舞，可以找到重新联络的契机。希望结识某人时，礼貌邀请共舞也是一个结识对方的好办法。

（6）注意举止。邀请他人跳舞时，邀请者应该举止优雅大方，表情谦恭自然，不要紧张或做作，当然更不能粗俗。如果嬉皮笑脸或者叼着香烟去请人跳舞，会让人反感。男士邀请女士时，应庄重地走到女士面前，微微躬身，彬彬有礼地伸出右手，无须言语，但有时也可轻声微笑说："小姐（女士），可否有幸请您跳一支舞？"如果害怕对方拒绝，也可以找熟人引荐。

（7）双方正在交谈的时候，不宜邀请其中一人跳舞。邀请对象的亲友在场时，应向亲友致意，并征得同意。

三、舞会中怎样回应邀请

舞会上受到他人的邀请要及时回应，通常不宜拒绝。受邀者应举止大方，表现出良好的修养。如果正在与他人交谈，要告知对方以示尊重。如果要拒绝别人的邀请，务必注意语气和措辞，切勿伤害对方。

拒绝对方时最好起身告知原因，还应真诚地向对方表示歉意。拒绝他人后不要马上接受下一位的邀请，否则会使被拒绝的人难堪。当女士拒绝一位男士的邀请后，如果这位男士再次前来邀请，无特殊情况，女士应答应与之共舞。

四、做受人欢迎的舞者

舞会是展现自身修养最好的时机，我们应当在舞会中举止文明，做受人欢迎的舞者。步入舞池时，应该女士在前，男士在后，由女士选择跳舞的具体位置；而在跳舞的过程中，则应由男士领舞，女士配合。

跳舞时万一不慎碰撞或踩踏了别人，应立即向对方道歉。如果他人碰撞到了自己，则要表示谅解。除交谈之外，跳舞时不要长时间紧盯着对方的双眼。一曲舞毕，男士应将自己所请的女士送回原来的休息之处，道谢告别后，才能再去邀请其他女士跳舞。

205

第四节　观看不同的体育比赛有不同的讲究

随着生活水平的日益提高，通过各类媒体观看国内外体育赛事已经成了很多人精神生活的重要内容。尤其是到现场观看比赛，能感受到强烈的视觉冲击和紧张激烈的氛围，成为很多人新的生活方式。但是在观看比赛的时候也需要注意礼仪细节，否则会影响我们的观赛体验，也影响参赛选手的发挥。

一、观众与运动员的良性互动

任何比赛，观众都是赛场的重要组成部分，没有观众比赛就失去了意义。赛场上，观众与运动员的互动是十分重要的。良性互动能够激发运动员振奋精神，更好地投入比赛，还能够营造现场氛围，满足观众对现场观赛体验的要求。良性互动主要表现在相互欣赏、明白规则和平等对待三个方面。

二、观看体育比赛的要求

（1）观看体育赛事的着装较为自由，以得体大方、穿着舒适为主。例如可以选择穿支持一方的队服等。需要注意的是，着装不能过于暴露，只穿背心或是光着上身，不仅不雅观，也是对别人的不尊重。

（2）大型赛事必须提前到场，避免迟到。如果已经迟到，入座时必然打扰别人观看，此时应向邻座道歉，可以表达"打扰了""不好意思，借过一下"等道歉性语言。观众入场时不能携带易燃易爆等危险物品，如果有安检人员检查，应主动出示并寄存。开车前往，要按规定路线行驶，并停放在指定区域。

（3）入场后尽快对号入座。在比赛期间不要频繁起身离座去买饮料、上厕所等，以免影响其他观众。啦啦队、球迷队的欢呼助威也要顾及其他人的观看体验。在体育场馆内观看比赛不能因为加油助威就起身站立甚至是站在座椅上，更不要把脚踩在前排座椅靠背和扶手上。

（4）比赛结束时，要向双方运动员鼓掌致意。如有要事，可提前退场。选择在比赛结束后离去，要按照顺序有序退场，顺着人流从最近的出口离场，不要互相拥挤，以免发生意外。离场时应主动将饮料、矿泉水瓶、果皮果核、零食包装等杂物带出场外。

（5）有些室内比赛禁止拍照和录像。要听从赛事管理人员安排。即使允许拍照也要切记不能使用闪光灯，避免对注意力高度集中的运动员造成干扰。

（6）如遇到比赛中突然停电，观众应保持安静，在座位上坐好，不要随意走动，并将手中的荧光棒、手机、手电筒等照明设备点亮，但不能使用明火照明。如果无法继续比赛，比赛被迫中止或是延期时，要听从工作人员指挥，借助应急灯光，根据安全出口指示灯的指示方向，有序退场。

三、不同赛事的观赛要求

1. 对抗类比赛的观赛要求

对抗类比赛主要有足球、篮球、排球、乒乓球、羽毛球等比赛项目。这一类比赛竞技性强，比赛结果有悬念，受到很多人的喜欢。在观看这一类比赛的时候，大家的立场都很鲜明，尤其是对本国参赛队和主场参赛队，观众热情高涨且抱有很大期望。对于宽大空间赛场的比赛，加油呐喊声可以相应增大。在羽毛球、乒乓球等封闭空间的赛场就需要对助威声加以控制，尤其是发球等需要注意力高度集中的时候，最好不要打扰选手，以免影响运动员的发挥。

在面对裁判的裁决时，要理性对待，不可辱骂对方运动员和裁判，更不能做出向赛场内扔物品的行为。

2. 精准类比赛的观赛要求

精准类比赛主要有射箭、射击、冰壶、跳水等项目。这些比赛的受众面较窄，大家对规则的熟悉度也相应较低，应提前做好功课。这类比赛的参赛选手一般需要高度集中注意力来进行比赛，更容易受到外界的干扰。因此，运动员在准备、瞄准等过程中，观众不要做出干扰的行为。可在比赛动作完成或公布成绩的时候再进行鼓掌加油。

3. 耐力类比赛的观赛要求

耐力类比赛如长跑、短跑、马拉松、竞走、越野滑雪、游泳等，这类比赛虽然对技术有很高的要求，但是比赛结果很直观，观众也对各个环节较为熟悉。观众的加油、呐喊不易对运动员造成影响，相反还能激发他们的斗志。但是加油助威的时机要准确把握。例如当裁判员发出"各就各位"口令的前后几秒，赛场要保持安静。当运动员起跑后，观众适时的掌声不仅能鼓舞运动员士气，更是向运动员表达敬意的最好方式。跳跃项目的运动员在助跑的时候，观众最好不要鼓掌，除非鼓掌的节奏与运动员的步点相吻合。

4. 展示类比赛的观赛要求

展示类比赛有花样游泳、体操、花样滑冰等项目，除了有特定的规则和竞技性外，还极具观赏性，表现力极强。这类比赛观众尽量不要在比赛中途鼓掌加油，应该在结束时报以热烈的掌声。

赛场上，无论什么项目，观众与运动员都是一种相互欣赏的关系，观众因运动员的精彩表现而振奋，运动员也因观众恰当正确的反应而激动，我们需要了解观赛礼仪，从而达到和谐观赛的良好效果。

CHAPTER 11

第十一章
旅行礼仪

第一节 乘坐飞机的注意事项

现代航空业已经十分发达，坐飞机成为我们很多时候的出行选择。但是，就坐飞机这件事，每个人心中的理解可能都不尽相同。为什么呢？因为乘坐飞机要遵守的规矩相对多，乘坐飞机要担心的事情也比较多，乘坐飞机时遇到的突发状况和繁琐流程也很多……

其实，当我们理解了飞行安全保障是绝对第一的前提下，当我们清楚必须遵守哪些航空安全规定时，一切的担心、麻烦和问题都能够得到理解。

因此，在乘坐飞机旅行时，与其担心与抱怨，不如掌握相关的礼仪知识——这不仅仅是航空公司、空乘人员、空姐们的事，也是我们乘客的事。因为，这次的旅行是属于自己的，在没有选择的情况下，成为一个好乘客，毕竟能让我们的旅途愉悦舒适起来。

一、乘飞机前的准备工作

在预订机票时可以选择适宜的航空公司。现在航空公司很多，每家航空公司提供的服务内容也多种多样。我们一般会关注起飞时间、飞行时长、机票价格，此外还要注意或咨询航空公司有关允许携带的行李体积和重量的规定。如果携带的行李超出这家航空公司过多，很可能需要付出高昂的行李托运费。如果我们的关注点在航班提供的餐饮质量上，就可以选择在这方面口碑比较好的航空公司。总之，选择一家合适的航空公司，是一次美好旅程的开始。

大多数城市的机场都在距离市区较远的位置，因此一定要预留充足的时间到达机场，避免出现因堵车、机场人多排队等情况造成的迟到，延误旅程。乘坐国内航班时，建议提前1.5—2小时到达机场，大多数航班通常在出发前45分钟停止办理登机手续，办完登机手续后，需要过安检，再到登机口。如果是国际航班，在过安检前还需要办理出境手续。一般登机是在起飞前30分钟开始，起飞前15分钟关闭机门。

为了方便办理登机手续和安检时迅速通过，不影响后面排队的乘客，我们应提前将自己的登机证照（身份证、军官证、警官证、护照等）放在方便拿取的位置。

二、安检及登机时的礼仪

乘机时不允许携带易燃易爆、管制刀具等危险物品，这是常识无须多说。但小刀等尖锐的物品（包括女士修眉刀、修眉剪），以及体积大于100毫升的液态物品（图11-1）同样不被允许携带登机，如果确实需要携带可事先放入托运行李中，否则将无法通过安全检查，违禁物品将滞留于安检处。特殊情况下，一些机场可能要求你脱下皮带、鞋子，随身携带的雨伞、照相机、手机、玩具等也需要接受检查，如果发现可疑物品会要求开箱（包）检查，必要时也可以随时抽查。

登机时，我们需要提前准备好登机牌有序排队进行登机。在机舱门口会有本次航班的乘务人员迎接，并向我们热情问好。此时，作为乘客的我们也应礼貌地点头回应并问好。

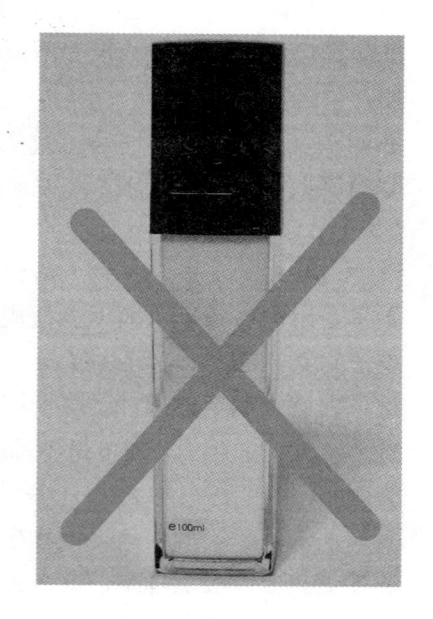

◎ 图11-1

在进入机舱中，行走在飞机过道时，随身携带的箱包或肩上的包应放置在身前，而不是在身后或身旁，这样可以避免碰撞到走廊两旁已提前入座的旅客。

我们应该按照机舱座位上方的标识对号入座。自己的座位如果是必须经过他人才可达的靠窗座位等，需要跟他人打一声招呼："您好，我的座位在里面。"待旁边乘客起身后再进入座位，避免与其发生碰撞。

需要放置于座位上方行李架内的物品，我们应按照要求妥善放置，以免因放置不当掉落下来砸到下面的乘客。对于头顶上方放置箱子的位置，遵循谁先落座谁先使用的原则。不便放入顶部行李箱的物品应放置于座位下面，不可放置于通道处，这样影响他人通过。

落座后，还可能会遇到一些情况。比如，一位乘客请求与我们交换位置，虽然同意交换会显得无私，但如果我们礼貌地拒绝，也不会有什么问题。

  起飞前，当乘务人员进行安全讲解及示范时，一定要保持安静，仔细聆听。即使我们已经对安全注意事项非常熟悉，也不要在此时与身旁的人讲话。因为我们身旁的人也许是第一次乘坐飞机，假如他（她）出于礼貌与我们交谈，就会错过这些与生命安全紧密相关的重要知识。

  安检及登机时的礼仪并不复杂，只要我们把握一个原则即可：与人方便，与己方便。

三、飞行中的礼仪

  当乘坐的飞机升入高空后，可以说真正验证我们礼仪素养的时刻就到来了。因为飞机不可能因为任何乘客的不文明行为而降落，此时，对一些事情的宽容也成为一种礼仪。

  比如，航空旅途对于孩子们这样的小乘客来说是兴奋的，他可能会一直大喊大叫，也有可能坐不住而一刻不停地吵闹。较小的孩子还可能会因为高空飞行引发耳朵疼痛，继而哭声震天。我们可以试着提醒他的父母努力让他的孩子安静下来。但如果这并不能起到什么作用，那么我们还要耐心接受。可以戴上耳塞，或者去了解一下孩子哭闹的原因并帮着家长安慰一下孩子，再或者拿起一本杂志来读读转移一下注意力。

  当然，如果我们自己是孩子的父母，对孩子的哭闹则不能放任不管，在向其他乘客致歉的同时，应采取各种措施安抚孩子，即使真的无法安抚，至少也要让其他乘客知道我们尽力了。

  飞行中，可以在邻座愿意的情况下与之交谈。比如用"今天的天气真不错"来开场，试探同座是否有交谈意愿。交谈中不必互通姓名，更不宜询问对方的职业等私人信息。如我们不愿交谈，对对方的开场白只需回应"嗯""啊"即可，对方通常能感受到我们的意愿。如果对方执意与我们攀谈，可以礼貌地解释："抱歉，我需要睡一会儿。"如果有工作在忙的话，可以回应："抱歉，我必须在飞机到达前完成手头的工作。"如果不想交谈而又有先见之明，可以一落座就马上戴上耳机。不过，轻松愉快的交谈也会为枯燥的旅途增色不少。

  飞机上的座椅是可以调整的，但应考虑是否会对坐在自己后面的乘客带来不便。在调整座椅靠背时，应回身向后排的乘客示意，不要突然调整座椅靠背，这样有可能会给后面的乘客造成不便。当然也不要大力地拽、顶、踹自己前排座椅的靠背，这会使前排的乘客对我们产生反感。

如果落座在过道的座位，不要将肘部或腿伸进过道，这样会阻挡其他乘客的行进道路或绊倒其他乘客，也许还会被碰到而引发不愉快的事件。如果坐在靠通道一侧，有义务帮内侧乘客传递饮料或餐盘。

如果我们必须经常离开座位去洗手间或走动，应在上飞机之前选择一个靠走廊的座位，否则进进出出会给别人增添很多麻烦。若事先值机时没有得到靠走廊的座位，上飞机后可以请乘务员帮助调换座位。同理，如果身旁的乘客反复出出进进，那么我们也应予以理解，这位乘客可能由于身体健康原因需要频繁上洗手间，这时我们也可以考虑和他调换座位。

飞机机舱内通风不良，因此不要过多地使用香水和味道浓烈的化妆品。大家知道，同样的味道，某些人可能很喜欢，而另一些人可能会感到无法容忍。如果不想让周围的人（尤其是那些容易晕车、晕船、晕机的人）反胃，请谨慎处理自己的气味。在公共空间内，脱鞋永远都不是一种礼貌的行为，请不要这样做。

要尊重空乘人员。空乘人员不是私人保姆，不要故意为难他（她）们。将所有怨气发泄在空乘人员身上，是不礼貌的表现。如果对他（她）们有意见，可以下飞机之后向航空公司有关部门投诉。按照国际惯例，所有的空乘人员都不接受小费。

夜间长途飞行时，注意关闭阅读灯，以免影响其他乘客休息。

占用卫生间时间不要过长。在飞机上使用卫生间要注意按次序等候，注意保持其清洁。

如果晕机，可想办法分散注意力。如若呕吐，要吐在清洁袋内。如有问题，可打开头顶上方的呼唤信号，求得乘务人员的帮助。

我们无法选择与谁同行，也无法提前预知或随时停止突然发生的事情，与其说宽容是礼仪修养，不如说我们应该多换位思考。

四、着陆后的礼仪

飞机着陆后，并不意味着我们的行程就此结束。此时，我们的身份还是一名乘客。

在飞机没有停稳之前不要急于站起来，这样很不安全，要等信号灯熄灭后再解开安全带。

飞机停稳，等广播提示后再起身走动或拿取行李，避免行李跌落伤人。

下机时应拿好自己的行李，托运的行李需要到托运处等待拿取。

同上机时一样，礼貌地向送别的空乘人员点头致意并说"再见"。

好了，一次空中旅途就此结束。旅途中会遇到各种各样的人和事，努力成为一名好乘客，这样我们就会在收获一次美好旅途的同时，发现乘坐飞机是一件快乐的事情：与人方便，与己方便，多换位思考，理解他人，就能使一切变得美好起来。

第二节　乘坐高铁要注意的问题

近年来，在全球的高铁市场当中，中国独占将近 70% 的份额，高铁出口规模位居世界第一，中国成为世界"高铁第一大国"，中国高铁也成为我们伟大祖国的一张名片。

相对于其他交通工具来说，高铁有着不少的独特优势：行程较远的出行，选择开车会比较劳累，而且速度比较慢；飞机虽然快，但其票价较高；有些人晕车、晕机或是有恐高症，而乘坐高铁则很舒服；高铁上还有网络信号，通讯或者上网都不受限制……

正是因高铁的这些优势，乘坐高铁出行往往成为我们的第一选择。下面就来分享乘坐高铁时需要注意的一些礼仪规范。

一、乘坐高铁前做好充分准备

1. 根据行程提前预订车票

在一些人口流动量大的城市或节庆日等特殊时间，如果不尽早预订车票，则很有可能因车票售罄而影响出行。目前网络订票已经成为主流的订票方式。在互联网上购置车票，预售期可提前三十天。在火车站售票窗口购票预售期可提前二十八天。这给所有人带来了方便。

2. 预留充足的时间去往车站

高铁是准时发车的，不会等待乘客。高铁站有些设置在城郊区域路途较远，有些设置在城市较为繁华的地段容易堵车，还有一些大城市的高铁站不止一个，而是多个，因此要

◎ 乘坐高铁的礼仪

早些出发，明确站点位置，避免迟到造成延误。同时，要充分考虑路上诸如等车、堵车等诸多因素，预留充足的时间。

从乘坐的交通工具下车走向检票口，不同规模的站点用时大不相同，建议至少预留 30 分钟以上的时间比较稳妥。如果需要取纸制车票或购买车票，需要预留排队的时间，这个环节用时至少 30 分钟以上。高铁和飞机一样，也有着较为严密的安检过程，由排队安检到结束的整个过程大概需要 15 分钟。从安检处到检票口通常至少需要 10 分钟，而检票口会在发车前 10 分钟停止检票，检票口也会随之关闭。

从以上计算得出，提前 1—1.5 小时到达高铁车站较为妥当。

3. 选择适合的衣服

乘坐高铁时，需要选择舒适的衣服。运动装和休闲服都是乘坐高铁最合适的衣服。女士最好穿长裤、平跟鞋。

4. 挑选适合的座席种类及服务

高铁座席一般分为商务舱、一等座和二等座三类。三种座席除了票价依次由高到低外，所提供的服务内容也有所差别。比如商务舱为乘客提供免费的餐饮服务、毛毯等。在出行前可以根据自己的需要挑选适合的座席种类。

5. 特需乘客可以选择"重点旅客预约"

如果是老、弱、病、残、孕等有特需的乘客，可以在网络预订车票时选择"重点旅客预约"服务，高铁服务组会根据预约的特需乘客情况提前安排、准备，为特需乘客提供特别的服务。

6. 候车等待要注意的问题

候车时首先应看管好自己的行李。只占一个座位，不要躺在椅子上或是将行李堆放到椅子上。不可随地吐痰、乱丢垃圾、大声喧哗。

二、乘坐高铁过程中的礼仪

上一节中我们谈了乘坐飞机时的礼仪，这也同样适用于乘坐高铁。这里可以参照乘坐飞机时的礼仪规范。

需要特别注意的是，高铁全程禁止吸烟。即使是在车厢连接处也是不可以的。如果非要吸烟，可以在高铁列车临时停靠在中途车站时，下车去吸烟，但要注意高铁停靠时间往往很短，不要因为吸烟而误了乘车。这里再次强调，高铁不等人。

在座位上用餐时，不要吃气味浓烈的食物。因为吃了特殊味道的食物而引起其他乘客抱怨，甚至发生激烈冲突的事情也的确发生过。

另外，对于有人要与我们调换座位这件事，在高铁上发生的概率比飞机上大得多。遵循的原则还是与人方便与己方便。但如果不想调换，礼貌拒绝也完全不失风度。

在和其他乘客相处方面，也应做到不打扰他人。与陌生人交谈时，要注意安全，不轻易相信陌生人，自己的隐私也不要轻易泄漏给他人。

乘坐高铁时，无论自己还是他人，在遇到身体不适的状况时，不要自己随意处置。应尽快联系乘务人员，车上通常都备有急救药物，乘务人员也都经过急救训练。

下车时，一定要再次检查自己的行李和物品，以免遗落。如发现遗落，应在最短时间内与当地高铁站取得联系并告知详情。遗落的时间越短，物品被找回的概率越大。

三、乘坐高铁时的禁忌

高铁上有这样一些乘客，他们的行为会干扰到其他人。

有些人从上车到下车一刻不停地接打电话，把高铁车厢这个公共空间当作了他的私人办公室。

有的人用手机看视频、听歌，却不戴耳机，手机扬声器发出很大的声音，周围的乘客都向他投来了厌恶的目光，他自己却浑然不自知。

有些人把高铁当成了演讲台，高谈阔论、喋喋不休，声音具有很强的穿透力，还会发出"语不惊人死不休"的言论。

有些人则把高铁当成了自家客厅，社交达人附体，东家长西家短地和周围人都唠叨个遍。

还有人将座位看作是自己家的炕头，鞋一脱，直接横躺在座位上了，整个车厢都弥漫着一种难闻的气味。

最让人难以容忍的是霸占座位的人，他们全然不顾高铁秩序，眼一闭嘴一撇，就那样呼呼大睡起来。

这些人尽管是少数，但其行为令人生厌和不齿。

在公共空间内的礼仪原则之一就是不影响他人。只要我们多加注意，在旅途中，懂得尊重他人，也就能换来他人的尊重，并且能获得一次愉悦的旅程。

第三节　搭乘地铁高效出行

地铁是大中型城市中人们出行的重要交通工具之一。因其独有的安全性、便利性、经济性、快捷性，成为人们日常出行的主要选择。2019 年 10 月 16 日，交通运输部印发了《城市轨道交通客运组织与服务管理办法》，本《办法》已于 2020 年 4 月 1 日起施行，其中对搭乘地铁的乘客行为规范做出了具体的规定。

在本章的前面两节中我们介绍了乘坐飞机、高铁时的礼仪，其实搭乘地铁一样也要遵循这些礼仪规范。地铁作为日常使用频次更高的交通工具，在搭乘时遵循礼仪规范十分重要。因为我们希望每一次的出行都是安全、高效的。

一、上下车和排队规范

对比长途交通工具飞机、高铁等，搭乘地铁时往往会遇到更大的人流量，不仅排队候车的人会非常多，车厢也经常会变成"沙丁鱼罐头"。这样的情况往往会对我们的礼仪修养提出更高的要求。

如果列车到达，车门打开后，我们发现车厢内已经挤满了乘客，最好的选择是等待下一趟列车。即便我们挤进车厢了，也不得不和陌生人保持"亲密接触"，由此而引发的问题也许会比较多。

当候车的乘客超过三人时，应自觉排成竖列。永远遵守先下后上的原则，上车的人无论多着急，都应该为下车的乘客让出通道，当车上的乘客都下车后再有序上车。

走进车厢后，应及时向车门两边疏散，腾出车门的空间，以方便其他乘客上下车。即将到站前，可以提前向车门处移动，以便快速下车。如果人人都遵守上下车的礼仪规范，我们搭乘地铁就会变得更加高效。

不要对即将关闭的车门抱有期待车门打开的幻想。试图用身体、手臂或者皮包什么的卡住车门是错误的，因为大部分的情况下关闭的车门是不会打开的，这也是地铁为了乘

◎ 乘坐地铁的礼仪

客而进行的安全设计。实际上卡车门这样的事情确实屡屡发生，如果是皮包或是什么物品还好说——只是财物的损失罢了，但如果真的用身体卡门，那后果则不堪设想。

二、乘坐地铁的礼仪

《城市轨道交通客运组织与服务管理办法》明确规定，在地铁上是不可以进食的。无论食物气味大小，都不可以。当然婴儿或是有低血糖症等疾病的病人除外。

宠物虽然可爱，但是不允许被带上地铁。导盲犬、警犬等除外。

地铁上的座位是有限的，应该把它们让给比我们更需要的人，比如老、弱、病、残、孕等特殊的乘客。即便空座很多，也不应该用身体或随身物品占取额外的座位。

湿的雨伞要放在座位下方或地面，但注意不要挡住其他乘客的通道。如果是带钩形把手的雨伞最好收起竖放在靠边的位置，以免绊倒其他乘客。

观看手机视频时应佩戴耳机，说话应压低声音，尽量不要打扰到别人。

地铁不是自己的艺术工作室，在车站或者列车内不得涂写、刻画或者私自张贴、悬挂物品。

若有人在车厢内推销物品时不去购买，遇到乞讨、卖艺不去鼓励。

三、乘坐地铁时的禁忌

《城市轨道交通客运组织与服务管理办法》第五章第三十五条明确规定，禁止乘客有下列影响城市轨道交通运营安全的行为：

（1）拦截列车，在列车车门或站台门提示警铃鸣响时强行上下列车，车门或站台门关闭后扒门。

（2）擅自操作有警示标志的按钮和开关装置，在非紧急状态下动用紧急或者安全装置。

（3）携带有毒、有害、易燃、易爆、放射性、腐蚀性以及其他可能危及人身和财产安全的危险物品进站、乘车。

（4）攀爬或者跨越围栏、护栏、护网、站台门等，擅自进入驾驶室、轨道、隧道或者其他有警示标志的区域。

（5）向轨道交通线路、列车以及其他设施投掷物品。

第十一章　旅行礼仪

（6）损坏车辆、站台门、自动售检票等设备，干扰通信信号、视频监控设备等系统。

（7）损坏、移动、遮盖安全标志、监测设施以及安全防护设备。

（8）在车站、列车内吸烟，点燃明火。

（9）在运行的自动扶梯上逆行、推挤、嬉戏打闹。

◎ 图11-2

大中型城市的工作与生活节奏是比较快的，忙碌的人们在城市中穿梭，地铁站内的拥挤程度侧面反映了这个城市的先进水平，在发达的城市拥有更大的发展平台，同样，在发达的城市面对地铁站内的繁忙我们也应换一个心情去面对（图11-2）。只要能够注意搭乘地铁的这些礼仪规范，不仅能保证我们的高效出行，更能让每一次上班下班的途中是愉悦的。

第四节　乘坐公交礼仪先行

在工作和生活中，公交车是我们出行的最常用交通工具之一。乘坐公交车出行不仅经济实惠，也体现了践行绿色环保的理念。乘坐公交车出行是我们日常生活中很平常的一件事情，但往往越平凡的场合，越能体现我们的礼仪修养。

◎ 乘坐公交的礼仪

219

一、乘坐公交车礼仪，从站台开始

乘坐公交车的礼仪，其实在乘车之前就已经开始了。

在候车时，有些站台设置有遮阳、遮雨棚，还设置有座椅、垃圾桶等设施，这些设施为人们候车提供了很多的便利。作为公共设施，请不要乱涂乱划，不要蹲、踩在座位上，不要随地吐痰和乱丢垃圾、烟头，垃圾要按垃圾桶标识分类处理。

无论站台是否设置有排队栏，都应该按照到达顺序的先后进行排队。有些场合下，排队黄线仅仅是为了维持秩序而设置，但在乘坐公交车时，排队黄线更是安全线。因为公交车进站停靠时往往在非常靠近路边或站台的地方，这时如果过于靠近，非常容易引发危险。

公交车进站时，按照排队次序依次上车，不可推搡前面排队的乘客，避免上车时因拥挤而引发口角或纠纷。

上车时将皮包、书包及随身物品放置在身前，这样一是避免物品丢失，二是不影响后面排队上车的乘客。

二、礼仪体现在乘车细节中

乘坐公共交通工具时的礼仪，前面已经分享过，这里就不再赘述了。不过，在乘坐公交车时，我们会遇到一些需要特别注意的礼仪问题。

比如向司机问路或攀谈。首先，在任何情况下，我们都不应与司机攀谈。在行车中，司机的注意力在路况和驾驶上，此时手握方向盘的司机也掌管着车上所有乘客的安全。谈话会分散司机的注意力，交通事故往往就发生在这个时候。那么问路呢？比如问司机我们该在哪一站下车，看起来问路是无可厚非的，公交车司机也很清楚这种问题的答案，但是我们并不建议向司机问路，尤其是在车辆行驶的过程中，同因攀谈而可能造成的后果一样，即便是简单问个路也有可能引发交通安全问题。最好的解决办法是，在上车之前就了解清楚自己的目的地。如果站牌和手机定位地图等不能解决我们的问题，就向候车的乘客询问。

如果在途中发现自己坐错车了、坐过站了，可向同车乘客礼貌问路或到站后下车，而不是拍打车门大喊，让司机赶紧停车、打开车门。要知道公交车不进站是不可以停车的，也不会为了某位乘客的方便就任其随时上下。

公交车内虽然不是非常正式的公共场合，但如果打扮得过于"吸睛"或者直接赤膊，也实在有碍观瞻，是很不得体的。

公交车一般都是短途出行，空间和座位都有限，请尽量与他人保持适宜的距离，尤其是异性之间——这里不仅仅是针对陌生人，即使是情侣，在公共场所也不可做出过分亲昵的行为。

在雨雪天乘车时，注意将自己的雨衣、雨伞收好后放在座位下面（图11-3），不要将雨具上的雨水洒到其他人身上，也不要将雨伞放在通道中妨碍他人通行。

乘车时，我们时常会听到车内广播："给老、幼、病、残、孕及抱小孩的乘客让座。"其实，这只是最起码和基本的要求。我们应该将座位让给任何一个比我们更需要的人。

有时，乘客间经常会因是否开窗的问题引发争执，有的人觉得开窗通风好，有的人觉得风吹着会生病（尤其是坐在窗边的乘客）。一般在车内开放空调时，不应该开窗；车内有异味而且通风不良的情况下，可以开窗。其实开窗究竟好不好并不是礼仪范畴内的问题，我们认为能做到互相体谅才是最好的。

◎ 图11-3

三、上下车时，效率第一

无论自己是否赶时间，在乘坐公交车时我们更多考虑的应该是整体。保持好上下车的秩序，迅速而有效率地上下车，也是对他人的尊重。当然，如果别人（残疾人或腿脚不便的老人）耽误了我们上下车的时间，影响了大家的效率，我们也应报以宽容和理解的态度。

除了排队有序上车外，当我们进入公交车时，应尽量向车尾部移动，以给后来的乘客让出空间。

如果车上人很多，到站前应提前向下车门处移动，并向其他乘客礼貌地说："不好意思，我要到站了，请借过。"如果车上人不多，在车辆停稳后，迅速移动到下车门边等待车门打开后下车。

其实，无论是乘坐公交车还是在日常生活中，大部分不和谐的问题都是人们互相不理解造成的。多包容他人，尝试站在对方的角度去考虑问题，不仅会提升自己的礼仪素养，而且会收获到他人更多的理解和尊重。

第五节　入住宾馆的礼仪

在出游或出行时，往往要入住宾馆。宾馆多种多样，档次也各不相同，但无论是国内的宾馆还是国外的宾馆，基本都是按照统一的科学标准进行分类和管理的。通常来说，档次越高的宾馆，其费用也越高，舒适度及服务也会比较好。要根据自己出行的目的和经济条件来选择适合的宾馆。

某些人认为，入住宾馆是来消费的，自己是消费者，不仅要享受宾馆提供的各种服务，甚至可以随心所欲，因此近年来随着媒体的报道，也曝光了一些令人感到不可思议、啼笑皆非的入住宾馆时的不文明事件。我们在入住宾馆时，要在礼仪方面有所注意，对宾馆入住礼仪作详细了解，这样就不会影响个人形象，也不会妨碍出游或出行，并能够更好地享受宾馆为我们提供的各项服务。

一、预订宾馆时的礼仪

出游或出行前，如果日程已确定下来，最好提前预订宾馆。尤其是去往著名的旅游地或恰逢旅游旺季，尽早预订宾馆就尤为重要，否则当地宾馆客房爆满，我们就有可能"无家可归"，提着行李四处奔波寻找住处，既浪费时间，还可能付出高额的住宿费用。

预订宾馆的方式有很多种。最常用、效率最高的方式是电话预订。电话预订时，自己的情况和要求要尽量做到精准，这样才能使对方明确我们的需求，帮我们定到满意的房间。例如自己的入住时间、离店时间、入住人数、房间类型、入住客人的姓名以及自己想住几层几号等。费用也要询问清楚，费用包括房费与押金，这样可以确定我们的预算，在办理入住时带足费用。

无论何种类型、档次的宾馆，提供的客房种类都基本相似，通常有标准间、商务间和套间三大类。所谓标准间即单间，它一般又有单床和双床两种。商务间是标准间的升级，相对而言更加宽敞，位置也会更好。所谓套间如同套房一样，大都附设客厅，往往也有单床套间和双床套间两种。

预订宾馆时，只需要根据入住的人数、人物关系等来确定客房的种类及数量即可。在一些宾馆中，也提供加床服务，例如在标准间中另加一张床。如果有加床需求可以提前向宾馆提出，宾馆工作人员会在我们入住之前安排妥当。

另外需要明确的一点是，宾馆计算房费的标准都大致相同：过夜到第二天中午12时之前，按住宿一天收费；如果超过了12时，则按住宿两天收费。有的宾馆将退房时间调整到下午2时之前。有的则可以向宾馆申请延时退房。退房时间及计费标准如果不明确的话，可以在预订时或办理入住时询问清楚。

如果预约了某家宾馆的房间，临行前还需要再次确认。许多宾馆为了避免房间空置，都要求预订房间者在规定的时限内，对自己抵达的日期和住宿的时间再次进行确认。特别是因特殊状况，比预订时间晚到达宾馆，应尽早通知对方，以免预订被取消。

提前预订宾馆，不仅可以方便自己，也便于宾馆工作人员对客房的管理。这也体现出了我们对宾馆服务工作的尊重。

二、入住宾馆后的礼仪

到达宾馆之后，应先到前台登记。如果携带了大量行李，一般会有服务人员帮忙搬运，我们可以礼貌致谢后去办理入住；如果在国外，要记得给为自己服务的人员适当的小费，这不仅仅只针对帮我们搬运行李的服务人员，也针对帮我们打扫房间的保洁人员、为我们送餐到房间的送餐员等。这是一种对于提供服务者表示尊重和感谢的礼仪。

进入房间后，应首先阅读宾客须知，并查看紧急出口和安全出口的位置。然后检查杯子、衣架、电源插座、毛巾等设施是否齐全，如果有什么问题要立即与服务人员联系。

在宾馆住宿期间，无论遇到宾馆服务人员还是其他客人，都应以礼相待。在公共区域活动时，要注意礼让他人，不要横冲直撞、趾高气扬。

宾馆是供客人住宿、休息的处所，因此不允许在公共场合粗声大气、高谈阔论。无论在大堂、餐厅、走廊还是我们自己的客房内，都应当自觉地降低音量，不可以弄出过高的声响。夜深人静之时，更要对此加以注意。

平时进入自己的客房之后，一定要随手关闭房门。这样我们的安全和隐私才能得到保障。当然，这也是为了不影响他人。

如果要在宾馆会见客人，可以安排在宾馆大厅、餐厅、咖啡厅、茶室等场所。一般情况下，尽量不要在自己的客房内会见客人，特别是异性客人。如果确实有特殊情况需要在自己的客房内会客，客人进入后注意不要锁门。对于异性来客尤其是女性来客，进入房间后，即使不关闭房门也合乎礼节。绝不能站在房间门口或走廊里与人交谈，这样的行为无论对于客人还是其他人，都是不礼貌的。

在宾馆内，只要走出自己的房门，就属于宾馆的公共区域，不可以私人居家形象出现。即便是去服务台办一点点小事，也要换上外出衣物和鞋。睡衣、拖鞋等属于内衣，穿着内衣去往公共场合，是不雅和失礼的。

吸烟时，绝不可以躺在床上吸烟，也不要乱弹烟灰、乱掷烟头，以免发生火灾或烧坏地毯和家具。如果宾馆禁止吸烟，应遵守规定。客房是不可以开火做饭的，也不能任意点着明火焚烧物品。

一般的宾馆都设置有洗衣服务。换下的衣物可以交由宾馆洗衣处来洗，一般不要在客房内洗衣服。如果确实洗了一点衣物，也不可晾晒到窗外或门外、走廊，要知道宾馆不仅是一个人入住的，宾馆的形象需要我们共同维护。

客房的饮料、食物、商品等如果食用或使用，是需要在自己的房费之外另行付款的，而且其价格通常比较贵，因此不要贪小便宜，以免到结账时瞠目结舌。还有一种情况是我们入住的客房是由别人来支付房费的，这时就更不应该乱食用或使用房间内的额外计费物品，以免别人对我们产生诸如"这个人就是爱占小便宜"的误解。在这种情况下，如果确实需要使用这些物品，可以自己提前去前台支付相关费用或者提前向支付房费的人说明，就可以避免这种误会的产生。

不要将现金或贵重物品放在房间内。有些宾馆的总服务台可以提供保管贵重物品的服务，有的客房会提供保险箱，可以将贵重物品存放于保险箱内。

一些宾馆设有游泳池、健身中心、温泉桑拿和各种游艺室。这些设施一般都是另行收费的，有的也会包含在客房费用里为客人免费提供。注意这些设施一般都设有使用时间段限制，比如温泉设施需要每隔一段时间换水，这段时间温泉设施就无法提供服务。我们应遵守宾馆的设施使用规定，提前了解，安排好自己的时间，如果恰巧错过时间也不可向宾馆无礼讨要。

客房提供的服务中，一般还包括送饭、送酒、送花、送水果，或是叫出租车、叫行李搬运员，只需要拿起客房电话向服务台咨询即可。

除此之外，在入住宾馆后，要充分享受它所提供的各种服务，还应该不知就问。当然，当得到帮助或服务时，不要忘了说一声"谢谢！"

三、离开宾馆时的礼仪

即将离开宾馆前，一定要再检查一遍自己的物品是否带齐，不要遗落在客房里。有时我们不需要的物品会选择不拿走，但是宾馆工作人员对客人是否需要这个物品无从判断，一般都会想方设法与客人取得联系，通知客人，这也会给宾馆造成一点小麻烦。从尊重他人的礼仪角度出发，我们离开宾馆时，无论是否需要的物品，都应拿走随后再作处理，或者将不需要的物品直接丢弃在垃圾桶中。

客房内提供的洗发膏、牙刷、肥皂、信封、信纸之类的小物品，在离开宾馆时可以带走，而毛巾、睡衣、杯子等物品，往往都不可带走。如果我们特别喜欢，打算拿走留作纪念或日后使用，应与宾馆总服务台联系，并在结账时为这些物品付费。

如果不小心弄坏了宾馆的物品，应在结账时主动说明并进行赔付。

离开宾馆时，也不要有失风度，对为我们服务的人员致谢并与服务人员礼貌告别。

入住宾馆时都希望得到更好、更全面的服务，也都希望我们临时的家能更温馨与舒适。实际上，除了宾馆所能提供的之外，我们自己在此期间也充当着一个重要的角色，因为尊重从来都是相互的。

遵守礼仪规范，就可以得到更好的服务，为我们的出游、出行找到一个安全、舒心的临时的家。

第六节　出境旅游要入乡随俗

《礼记·曲记》云："入境而问禁，入国而问俗，入门而问讳。"古人很早便告诉我们，进入别的国家或地区时，应首先问明当地的禁令，了解当地的民俗与忌讳，以免触犯这些禁忌带来不必要的麻烦。今天来看，这样做不仅可以表达对其他国家与地区的尊重，也是保障我们能够顺利、愉快旅游的基础。

一、了解对方历史及宗教

旅游，是我们从一个熟悉的地方去到一个陌生的地方，因陌生与差异而对我们产生吸引力。出境旅游更是如此，我们通常更喜欢选择与自己的文化背景差异大的国家或地区，希望每一次旅行不只是走马观花，而是希望对旅游目的地有进一步的认识和更深层次的体验。

1. 了解对方历史

从2019年中国旅游研究院发布的《2019中国出境旅游发展年度报告》的数据可以看出，越来越多的出境游客会选择自由行，以实现更深度的旅游体验。为了达成这一目标，我们在出境参观游览之前，有必要了解旅游目的地的历史背景，政治、经济、社会等的发展情况。对历史知识的了解，有助于我们理解当地的文化、景观。

如果去埃及旅游，首先想到的是金字塔、狮身人面像，还有灌溉了古埃及文明的尼罗河。埃及人开创了世界上最早的技术：数学。埃及的书写系统、医学和金字塔建筑都在世界文明史上占有举足轻重的地位。当我们对其历史文化有所了解时，更能理解这一从沙漠中崛起的壮丽文明为何会给人类留下诸多奇迹般的遗迹景观。

通过对目的地国家或地区历史文化的了解，可以帮助我们在旅行的过程中有的放矢，结合自己的兴趣合理安排参观游览线路与时间，提升每一次出境时的旅游体验。

2. 了解他国或地区的宗教文化

宗教，自古以来就对各个国家的文明产生着重大影响，中西方文化的差异很大一部分原因也源于此。比如，佛教徒不可以饮酒，伊斯兰教徒忌食猪肉，基督徒根据教派的差异也有相应饮食的禁忌等等。因此，出境旅游之前，务必要对目的地国家的宗教文化进行了解，以免旅行过程中产生不必要的麻烦。

大数据显示，中国人出境旅游最多的国家是泰国。受到佛教的影响，泰国人认为自己的头部十分神圣，绝对不可以让他人触摸。当一个泰国小朋友在我们面前时，千万不可像在国内那样用触摸孩子头部的方式表达友好，对方的父母可能会跟我们发生争执。因为孩子的头部只有父母、泰国王、高僧可以触摸。

如果到信仰印度教的巴厘岛旅游，这里有和泰国相似的宗教习俗，我们也不要触摸别人的头部，即使是孩子。除此以外，受宗教信仰的影响，非印度教徒是不可以进入印度教寺庙的，因此，旅游过程中，切不可被好奇心驱使，触犯了当地的宗教习俗。

欧洲国家主要以信仰基督教为主。在基督教的发展历史上，共发生过两次大的分裂，最终形成三大教派，分别是天主教、东正教和新教。不同教派之间有一些习俗与禁忌的差异，也有共同遵守的习俗，比如对数字"13"和"星期五"的忌讳。因此，当我们选择去往信仰基督教的目的地国旅游前，务必针对这个国家或地区的具体宗教信仰进行相关禁忌和信息的查询与了解，帮助我们更加从容地进行旅游活动。

二、了解当地的政策法规与民俗

"十里不同风，百里不同俗"，如何在出境旅游时，从容应对他国的不同民风民俗、政策法规，如何让自己彰显国人的教养，而不失国格，这就要求我们在出境旅游之前对目的地国家的政策、习俗等加以了解。

1. 了解当地的政策法规

如交通、酒店入驻、吸烟规范、退税规定等。

目前世界上有30多个国家的交通规则是实行靠左侧行驶，与我国的行驶习惯相反，比如英国、日本、印度、印度尼西亚、斯里兰卡、澳大利亚、泰国、新加坡等国，因此前往这些国家旅游时，应该注意交通习惯的差异，最好选择使用公共交通工具或请当地的驾驶人员协助驾车。

在不同的国家入住酒店时，也有一些不同的规则需要了解。比如入住欧洲的酒店时，出于环保意识，通常酒店客房没有牙刷、牙膏、拖鞋等一次性用品，需要旅游者自备。

一些国家对于吸烟有严格的规定。比如挪威是世界上第一个通过立法禁止在公共场所吸烟的国家，有类似严格规定的还有韩国、泰国、西班牙、新加坡、菲律宾、英国等共44个国家。

出境旅游时，购物总是少不了的环节，为了使购物体验更加愉悦、顺畅，在境外购物时，需要了解国外的消费税是针对本国消费的消费品征收的，对于外国人来说会有不同标准的退税规定。外国人只要出示护照和所购买的物品，通常可以在国际机场或商场等地领取退回的税款。退税后的商品价格当然是更加优惠的，只是各国的退税标准与形式不同。因此，我们在购物前需要向所在国家或地区商场的售货人员询问当地的购物程序和退税规则，以免带来不必要的麻烦。

出国旅游中所涉及的"吃、住、行、游、购、娱"，其实都会涉及当地的政策与规定，比如游览娱乐的过程中，看到精彩陈设或是宅院，想要拍些照片或录制视频作为纪念，都是需要特别注意的。尤其在国外的机场、海关、博物馆、展览馆、军事禁区、新产品陈列会、私人宅院，这些场所通常禁止拍摄。未经允许强行拍摄不仅会被制止，更可能会被没收摄影、摄像器材，罚款，甚至有惹上官司的风险。因此，务必在征得对方同意的情况下进行拍摄或是录制。

2. 了解当地的习俗与禁忌

出境旅游之前，我们应当对目的地国的风俗习惯多作了解，特别要记住对方的特殊讲究和禁忌，并严格遵守或选择回避。

不同国家由于习俗的差异呈现出不同的人文景观特点。比如在西亚的一些国家，当地人严格遵守伊斯兰教教规，严禁男女随便相处和交往，妇女不能随便会见陌生人，更不能去海滨游泳，连同一些公众场合都不能进入。乘坐电梯、公共汽车时，男女更是必须分开乘坐。而在美国和西欧一些国家，男士则普遍以"女士优先"为行为准则。在社交场合，任何时候都要主动在行动上表达对女性的尊重、照顾、体谅、帮助和保护。因此，应主动向女士问好，为女士引路开道，为女士拉椅助坐，为女士提拿物品。

西方一些国家全民信仰基督教，星期天通常是基督徒去教堂做礼拜的日子，因此如果我们在出境旅游时，选择在星期天去逛购物中心或百货公司，通常是件不易的事情，甚至有一些国家以立法的形式严令禁止商场在星期天正式营业。

当我们到达如尼泊尔、斯里兰卡、保加利亚、希腊等国家办理酒店入住时，如果对方用"摇头"来回复我们的问题时，千万不要沮丧。因为，这些国家摇头和点头的含义与我们的习惯完全相反，他们喜欢用摇头表示同意，用点头表示反对，所以我们在回答对方的相应问题时，也应注意慎重选择是该摇头还是点头。

另外，我们在递接物品时，通常喜欢用双手来完成，以表达我们的友好、热情以及对他人的尊重。但如果到东南亚、南亚以及中东地区的一些国家，要特别注意这些国家在递接物品时并不喜欢用双手。在那里，两只手的分工是明确的，双手各司其职，右手通常用于做高雅之事，而左手是处理不洁之事的。所以，在这些国家旅游时，为了表达友好，应注意使用右手递接，否则会让对方觉得我们非常无礼。

根据不同国家的习俗差异，我们只有做到入乡随俗、尊重他国，才能更好地赢得对方对我们的尊重。

三、了解当地的各类节日

每个国家都有自己的不同节日，了解目的地国家或地区的节日，可以帮助我们规划好旅游时的具体计划，以免出现因对方休假或是节假日而无法实现游览、购物等计划。

例如欧洲很多国家在每年 7 月、8 月时，经商的人可能都会去度假，有些欧洲的公司甚至整个 8 月都处于休业状态。因此，如果我们的旅行活动涉及这些商务机构，需要提前安排好时间。

再比如，西班牙的斗牛节、德国慕尼黑的啤酒节、巴西的狂欢节等，如果旅游时恰逢其会，未尝不是一桩美事。

"坐地日行八万里，巡天遥看一千河。"不知不觉中，中国人的脚步已踏遍世界各地，越来越多的人走出国门、走向世界。在我们出境旅游之前养成"出门问禁"的好习惯，是展示国人的修养与友好的基础，更是增进民族、国家之间友谊的桥梁。只有知己知彼，尊重其他国家的文化与禁忌，才能赢得世界各国对中国人的认可与尊重。

第七节 参观游览的礼仪规范

卞之琳在《断章》中有这样的诗句："你站在桥上看风景，看风景的人在楼上看你。"作为旅游者，我们又何尝不是卞之琳笔下那看风景的人，同时也是别人眼中的"风景"呢。为了使这"风景"更加和谐、自然，我们需要在参观游览的过程中时刻维护好自己的形象，遵循参观游览的礼仪规范。

一、选对合适的衣物

说到形象，首先能想到的便是我们的外在形象，舒适、得体、符合身份的服饰是我们形象的重要组成。参观游览的过程中穿着怎样的衣物是合适的呢？我们需要从两个角度进行思考。

首先，应选择安全、舒适的服装。尤其在自然资源类的景区参观游览时，通常体力消耗较大，如果衣物不合身，会让我们产生倦怠。所以，旅游者服饰的选择应在尊重当地习俗的前提下，以舒适得体为佳。同时，还要考虑当地的气温与天气，衣着选择要应时。比如国内的昆明四季如春，偏厚的衣物自然是不必要的，但如果去俄罗斯旅游，情况就不同了，那里的温度普遍低于我国，所以不论哪个季节，都应根据当地的气候条件多带一些衣物，保障我们在旅游中能灵活应对各种天气。

其次，我们要看所处的游览地是怎样的文化背景与景观类型，在选择符合参观游览规定的服装的同时，最好能够选择与游览环境相符的配饰。很多去过云南丽江旅游的女性朋友都有共同的体验，不管平日是否有搭披肩的习惯，在丽江都会买上几件披肩搭在身上。很多朋友表示搭着披肩在丽江拍照更有感觉。这当然是有原因的，因为人与环境的和谐会让人产生美好的感受。另外丽江地处高原早晚温差较大，一件披肩更符合当地的自然气候。当然，我们不仅仅要从自然以及美感的角度考虑服饰的选择，合适的服装还是表达我们敬畏之意的一种方式。比如，当我们去到一些历史悠久、文化厚重的国家、地区，或是各种博物馆、展览馆，尤其到一些高雅的殿堂参观时，着装不宜轻佻，穿着不能过于裸露、休闲、随便，不要赤脚穿鞋入内，有些地方还要根据规定擦拭鞋底或是穿上鞋套才可入内。

二、讲究合适的语言

参观游览的过程，更多的是旅游者聆听、收获的过程，但交流也是必不可少的。旅游者应该在参观游览之前对目的地的历史、政治、经济、文化等方面加以了解，以免在参观游览的过程中，因不了解情况而冒犯对方，或是提出不恰当甚至是惹人反感或惹人发笑的问题。

参观游览中看到的景观或是展览物，可能和我们想象中的略有偏差，或是我们的游览经历更为丰富，同类景观所见较多。这时需要注意的是，不能指指点点，更不能说三道四。法国文学家蒙田认为："缄默与谦虚，乃是交际的美德。"不负责任的言语不仅会妨碍他人，更会贬低了自己。因此，面对让你震撼或是惊喜的参观体验，不宜过于激动，表达与交流应适度，更重要的是要学会控制消极的观后体验与情感表达。

在游览参观的过程中，难免会出现一些意外的事情，但应本着"严以律己、宽以待人"的原则，在公共场所遇到分歧与问题，应及时寻找场内工作人员协助解决，绝不可大声喧哗，甚至无理谩骂。这样既不能解决问题，又会失了自己参观游览时的好心情。

在参观游览结束时，应对为我们提供服务的工作人员表达感谢并礼貌告辞。如被问及观后的感受，可适当说说自己参观后的收获与体会，并更多地做出正面肯定的评价。在参观游览活动中，无论我们身处国外还是国内，是景区还是博物馆，是工业园区还是行业展览，得体的言行都是必不可少的，让我们随处做到尊重当地文化，尊重当地人民，一个人的修养便在合适的语言中得以体现。

作为一个中国人，还应注意我们有义务维护国家的安全与利益，在参观游览时也应注意"该说则说"。面对其他的国家、民族及政府，不能随意评价，更不能有任何贬低的言语。要知道在不同的国度参观游览时，我们的言行举止代表了中国。

三、做到仪态得体、举止规范

"行不中道，立不中门"，我们在公共场合参观游览时也应如此。应注意在参观游览过程中的站、坐、行、停，还应注意举止得体，不要影响他人，方便他人的同时也是方便了我们自己。

1. 不可长时间驻足

到文化差异较大的地方或国家参观游览时，常会碰到一些让我们颇为好奇或是意想不到的场景。比如欧美地区，人们喜欢晒日光浴，尤其在海滨时，穿着三点式泳装或是裸体而卧的人可谓屡见不鲜。再比如中东地区，受伊斯兰教的影响，妇女在他人面前时，除了两只眼睛，身体的其他部位是绝不允许外露的。面对这些"新鲜事儿"，我们不要长时间驻足围观，也不要来回打量，这样失礼的举止轻则使人不快，重则会遭到批评。

除了面对好奇之事我们不宜长时间驻足外，参观游览中拍照时也应注意不要影响他人，尤其在一些主要的拍照点，要注意不能长时间占用景观拍照，要照顾其他人的感受，学会礼让他人。

2. 注意公共卫生，保护环境

上一节中我们提到，一些国家对于吸烟有严格的规定，这不仅是从健康的角度考虑，也是从环境卫生的角度制定的。世界上许多国家对在公共场合吐痰、吸烟等破坏环境卫生的行为，会给予严厉惩罚。我们国内也有相关的规定，山西省于2020年5月15日通过了《山西省禁止公共场所随地吐痰的规定》，这是我国第一部以公共场所吐痰问题为重点内容的省级地方性法律。所以，当置身于美丽的景观胜地，请一定严以律己，不去破坏当地的公共环境与卫生（图11-4）。

◎ 图11-4

·在参观游览过程中，不能无所顾忌地打喷嚏。如确有身体不适，可配搭口罩或是遮掩口鼻。随着2020年新冠疫情的全球爆发，大众对于流行性疾病的预防意识有所提升，为了不影响他人的参观体验，当我们确有感冒、发烧之类的病症时不宜参团游览，更不能肆意在公共场所打喷嚏、咳嗽，这种不负责任的行为很有可能会把病菌传染给他人，更有失风度与教养（图11-5）。

作为旅游者，这是我们进入任何一个地方参观游览时的准

◎ 图11-5

则，不能乱扔垃圾，更不能随意采摘花木，这些失态的举止会破坏我们的"风景"。

3. 爱护文物景观

文物景观只可眼观，不可触摸，一定要记住这一规定。只有这样做，才能使眼前的文物景观让我们的子孙后代也有机会看到。文物是珍贵的、不可再生的资源，作为旅游者必须严格遵守各类景区的管理规定，不随意攀爬文物，不随意触摸文物，不用闪光灯拍摄文物，更不能在文物与建筑上胡乱涂写、刻字。

四、懂得谦让、遵守秩序

1. 自觉配合安全检查及卫生检疫

有些景区或参观地，需要在参观游览时接受安全检查和卫生检疫，此时我们要自觉接受检查，这是保护他人也是保护自己的行为。在接受检查的过程中，自觉予以配合，并礼貌致谢。反之，如果我们不接受检查，甚至无理取闹、恶语相加，不仅会给自身形象带来损害，更会耽误大家的时间，影响景区秩序，造成公众事件。

2. 文明使用公共卫生间，排队有序不越黄线

公共卫生间可以说是文明礼仪最直接的见证。使用前应自觉排队，便后要文明冲厕，洗手时应尽量避免水渍溅到外面，洗手后，也不要将水珠甩至地面，以免弄脏、弄湿地面。

排队时要有序，还要注意不能越过黄线。无论国内还是国外，公共卫生间内排队时，不能直接守在一个单间的卫生间门口，等人家出来就直接使用。符合规范的做法是，卫生间外应有一条隐形的排队等候线，我们应在公共卫生间门口排队。从排在队伍最前方的人开始，依次使用空出来的位置，避免出现插队的情况。公共卫生间的门通常是封闭的，如果门上显示"有人"，则应耐心等待；如未显示"有人"或"无人"，可敲门询问是否有人，不可莽撞误闯，更不可弯腰通过门缝查看，这都是非常失礼且不雅的行为。正在如厕时，如门外有人询问，我们也应及时、礼貌回应，不能不作声、不理会。

3. 参观游览遵守秩序

一位导游人员曾说过这样一句话："三分看七分想，十分靠听讲。"想要在游览中获得全方位的旅游体验，要在参观的过程中，有序进入，保持

内部的安静氛围，认真聆听，不可交头接耳、大声喧哗吵闹，也不要在人群中胡乱穿梭走动，干扰他人。

中国有句古话，"在家千日好，出门一日难"。随着旅游出行人次的不断增多，越来越多的礼仪问题出现在我们的旅游活动中。尤其近些年出境旅游数量的提升，提高我国公民的文明素质，塑造中国公民良好的国际形象尤为重要。北京电影学院教授崔卫平说："你所站立的地方，就是你的中国。你有光明，中国便不黑暗。"让我们倡导文明的旅游行为，主动遵循参观游览礼仪规范，从而在参观游览中收获最大的快乐。

CHAPTER 12

第十二章
涉外礼仪

第一节　中西方礼仪习俗差异

老北京有一句我们都听过的见面语："吃了吗您呐？"这句经典的问候语可谓极具中国特色，这句话是一种亲切、温暖的日常问候。但如果在北京的街头碰到一位西方友人，您问一句："Have you eaten？"可以想象西方友人的回答会是怎样。可能对方会很认真地回答我们："是的，我吃的炸酱面。"这就是中西方文化的不同而产生的差异。因文化的不同，中西方礼仪的习俗也有所不同，下面一起来了解中西方礼仪习俗的差异。

一、日常的寒暄有别

寒暄是日常生活中最为常见的沟通方式，它可以营造出良好的交往氛围，打破交往障碍，消除陌生感，改善人际关系。

对于中国人来说，生活中常会使用"您好""最近好吗""在哪儿忙呢""身体怎么样"等寒暄语。如果是与一位外国友人寒暄，这些语言还会产生好的效果吗？中西方礼仪习俗是有差异的，此类寒暄语言会让西方人认为是在窥探他的隐私，所以他们不会这样问候，这样的寒暄语对他们来讲也并不受用。

西方人在见面时，常会直接说"很高兴见到您""见到您很愉快"等，来表达自己见到对方时愉快的心情。相对于中式的寒暄语，西方寒暄语显得更为简单、直接。

二、对待老人的观念不同

在中西方礼仪中，除了日常寒暄语言有差异外，在其他很多方面也都有不同。比如，对老人称呼的不同。在中国，我们常用姓氏加先生的称呼表示敬意，比如姓张的中国老人，会用"老先生"或"张老先生"等称呼方式。如果是辈分相当，还可能会称呼他为"老张"，表示亲切与尊重。可如果我们这样称呼西方的长者，比如西方老人姓博瑞，叫他"老博瑞"的话，对方一定是无法接受的，甚至可能会很气愤。他会认为我们在取笑他太老了。一般面对长者，西方人喜欢直呼其名，而且面对上司及父母、长辈时也是如此。而在中国，这样的做法会被认为是莽撞，甚至是无礼的。

从面对长者的称呼可以看出，中西方有很大差异。这是由于在对待老人的态度问题上，中西方的认知是有所不同的。造成这种认知的不同，与东西方文化差异、习俗、宗教信仰、人文及社会发展等等都有一定关系。

在中国，"百善孝为先"。尊老爱幼可以说是渗透至中国人血液中的一种民族文化，面对老人，我们必须尊老、敬老、养老。而西方则崇尚自由与平等、个人的权利与义务。例如在西方国家的地铁上，一位白发老者进入车厢，我们刚好坐在这位老人身旁，就会给老人让座。这种做法如果在中国，是对老人表达敬重之意。但在西方人眼中，要尊重任何一个人的能力和权益，如果这时给老人让座，会让老人觉得我们认为他不健康，对方甚至可能产生自己受到了侮辱的感觉。在西方，不仅是老人，即便是父母和子女之间也保持着平等关系，子女对父母的"孝"更多表现为爱与尊敬。

三、称呼的方式不同

在中国，面对一些有重大贡献的女性，我们会用"先生"这样的称呼表达敬重，比如林徽因先生、冰心先生。这种中国式称呼是西方人很难理解的。

在西方，面对有知识的人士时，如果对方是博士、教授的话，往往不用某某先生来表达，而要用某某博士、某某教授来称呼对方。对于西方人来说，他们认为这样的称呼是通过自己的努力及有价值的体现，这样的称呼更加符合他们的价值观。因此，不要忘记在与西方人交往时使用对方习惯和喜欢的称呼。

正确使用称呼是涉外交往中应掌握的基本礼仪，称呼不当是有失身份的事情，也容易引起误解，影响双方的正常交往。

四、女士优先，处处体现

在与西方人的交往中，要尤为注意女士优先的原则，它指的是在一切交往场合，每一名成年男子都有义务主动、自觉地展示自己的绅士风度。

在西方礼仪习俗中，面对女性，表达尊重、照顾、体谅、关心和保护女士的做法体现在方方面面。比如，过马路时，男士要走在车辆来向的一侧，把更安全的位置留给女士；男士要为女士开门并在下车、下楼时照顾女士；进影剧院时，男士要在前边为女士找好座位；点餐时，要请女士先点；落座中，如果与女士打招呼，男士要起身以示尊重；多位女士在场时，对所有的女士要一视同仁。

女士优先原则在今天的中国也同样适用，但与西方的差别还是十分明显的。在西方人眼中，关怀还是要有分寸和尺度的，这和中国人常表达出的无微不至的关怀恰恰相反。这也是东西方礼仪习俗差异的一个重要表现。

当然，在现代社会中，也有很多主张男女平等的女士并不希望被男士照顾，我们也要完全理解这种意愿，这本身也是一种对他人的尊重。

五、适度关怀，留有空间

中国人表达关怀的方式及语言，往往是推心置腹、无微不至的，比如办公室里有人打了个喷嚏，周围的同事可能直接把自己抽屉里的板蓝根送过来。但是与西方友人交往时，就一定要注意关怀要适度。

西方人比较独立，喜欢拥有个人的空间，过度关怀甚至有可能惊吓到对方。所以，如果西方人在我们面前打了个喷嚏，我们该怎么做呢？我们可以当作没有看到，或者依西方人的习俗，说"上帝保佑您"（God bless you）。

世界在不断交融，文化多元化进一步凸显，国际交往也日趋频繁。中国倡导"和而不同"的理念，在国际交往中，面对文化差异与不同礼仪习俗，我们应报以接受并尊重的态度。在弘扬中华优秀传统文化的同时，我们也要尊重其他文化，融合与吸收其他的先进文化，从而更广、更好地与国际社会交流与合作。

第二节 涉外交往不宜谈论的事情

东西方文化是有差异的，即使同为东方国家，国与国之间的政治、经济、文化、信仰也存在着诸多差异，各国人民之间有着不同的世界观、人生观、价值观以及宗教信仰。涉外交往中，应避免在交谈中出现容易产生尴尬或是分歧的话题，影响涉外交往。还要注意选择适宜谈论的话题，使交往更加顺畅。

一、不宜谈论宗教及政治

涉外交往中，不要试图与他国友人讨论政治、宗教等话题，这是非常敏感的事情。之所以宗教与政治是一个不宜讨论的话题，其主要原因是立场与经历不同，国情与意识形态不同，我们很难想象两个信仰不同的人如何在这一话题上达成共识。

首先，不同国家的历史背景不同，我们不一定对他国政治很了解，如果在不清楚的情况下与之讨论，很有可能招致对方反感。在政治立场上，不同意识形态国家的人们很难通过讨论达成共识，最终必将不欢而散。

其次，不宜在涉外交往中讨论政治，尤其面对一些敏感的政治事件，更是不宜随意评价。如果我们与爱尔兰人讨论"爱尔兰与北爱尔兰的历史关系"，很有可能会招来一场激烈辩论，这并不是我们与之交谈的初衷，既然如此，就不要触碰这些容易引起误会的话题。

二、不宜谈论个人隐私

中国人在与他人交往时总是讲究要关心他人、无微不至，交往中少不了会有"您多大啦""您结婚了吗""孩子几岁啦"等等涉及个人隐私的话题。在中国的传统中会认为关系越好，越是可以无话不谈。由于中西方价值观的不同，对于个人隐私的认知也就不同。在我国年轻人的心目中，这样的话题也是大家不欢迎的。而外国人听到这样的问句，不仅无法感受到我们想要表达的友好与关心的本意，反倒会觉得自己被冒犯。

外国人非常讲究个人的隐私权，所以在涉外交往中，凡是涉及对方个人隐私的话题，都绝不能随意谈论。在国际惯例中，隐私话题通常包括收支情况、年龄大小、健康情况、婚姻状况、家庭情况、个人经历、宗教信仰、生活习惯、家庭住址，以及正在忙何事等等。

涉及上述隐私话题，在涉外交往中，不仅不能谈及，还要注意保护自己或他人的隐私。一方面，涉外交谈中，不能随意把自己的个人隐私问题拿来交流，这样的话题不仅不会让外国友人感受到我们的坦诚与友好，相反，他们会认为我们缺失教养。另一方面，也绝不能与之谈论其他人的隐私，这同样有失教养。所以，在涉外交往中，需要妥善地保护对方、自己以及他人的隐私，不谈及此类让彼此不悦的话题，这是自尊及敬人的表现。

239

三、不宜谈论种族及性别

"种族"与"性别"也是涉外交往中很敏感的话题。在不同文化背景下，对这两个话题的认知与理解是不同的。讨论"种族"与"性别"很容易产生分歧并起到负面影响。比如："为什么获得诺贝尔奖的女性这么少？""为什么绝大多数领域中，达到最高水平的人之中，男女比例差距如此悬殊？"这类问题带有明显的"性别歧视"色彩，是不友善的。为了在涉外交往中准确表达出我们的友好与善意，此类话题以及相关问题请务必慎重选择。

涉外交往中还是有很多适宜选择的话题。比如当地的传统文化和风土人情，这一话题常常是外宾们喜闻乐道的。尤其面对博大精深的中国文化，许多外宾对中国的历史、艺术、饮食、文化、旅游等多方面的内容都有所关注，这一类话题容易使交谈的氛围轻松、愉快。还可以选择彼此共同熟悉或是共同感兴趣的话题。如近期的体育活动、天气情况、科技发展、电影电视、文艺演出、风景名胜、各类音乐等等，都可以融洽彼此交谈的氛围。

与外宾的交往中，如能找到双方都感兴趣且熟悉的共同语言，肯定是我们最希望的，也有助于增进彼此之间的理解，有助于彼此情感的建立。当然，如果在涉外言谈中，外宾主动谈起我们并不熟悉的话题，可以洗耳恭听、认真请教，切不可不懂装懂。毕竟真诚、谦虚的人在哪个国度都更容易受到欢迎，赢得尊重。

世界上有200多个国家和地区，大家禁忌的话题各不相同，我们在涉外交往中，话题的选择应更加慎重，交谈中要特别注意言谈禁忌，以免造成不必要的误会和尴尬。

第三节 这样称呼外国人才对

正确使用称呼，是涉外交往中应掌握的基本礼仪。如果称呼不当，是有失身份的事情，也极易引起误会，影响双方的正常交往。

Apple是山西太原人，18岁出国留学，读完研究生在当地参加了工作，又嫁给了一位当地的外国人。在国外举办完婚礼后，她回到中国宴请家人，其间，出现了一件令全家欢乐不已的事情。

Apple的表弟问："姐，您的老公来到中国，我是应该叫他姐夫呢，还是名字呢？"

Apple："叫他名字吧，在他们那里都叫名字的。"

表弟："好的，姐，那姐夫的名字叫什么呢？"

Apple："Jeff。"

表弟："Jeff好。"（Jeff与"姐夫"的太原方言发音完全相同）

听到这儿，一旁团坐的家人都看了过来，Apple的妈妈说："这样好了，不仅你叫'姐夫'，咱们全家都跟着叫'姐夫'。"

称呼在人际交往中是非常重要的事情，可以说是人际交往开启的标志。在涉外交往中更是如此，得体的称谓可以增进彼此的感情，并为后续的交往打下坚实的基础。

一、直呼其名表达尊重

西方人受平行社会关系的影响而推崇个人主义，他们追求个人主义，注重个人的权利与独立，认为尊重个人自主权利的言行才是礼貌的表达。在西方人的称呼中，习惯直呼其名，即使面对长者、上司、父母、长辈时也是如此，这是与中国人的称呼礼仪背道而驰的。在中国，"称尊长，勿呼名"，直呼其名会被认为是莽撞，甚至是无礼的。

在中国文化中，面对长辈我们需要使用尊称，比如爷爷、奶奶、舅舅、大伯、大姑、大姨之类的，如果不用尊称称呼，通常会被认为这孩子没礼貌。但在西方国家，直呼其名是经常出现的，在西方人的观念中，直呼其名才是他们对家人、朋友尊重的表达。

二、男女有别、婚否有别

一位先生为外国朋友订做生日蛋糕。他来到一家酒店的餐厅，对服务员说："您好，我要为一位外国朋友订一份生日蛋糕，同时写一份贺卡，帮我送到她房间可以吗？"服务人员接过订单一看，忙问："对不起，请问先生您的朋友是小姐还是夫人?"这位先生也不清楚这位外国朋友结婚与否,从来没有打听过,他为难地抓了抓后脑勺说:"小姐?夫人?看她的年龄,应该是夫人。"生日蛋糕做好后,服务人员按地址到酒店的客房送生日蛋糕。敲门后,一女子开门,服务人员礼貌地说:"请问,您是怀特夫人吗?"女子愣了愣,不高兴地说:"错了!"服务人员又定睛看了看门牌号,并打电话跟订蛋糕的先生确认后发现没错,房间号码是对的。服务员再次敲门说:"没错啊,怀特夫人,这是您的蛋糕。"那女子大声说:"告诉你错了,这里只有怀特小姐,没有怀特夫人!"啪的一声,门被大力关上了。

这个故事也让我们清楚地了解到对于西方女士来说,结婚与否,决定着称呼的不同,因此,切不可在涉外的交往活动中忽略了称呼的正确使用。

按照国际惯例,在涉外交往中西方一般称男子为"先生",称已婚女子为"夫人",称未婚女子为"小姐"。当无法判断女方婚否时,通常称"女士"。在外交场合或较为正式的场合,为了表达对女性的尊重,通常称女性为"女士"。

三、使用体现对方成果的称呼

涉外交往中,对于医生、教授、法官、律师以及拥有博士学位的人士,均可单独称"医生""教授""法官""律师""博士"等。也可在此之前加上姓名,或者在此之后加上先生。比如"杰夫教授""法官先生""律师先生""博士先生"等。

与之相类似的还有对军人军衔的称呼,通常使用军衔加先生或是姓名加军衔的方式称呼对方,如"上校先生""莫利少校"等。

在日本,对女性一般称女士、小姐,对身份高的女士也可称先生,如"中岛京子先生"。这与我国的称呼方式相似。

一个得体、恰当的称呼可以体现出我们的修养,表达对对方的尊重,也会使外国友人心情愉悦、倍感亲切。相反,一句不当的称呼,通常会成为涉外交往中的绊脚石,会使对方感到不适。因此,请不要忘记在与外国人交往时使用对方喜欢的称呼哦!

第四节 了解并尊重穆斯林

世界各个国家与地区的婚姻礼俗各不相同,有的程序繁琐,有的极为简单,有的要"抢亲",有的要"哭嫁"。2008年,被称为"沙漠之国"的沙特阿拉伯,举行过一场与任何一个国家都不相同的集体婚礼,这是一场只有新郎却没有新娘参加的婚礼。如果不是亲眼看到现场的照片,可能很难想象。但如果我们了解伊斯兰教就会明白原因,这样的习俗与伊斯兰教中"男女有别"的教规是有关系的。

在沙特的法律中明确规定,妇女不得与陌生男子在公共场合相处在一起,因此这场集体婚礼有一个男宾场,一个女宾场。男宾场内自然没有女士,而女宾场是不允许拍照和传播的。所以,这场婚礼见不到新娘,只能看到穿着白色传统礼服出席的新郎们。

作为世界三大宗教之一的伊斯兰教,2018年的数据显示,在全世界约有16亿人口的信徒,占同期世界人口总数的23.4%。将伊斯兰教定为国教的国家遍布亚、非两个大洲,约50个。除此以外,在各大洲的很多国家都有信仰伊斯兰教的信众,其中包括英、美、俄、法、德等国家。

一、伊斯兰教及相关习俗

伊斯兰教起源于公元7世纪初,在亚洲阿拉伯半岛由麦加人穆罕默德创立。"伊斯兰"系阿拉伯语音译,原意为"顺从"与"和平"。信奉伊斯兰教的人统称为"穆斯林",意为"顺从者"。麦加和麦地那是伊斯兰教的圣地。《古兰经》是伊斯兰教的最高经典,奉"安拉"为唯一的宇宙之神。

穆斯林每天必须完成5次祷告,分别是破晓后的晨礼、午后的晌礼、日偏西后的晡礼、黄昏的昏礼、夜晚的宵礼。此外,还要面朝麦加圣地祈祷。只要到了祷告的时间,无论是在清真寺,还是别的任何地方,穆斯林都会认真完成。祷告之前他们会用水(或是油)洗手,以示身体和灵魂的洁净。

在每个星期五的午后,穆斯林会在清真寺祈祷,这天被称为伊斯兰教的礼拜日。如果非穆斯林也要进入清真寺,需要和穆斯林一样脱掉鞋子。

礼拜仪式中，通常男士站在人群的前面，孩子站在中间，女士站在后面，有些清真寺还划分出专供妇女做礼拜的区域。仪式的第一部分，是一位阿訇带领着大家一起朗读祷告文；第二部分，众教徒随着教长的布道起伏跪拜，后各自单独祷告。

伊斯兰教历的 9 月是斋月，这是穆斯林的主要习俗，是持续一个月的冥想和宗教的修行。这一个月的时间内从日出到日落之间禁绝一切饮食。斋期结束后，伊斯兰教徒会欢欣鼓舞。这个节日要庆祝 3 天，被称为开斋节。穆斯林在开斋节要净身、理发、剪指甲，穿上新衣等。

伊斯兰教历 12 月 10 日，是古尔邦节又称宰牲节，这一天穆斯林会到清真寺举行会礼，这也是伊斯兰教的一个重要节日。

圣纪节亦称圣忌节，是穆罕默德的诞辰和逝世日，都在伊斯兰历 3 月 12 日。穆斯林为纪念先知穆罕默德复兴伊斯兰教，便在他诞辰和逝世的这天举行宗教集会，后逐渐演变为伊斯兰教的三大宗教节日之一。

了解了穆斯林的宗教习俗，在招待一位穆斯林时，要谨慎地询问是否需要为他准备一个安静的场所做祷告，并委婉地为他指明麦加圣地的方向。

二、穆斯林的饮食禁忌

伊斯兰教的律法当中有明确规定，只有清真食品才是穆斯林的合法食物。想要使肉类能够成为清真食品，动物必须按照伊斯兰教的宰杀方式进行屠宰之后，才可以食用。

穆斯林严禁食用诵非安拉之名而宰杀的动物以及自死的动物（不包括鱼类）。穆斯林禁止食用猪肉，禁止食用猛禽、猛兽和不反刍的畜类。如果需要宴请穆斯林客人，要避免供应与上述有关的菜肴。因在筹备菜品或者上菜的过程中，其他菜肴也可能会被污染。另外，穆斯林不食用螃蟹、龙虾，以及贝类和无鳞鱼类等食品，而有鳞的鱼类是穆斯林可以接受的菜肴。

伊斯兰教规中有严格规定，穆斯林不能喝酒精饮料，即使是烹饪中也不能调加类似料酒等含有酒精的调味品。

三、穆斯林的服饰禁忌

信仰伊斯兰教的女士对服饰尤其有特殊要求，妇女除双手、双足与面部之外，其他地方均必须要遮挡住，不能让其他异性看到。与此同时，对男士也有一些服饰的禁忌，禁止男士穿戴比较高贵的，如丝织品之类的服装。同时，禁止男士佩戴黄金的配饰。而且，穆斯林是绝对忌讳穿外教服装的，也十分忌讳男子模仿妇女穿着，妇女也绝不允许模仿男子的穿着。

如去参加伊斯兰教仪式的场合，男子应穿长裤，女子穿的裤子则要能盖住膝盖，并且服装不宜太紧、太薄或者太过暴露。

四、穆斯林的仪态礼仪禁忌

在仪态礼仪的禁忌中，穆斯林对于左手的使用是有所忌讳的，他们认为左手是处理一些不洁之事的，《古兰经》当中也有关于左手的一些规定。因此，最好不要当着穆斯林的面用左手去吃饭、递东西或者是做手势。实在不得已需要用左手时，要用双手来代替，比如用双手抬举重物。

穆斯林认为头部是神圣不能触摸的，因此在与穆斯林的交往中，绝对不能随意触碰他们的头部，穆斯林的孩子们，其头部也是不允许触碰的。

穆斯林认为脚是身体的最低部分，因而也是不洁的。不要用我们的脚触碰或者挪动物体。不要用脚摆弄任何东西。不要交叉双脚或将脚伸出去影响别人。双脚应正式规范地放在地板上。

除了手、脚的要求，虔诚的穆斯林可能在交谈中不会注视我们的眼睛，这是源于内心的谦卑。

五、穆斯林的卫生行为禁忌

爱清洁、讲卫生是穆斯林的优良传统。伊斯兰教实行的是一种内清外洁的卫生制度，这种清洁卫生制度是穆斯林最高的行为准则。就伊斯兰教的清洁卫生观而言，真正的清洁卫生是表里统一，这样才能达到净化身体、净化心灵、净化环境，乃至净化社会的最终目的。其具体要求是"身净，衣净，处所净"。

另外，穆斯林是绝对禁止在做礼拜时吐痰、打哈欠、吃东西的，更严格禁止小孩子在公共场所大小便。

伊斯兰教对各穆斯林民族的历史文化、伦理道德、生活方式和习俗产生着深刻的影响，在与之交往的过程中应主动去了解穆斯林的一些习俗与禁忌，才能在交往中规避忌讳，用恰当的方式表达对穆斯林的尊重，从而能够更顺畅的交流沟通和更和谐的交往。

第五节　宴请外宾有禁忌

涉外礼仪中的宴请活动，对于表达尊重、增进友谊、建立合作起着重要的促进作用。为了使涉外宴请能够达到预期的积极效果，需要在宴请活动中招待好国外客人，尤其面对与我国文化差异较大的外宾时，尊重文化差异，重视涉外餐饮礼仪细节，是我们需要具备的素养。

由于我们的习俗、信仰与饮食结构与外宾存在很大差异，宴请活动中我们通常既想让外宾品尝到中国的特色美食，也希望对方能够有一种宾至如归的餐饮体验，这确实不是一件容易的事情。想做好这件事，需要在宴请外宾前，务必了解外宾的喜好以及禁忌，并在招待客人的过程中，时刻谨记这些喜好与禁忌。

一、考虑他人的喜好与禁忌

宴请外宾时，无论采用哪种宴会形式，分餐、合餐还是自助餐，都应首先注意考虑菜肴的选择。要充分考虑外宾的口味与喜好，以此作为确定菜单的重要依据。

西方人普遍不喜欢吃动物的内脏，不吃可以作为宠物的动物，不吃动物的头和爪，也不吃珍稀动物。刺多的淡水鱼（如鲫鱼、鲤鱼）、无鳞无鳍的鱼（如鳝、泥鳅、鲶鱼）、蛇等也是西方人的餐桌大忌。当然除了统一的忌讳，还有一些特殊的忌讳，为了避免出现对方禁忌的食物，需要在宴请前提前调研并考虑外宾尤其是主宾的喜好与禁忌。比如英国人不愿意吃带黏汁的菜肴，不喜欢太咸，而喜欢甜、酸、微辣口感。

还有一些食物是中国人比较喜欢的特色饮食，但西方人不太喜欢，也是点餐时的禁忌。此类的食物包括松花蛋、金针菇、蚕蛹、蕨菜、娃娃菜等。还要注意宴请时少点需要啃食的菜肴，因外国人用餐时不会将吃到口中的食物再吐出来，所以需要啃食的食物也是他们比较忌讳的。

除了一些个人喜好的禁忌外，特别需要注意外宾宗教信仰的禁忌，避免点菜时出现外宾因宗教习俗而忌口的食物。点菜时一旦出错，触犯了外宾的忌讳，会产生不必要的尴尬甚至有可能引起外宾的不满，有时还将酿成难以挽回的外交事故。比如印度教禁食牛肉，伊斯兰教禁食猪肉等等，这些是宴请时绝对不可以触犯的禁忌。

外国人到底喜欢吃哪些中国菜呢？

在外国人喜欢吃的中国菜排行榜上，北京烤鸭、各类鸡肉等菜肴榜上有名。涉外宴请时，在不触犯客人禁忌的前提下，可以选择一些有鲜明地方特色的菜肴，比如北京烤鸭、宫保鸡丁、鱼香肉丝、饺子、包子，还有各种做法的鸡肉美食以及中国的面食，这些通常都是外国友人比较喜欢的，也是我们可以选择的菜品。

二、不浪费、不劝酒

塞涅卡在《论恩泽》中说："节约是避免不必要开支的科学，是合理安排我们财富的艺术。"这是西方人眼中关于节约的意义，在宴请外宾时也要特别注意强调节约、务实。这和中国人讲究的"盛情款待"并不矛盾。外宾并不会通过宴请时菜品的数量、款式、价格等来判断我们的热情、慷慨，以及对他的重视程度。因此，在宴请外宾时应注意菜品要少而精，菜肴数量的执行标准是用餐人数减1。

在中餐的饮食文化中，我们有"无酒不成席"的俗语，各地还有不同的劝酒风俗。在涉外宴请的过程中应做到敬酒不劝酒。宴请时注意不要过分热情地去劝酒。每个人生活习惯、健康状况不同，有些时候确实不适合饮酒，当外宾选择用饮料、茶水替代酒水举杯时，千万不要劝酒，更不要好奇心爆棚地"打破砂锅问到底"。如果他人没有主动说明不喝酒的原因，通常表明对方认为这是自己的隐私。涉及隐私的话题，就更不宜张口去问了。要尊重对方，就要尊重对方的选择。

三、使用公筷公勺，尊重他人的习惯

中国人就餐时通常采用合餐制，强调团聚与共同分享。西方人就餐时习惯分餐制，突出个人的独立与自主。宴请外宾时，希望传递我们对外宾习惯的尊重，又希望对方感受到中国的特色，让外宾品味中式美食。因此，公筷公勺的使用，在这里可以有效解决中西餐餐饮文化的差异。既保证了分餐的卫生与饮食安全，又不违背中餐需要合餐共食的习俗。

中国人的餐桌礼仪希望向客人表达我们的热情、周到，总是喜欢通过给客人夹菜来表达情感，而这恰恰是西方人就餐时忌讳的事情。因此，即使使用了公筷公勺，也不要直接为外宾夹菜，让他们自己来决定吃什么，可能会让对方吃得更加舒心、合心。

筷子作为一种东方文化，很多西方人是很感兴趣并喜欢的，但使用起来并没有想象中那么美好。宴请前如果对方没有特别要求，让习惯刀叉的外宾使用筷子用餐确实是件比较困难的事情，体贴的做法是"中餐西吃"，为外宾准备一套他熟悉的餐具。当然，如果有条件的话，在宴请外宾时，最好既准备好筷子以及公筷，也准备好刀叉，让外宾在用餐时自由选用（图12-1）。

◎ 图12-1

子曰："有朋自远方来，不亦乐乎！"中国地域辽阔、民族众多，热情好客是我们的传统。不论是涉外宴请活动还是国内政务商务宴请，宴请的关注点早已不仅是"吃",而是人们联系感情、沟通交流的桥梁和平台。在宴请外宾时,请务必记得外宾的各种喜好与禁忌,只有在尊重对方的基础上,才能更好地使外宾感受到我们的用心、真诚和热情,才能实现涉外宴请的目的。

参考文献

[1] 吕艳芝.公务礼仪标准培训[M].北京：中国纺织出版社，2012.

[2] 吕艳芝，徐克茹，冯楠.商务礼仪标准培训[M].4版.北京：中国纺织出版社，2019.

[3] 吕艳芝，冯楠.教师礼仪的99个细节[M].2版.上海：华东师范大学出版社，2017.

[4] 吕艳芝，林莉.中华礼仪[M].北京：北京师范大学出版社，2019.

[5] 吕艳芝，冯楠.现代实用礼仪[M].北京：中央广播电视大学出版社，2002.

[6] 吕艳芝，朱玉华.饭店服务礼仪标准培训[M].北京：中国纺织出版社，2000.

[7] 马维茨.职场礼仪·国际商务礼仪[M].王玉燕，译.北京：电子工业出版社，2017.

[8] 博斯罗克.欧洲商务礼仪手册[M].李东辉，译.北京：东方出版社，2009.